江西应用科技学院责任动力学研究院
责商（上海）文化传媒有限公司 | 荣誉出品

职业责任动力学实操

责任符号语言体系
破译职场情商密码

主　编：黄玉林　方志良
副主编：干　甜

编委：殷婉露　陈川湘　陈　婧　王泓荃　钟　玲　王竞雯
　　　何梦杨　白　洁　高素敏　代延兵　罗省玲　杜献红

中华工商联合出版社

图书在版编目(CIP)数据

职业责任动力学实操：责任符号语言体系破译职场情商密码/黄玉林，方志良主编. -- 北京：中华工商联合出版社，2022.6

ISBN 978-7-5158-3458-0

Ⅰ.①职… Ⅱ.①黄… ②方… Ⅲ.①企业－职工－责任感 Ⅳ.①F272.92

中国版本图书馆CIP数据核字（2022）第094142号

职业责任动力学实操：责任符号语言体系破译职场情商密码

作　　者：	黄玉林　方志良
出 品 人：	李　梁
责任编辑：	胡小英
装帧设计：	国风设计
排版设计：	水日方设计
责任审读：	付德华
责任印制：	迈致红
出版发行：	中华工商联合出版社有限责任公司
印　　刷：	文畅阁印刷有限公司
版　　次：	2022年7月第1版
印　　次：	2022年7月第1次印刷
开　　本：	710mm×1020mm　1/16
字　　数：	250千字
印　　张：	16.5
书　　号：	ISBN 978-7-5158-3458-0
定　　价：	68.00元

服务热线：010－58301130－0（前台）
销售热线：010－58302977（网店部）
　　　　　010－58302166（门店部）
　　　　　010－58302837（馆配部、新媒体部）
　　　　　010－58302813（团购部）
地址邮编：北京市西城区西环广场A座
　　　　　19－20层，100044
http://www.chgslcbs.cn
投稿热线：010－58302907（总编室）
投稿邮箱：1621239583@qq.com

工商联版图书
版权所有　侵权必究

凡本社图书出现印装质量问题，请与印务部联系。

联系电话：010－58302915

推荐序

我是有责任心的人吗?

我们每天都会听到"责任"二字,"责任心""责任感"也成了评价他人最常用的词。但是"责任心""责任感"这样的词太笼统、太空洞,我们无法给定标准,人在不同环境、不同认知条件下对待同一事件会有不同的判断标准,那么到底什么是"责任"呢?

单位进行年度考核的时候,其中有一项内容是"个人年度工作总结"。不知道大家还记得自己是怎么写的吗?学校教师的工作总结,大家普遍这样写:

1. 严格遵守学校规章制度,不迟到不早退。
2. 在业务上刻苦钻研,认真备课,教学效果良好。
3. 积极参加各项活动,关心集体,帮助同事。
4. 在今年学校重大工作中,能够以大局为重,牺牲"小家"为"大家",加班加点完成任务。

我也曾随机问过几个人:"你为什么要这样写呢?"回答"不知道,感觉这样写比较全面。"是的,这样写的确很全面,那到底为什么全面呢?大家一脸茫然,一直这样写啊?知其然而不知其所以然。

现在就让我们用方志良老师创建的"理性责任理论"来分析什么是责

任。方志良老师在"理性责任"理论中把"责任"用公式表达为"责任=必须做的事+努力做的事+应该做的事+选择做的事"（概括为"四做"），详见下图1。

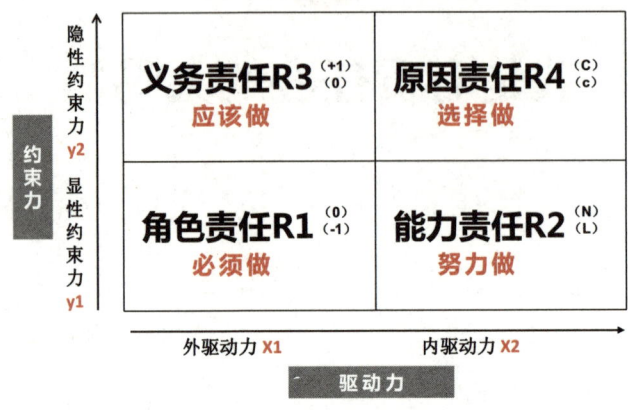

图1 责任矩阵模型

必须做的事，是人的角色责任。就是规章制度规定的事。你做了就是合格的，没做就是不合格的。比如：不迟到不早退。它代表的就是人与制度的关系。

努力做的事，是人的能力责任。就是单位给你制定了岗位目标，你最大化地去完成，没有最好只有更好！比如：孩子参加考试，满分100分，有的孩子考70分，有的孩子考80分，这就是能力责任不同。它代表着人与目标间的关系。

应该做的事，是人的义务责任。就是单位没有制度或明文规定，但又希望你做的事。比如：周末义务劳动，你去了，你心里踏实，单位领导对你有好感有好评；你不去，谁也拿你没办法，不能惩罚你。它代表的就是人与人或人与团队的关系。

选择做的事，是人的原因责任。就是集体利益和个人利益之间做选择的事。比如节假日加不加班的问题，下基层锻炼去不去的问题。它代表的是人与理念的关系。

现在让我们用"四做"技术再次回顾分析年终总结的内容：

"严格遵守学校规章制度，不迟到不早退。"这是在描述必须做的事。

"在业务上刻苦钻研，认真备课，教学效果良好。"这是在描述努力做的事。

"积极参加各项活动，关心集体，帮助同事。"这是在描述应该做的事。

"在今年学校重大工作中，能够以大局为重，牺牲'小家'为'大家'，加班加点完成任务。"这是在描述选择做的事。

有了"理性责任"的初步概念，大家就明白了为什么我们凭直觉都会从"四方面"来写年终总结，为什么感觉这样写就"全面"了。那都是想要表达我是一个有"责任心、责任感"的人，更是想要表达"我是一个优秀教师（员工）"。

虽然我们从没听说过"理性责任"理论，但却一直在运用。所以方志良老师一直在说"理性责任理论不是发明，只是日常生活的提炼和总结"。是的，"理性责任"让我们知道"责任"就在我们身边，就在自己手中，它不再是"传统责任"空洞宽泛的说教。详见图2所示。

图2　四种理性责任思维

看似简单的"四做"内容，但在我们日常工作、生活中想要成为一个有"责任"的人并不是一件容易的事。我们偶尔会"钻个小空子"（这是必须做的事没做到）、"偷个小懒儿"（这是努力做的事没做到）、"耍个小心眼儿"（这是应该做的事没做到）、"动个小私心"（这是选择做的事没做到），而恰恰是这些"小毛病"让我们在领导的心目中与"责任"擦肩而过，在职场上与"优秀"失之交臂！

  不是我们主观上"不尽责任"而是我们"不懂责任"，所以往往一不小心就"担了个责任"。

  这仅仅是"理性责任"理论的开始，它是一个系统性的理论，可以涵盖企业管理、教育培训、职业生涯规划的方方面面。

石家庄技师学院 高素敏

序

推动责任符号语言认证
实现责任语言国际化

2019年12月24日，中国教育电视台报道："责任动力学"理论是近几年出现的运用数字符号表达责任的语言体系，它的新颖性、创新性正逐渐得到社会的认可。日前，江西应用科技学院责任动力学研究院院长、责任动力学创始人方志良与北京大学中文系教授陈保亚共同研究推动责任数字符号语言认证。

北京大学中国语言学研究中心主任陈保亚评价说："责任动力学"是一个很有价值、有意义的创新，目的是通过对责任活动这个社会行为进行语言符号化的描写。

复旦大学思政示范课程指定教材《职业责任与领导力》里面也引用了责任动力学理论模型。

"责任动力学"为"责任"创造出一套简单、通用标准的责任数字符号语言体系以来，先后获得江西省教育厅颁发的高校育人共享计划课与江西省高校精品资源在线本科课程立项，为江西省80所高校大学生提供在线学习。

目前，江西应用科技学院将与广大高校与企业大学建立合作关系，共同建设具有自主知识产权的职场通用的数字责商认证体系，推动大学毕业生与企业员工在职场的责商认证体系，为全社会建立一套通用的责任符号语言体系与实用的职场责任底层逻辑思维模式。

与北京大学中文研究所合作的江西应用科技学院母公司辰林教育集团于2019年12月13日在港交所主板上市。上市后责任动力学的职场员工责任数字符号化认证将是辰林教育重点推动的项目之一。

上篇　责任动力破译职业责任底层逻辑框架

第一章　认识四种责任情商的数字符号代码的规律 // 002

  1.1　"吃雪糕"引发的责任与情商 // 002
  1.2　责任情商：主角与配角之争 // 005
  1.3　角色转换与角色责任 // 007
  1.4　闯红灯的代价 // 010
  1.5　是非对错的数字符号化责任情商思维 // 013
  1.6　坚持下来就是神话，坚持不下来就是笑话 // 015
  1.7　百事可乐与可口可乐的"强与弱"的责任情商 // 018
  1.8　拉开差距的不是台阶，是"应该做" // 020
  1.9　一个行为击溃你所有的优雅 // 023
  1.10　必须做、应该做与努力做的责任情商区别 // 024
  1.11　小我、大我，一个"选择"看清职场自我！// 027
  1.12　该晋升谁，一点不为难！// 030
  1.13　责任音符、责任总公式与责任情商代码 // 032
  1.14　责任音符与责任绩效管理模式 // 035

1.15　巧用责任价值观词汇　// 037

1.16　责任性格：企业面试与企业价值观小技巧　// 039

1.17　责任公式和弦组合：责任逻辑表达式　// 042

第二章　混淆的责任情商公式　// 044

2.1　职场责任经验与责任公式思维哪个更重要？　// 044

2.2　如何避免好心未必有好报！　// 046

2.3　升米恩，斗米仇　// 048

2.4　人为什么会有"道德绑架"的心理？　// 050

2.5　好心为啥被误解？　// 051

2.6　能力不足时，慎用热心　// 054

2.7　技不如人并不是舞弊　// 055

2.8　从失职中看到你的责任忠诚　// 057

2.9　知识补充：Ra=Rb公式释义与自我训练　// 059

第三章　二合一的责任情商思维　// 064

3.1　"炫技"用错地方　// 065

3.2　从李云龙看责任组合的特点　// 067

3.3　明白责任本末倒置原理，不做无原则的老好人！　// 069

3.4　面试考核的究竟是什么？表里如一　// 070

3.5　面试中的扫把测试　// 072

3.6　一张小纸条，总裁是这样炼成的！　// 074

3.7　保安的晋升之道　// 076

3.8　人情与制度　// 077

3.9　技术不够，赞美来凑　// 078

3.10　同样的起点，为什么升职的是他？　// 080

3.11　通过贴票，你能收获什么？　// 081

3.12　医体与医心——"做+说"的责任力量　// 084

3.13　为什么工作结果还是等于零！　// 085

目　录

3.14　职场为人"做+说"拉仇恨小事　// 088

3.15　知识补充：Ra+Rb公式　// 091

第四章　二选一的责任博弈情商智慧　// 092

4.1　有一种责任现象叫作"司马光砸缸"　// 092

4.2　左宗棠与天下第一棋手　// 094

4.3　年终奖不发，部门经理该如何通知？　// 096

4.4　知识补充：Ra>Rb公式释义与训练　// 097

4.5　知识补充：Ra>Rb职场格言新解　// 098

第五章　责任情商之责任主客体思维智慧　// 100

5.1　巧施妙计，合格率百分百不是没可能！　// 101

5.2　怎么分粥才公平？　// 102

5.3　分蛋糕技巧：责任主客体的主观性和客观性转换　// 103

5.4　多出来五千块钱！　// 104

5.5　责任主客体思维切换智慧："救命"与"着火了！"　// 105

5.6　谢谢你能耐心等我！　// 106

5.7　职场责任主客体思维工具　// 108

5.8　销售如何让潜在客户接陌生电话更有责任动力！　// 111

5.9　是不是销售高手，见面与告别的两句话就足够说明！　// 112

5.10　为什么要当大官？　// 114

5.11　两位母亲的两种责任客体高低阶思维的差异　// 116

5.12　你听懂了吗？我说清楚了吗？　// 116

5.13　"全是桌子的错"的教育方式　// 118

5.14　管理世界与服务世界　// 119

5.15　客人把杯子不小心打碎了，该怎么说？　// 121

5.16　客户因堵车，要晚到　// 123

5.17　责任主客体语言教你如何发通知　// 125

5.18　责任主客体思维案例分析训练　// 126

第六章　责任情商驱动力与约束力思维模式智慧　// 129

    6.1　驱动力与约束力思维　// 129

    6.2　灯，堵车的境界　// 131

    6.3　蛙鸣扰民？且看环保局如何神回复　// 132

    6.4　升职的意义　// 133

    6.5　用积极心态解读梦境　// 134

    6.6　多角度看事情　// 135

    6.7　抛硬币的输赢观　// 135

    6.8　有这样的父母，我还能怎么样　// 136

    6.9　老人与小孩的"斗智斗勇"　// 137

第七章　巧用责任公式组合理解职场执行力　// 139

下篇　各领域职业责任动力学符号语言实操

第八章　4R基础理解训练　// 144

    8.1　四做4R案例　// 144

    8.2　X驱动力Y约束力思维案例　// 146

    8.3　责任主客体案例分析　// 147

    8.4　Ra=Rb责任色盲症案例　// 147

    8.5　Ra+Rb责任组合案例　// 148

    8.6　Ra>Rb责任组合案例　// 148

    8.7　执行力转化案例　// 149

第九章　职场责任动力心得　// 151

    9.1　小职员的大胸怀　// 151

    9.2　家教中蕴藏的4R4P　// 153

第十章　创业责任动力感悟　// 155

- 10.1　管理不止熵，员工跑断肠　// 155
- 10.2　管理者必须把握住员工的四个核心需求　// 157
- 10.3　管理冲突的核心在于一个"私"字　// 158
- 10.4　企业管理问题棚架排除八步法　// 159
- 10.5　创业层级的八种选择　// 161

第十一章　职场入门责任动力　// 164

- 11.1　责任行为中的无"责任主体"现象　// 164
- 11.2　职场中的"纠结哥、纠结姐"情结　// 166
- 11.3　德育教育中的四种行为习惯　// 167

第十二章　制造业责任动力职业竞争力　// 171

- 12.1　"杀伤力"极强的新助理　// 171
- 12.2　职场中防范"树敌"之道　// 174
- 12.3　后疫情裁员减薪时代，如何实现逆势涨薪升职　// 174
- 12.4　值得人人都学习的"停车方法"　// 176
- 12.5　"点赞"的力量　// 177
- 12.6　谨记"事不过三"　// 178
- 12.7　管理者要学会制度管人　// 179
- 12.8　初入职场，切勿紧盯小利　// 180
- 12.9　初入职场，切勿急于求成　// 182
- 12.10　初入职场，切勿急于辩解　// 183
- 12.11　勇敢展现自我　// 184
- 12.12　这样的下属，你会重用吗？　// 185
- 12.13　茶水间的责任动力现象　// 186
- 12.14　职场中工作能力强，上司评价一定高吗？　// 187

第十三章 资深HR的职场责商 // 189

13.1 让人爱恨交织的操作员 // 189

13.2 离不开的小笨鸟 // 191

13.3 妒才 // 192

13.4 高手犯规的结局 // 193

13.5 特事特办嘛 // 195

13.6 只有特长生才具备天赋优势吗？ // 196

13.7 十年复读路的背后是什么？ // 199

13.8 对自己"恨铁不成钢"的打工人，看你是否身上有这样的特质？ // 202

13.9 视顾客为"上帝"的服务人员，如何让"上帝"听话？ // 204

13.10 老板，你家顾客打架啦！ // 207

第十四章 营销与沟通的责商智慧 // 211

14.1 夸赞胜于批判的艺术，营销中主客体思维的应用解析 // 211

14.2 销售主客体思维应用，让购买方动起来才是营销的关键 // 212

14.3 一个分酒器引发的成交，细节决定成败的小事件大启发 // 213

14.4 营销冠军的秘诀，销售就是驱动力思维的结晶 // 214

14.5 这个沙发不贵，营销中主客体思维应用解析 // 215

第十五章 责任动力学理论与实践深度理解运用 // 217

15.1 学习4R4P有什么用？ // 217

15.2 如何应用评价，谁人背后无人说，谁人背后不说人 // 219

15.3 职场上受了委屈该怎么办呢？ // 220

15.4 4R4P在绩效管理中的应用 // 230

目录

15.5 夫妻骑驴背后的4R8C // 234

15.6 如何应用《责任动力学》发奖金？ // 236

15.7 社会行为，企业文化建设的新思路 // 237

15.8 什么是优秀的物业维修工？——物业维修工的4R // 238

15.9 "抱歉通知您，车已晚点，请您谅解"，为什么乘客一听就火大？ // 239

15.10 "责任动力学"教你如何识人 // 241

15.11 朋友圈该怎样点赞？XY思维解析 // 243

15.12 明明别人没有帮助你，为什么还要说谢谢？ // 244

附件："4R4P责任动力学"专属名词表 // 245

Part 01

上篇

责任动力破译
职业责任底层逻辑框架

第一章

认识四种责任情商的数字符号代码的规律

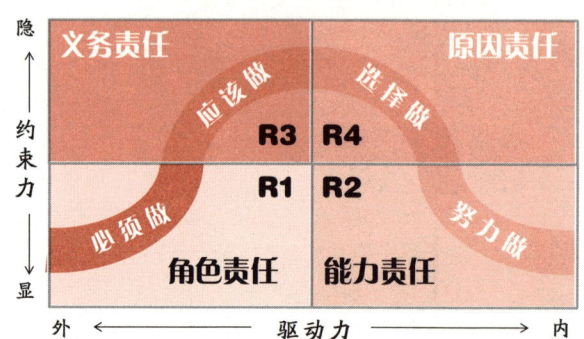

● 责任情商四种代码：

代码一：规则意识的责任情商代码：必须做R1

代码二：目标意识的责任情商代码：努力做R2

代码三：合作意识的责任情商代码：应该做R3

代码四：理念意识的责任情商代码：选择做R4

1.1 "吃雪糕"引发的责任与情商

A故事：

儿子："爸爸，爸爸，外面有个老爷爷好可怜，一直在外面惨叫，我想帮帮他，你能给我两块钱吗？"

爸爸："乖儿子，有同情心和责任心值得表扬，来，爸爸给你五块钱。"

爸爸悄悄尾随儿子到门口一看，一个老伯推着小车在叫喊："雪糕，雪糕，2块钱一根啊！便宜卖了！"

爸爸哭笑不得："得，上当了，又被这熊孩子忽悠了！"

图1-1　责任与角色

相信很多人看完这个故事后都会哈哈一笑，这小孩小机灵鬼，简单几句话就得到爸爸的支持，轻松达到了自己吃雪糕的目的。我们再来看另外一个孩子的做法：

B故事：

儿子："爸爸，外面有个老爷爷在卖雪糕，我想吃雪糕，你能给我两块钱吗？"

爸爸："不行，小孩子吃多了冷饮对牙齿不好。"

儿子嘟着嘴，不开心。

● **职业责任动力学（4R4P）实操底层逻辑思维解读**

我们不妨来简单分析一下两个孩子的表现（见图1-1）：

A孩子想买雪糕，是建立在**帮老大爷**的前提条件下，把自己化身为献爱心的角色，最终获得爸爸的认可。爸爸爽快地把钱给他，是因为爸爸认为孩子是一个**有爱心、有同情心、负责任**的孩子；B孩子想买雪糕，直接提要求，馋嘴的角色，被爸爸拒绝。爸爸的理由很简单，吃雪糕冷饮对牙齿不好，爸爸要**对孩子的身体健康负责任**。

通过A孩子与B孩子买雪糕故事的对比，我们可以看出两个重要的概念因素：责任和情商。

> **职业责任动力学实操**
> 责任符号语言体系破译职场情商密码

在职场上，一个人只有让他人看到自己是一个负责任、有责任心的人，才容易让人接纳，才更容易获得成功的机会；反之，如果人们只关注自己的利益诉求，而非对他人负责的行为，两者之间根本差别就体现在一个人的责任情商表现：如何巧妙地对他人负责任地说与做，实现"吃雪糕"愿望。

本书是基于"责任动力学"的责任符号与逻辑关系理论的通俗运用，书中结合理论逻辑与案例指导我们的责任思维，并在现实生活中进行责任情商的训练与修炼。我们萃取责任动力学理论的核心精华知识，采用职场经典故事以及通俗易懂的案例，帮助读者由浅入深地认识、思考、学习与训练数字符号化责任情商代码，最终形成系统的责任情商数字符号化的思维模式，在实践中不断加深理解，提升自我的责任情商智慧。

本书的两个基本逻辑：

1. 没有责任思维意识，"雪糕"都吃不成；同样只有盲目的责任心，毫无章法，很有可能好心办坏事，最终也将把事情搞砸。

2. 不要盲目迷恋情商，企图找提升情商的捷径，我们只有一步一步认知与理解责任的四种做法，逐步形成责任思维符号代码以及建立责任逻辑表达式的思维，才能够从中觅得责任情商真谛！

● 本书将传递给读者四个"责任动力学"核心责任情商思维模式，共分为四个篇章，核心内容分别是：

1. 数字符号化责任符号思维
2. 责任情商数学逻辑表达式思维
2. 责任主客体思维
3. 责任驱动力与约束力（XY）思维

1.2 责任情商：主角与配角之争

提到责任，我们首先得来说一说"角色"这一概念。我们经常会听到这样的评价：这个人说话做事不分场合，好表现，乱表现，不分主次。

毋庸置疑，这就是责任情商的问题。这究竟是为什么？

关于**角色**，我们下意识会想到主角与配角这两个概念，这也是提高责任情商最该划重点的两个词汇，同时也是解答上面问题的核心根源。

在陈佩斯与朱时茂的经典小品《主角与配角》中，饰演"叛徒"配角的陈佩斯为了当上主角"八路军"，耍尽了各种小聪明，最终在观众的支持下成了主角"八路军"，可最终还是改不了"叛徒"的真面目。

《主角与配角》的小品告诉人们：**现实中人人都想当主角，不愿意当配角，哪怕这个主角是坏人，很多人都会乐此不疲。想不明白？不妨来看一个典型现象。**

在学校里，当老师不在班里的时候，个别学生起哄，如果这个时候没有老师制止，那么捣蛋就很容易升级为恶作剧，因为捣蛋的几个人开始在攀比，都想成为最吸引大家眼球的那个**把无知当个性**的主角。

在社会上，我们偶尔会看见有些人聚众闹事，刚开始还是你一句我一句地小打小闹，如果没有人及时制止很快就会冒出几个"出头鸟"，最终越闹越凶，事态一发不可收拾。究其原因，正是因为一两个人要成为**最蛮横无理**的那个坏人主角所导致的。

现在我们明白了，人们为了当主角，不愿意做"默默无闻"的配角，连做"坏人"的主角机会都不愿放过，更何况在现实中我们有机会做"好人"主角，就更加容易忘乎所以，喧宾夺主，表现过度，忘却自己的配角身份了。

下面我们先来看一个想做"好人"的主角与配角之争案例。

小王是一个知识渊博、很健谈的年轻小伙儿。有一次公司老板带小王招待一个重要的客户，酒桌上，小王认为自己很负责任，非常主动积极地给客户敬酒互动，当然也免不了高谈阔论，饭局也就成为小王一个人的表演。更为过分的是，当老板在说话的时候，还时不时地插话打断。一顿饭下来，搞得客户很尴尬，老板非常生气。到底谁是主角，谁是配角？

小王代表了那些在职场上分不清自己是主角还是配角的一类人，主角与配角的关系是这一类人典型的责任情商问题。

小王在职场的责任情商核心问题就是分不清自己与老板的主角与配角的关系。热情、好客、健谈本来是小王的优势，但不分场合，不分角色（主角与配角）地盲目负责任**（划重点，根源在于分不清必须做、应该做与努力做的责任情商，本书的核心部分）**，往往适得其反，终究会把事态发展与人际关系搞砸。

● 职业责任动力学（4R4P）实操底层逻辑思维解读

"主角与配角"四种责任情商问题小提醒：

1．有能力、好表现的人，通常习惯在日常生活与工作中把自己当成主角（努力做），哪怕成为"坏人"主角，都不惜"努力做"。

2．越有能力的人，越喜欢活在舞台中央当主角，喜欢得到他人"应该做"的关注与赞美，一旦感觉自己在某个场合是配角，就会郁郁寡欢，发挥不了自己的"努力做"。

3．越有能力的人，越不容易分清场合中的主角与配角，一旦抓住机会，逮住条件，就容易"努力做"喧宾夺主，也就容易把事情搞砸。

4．一个人只有把自己的配角当好了，才有机会成为主角，成为人生的赢家，这个就要我们懂"必须做""应该做"与"选择做"的责任情商。

下面，我们来开始认识第一种责任情商内涵与代码（见图1-2）。

第一种责任情商代码：角色责任R1(-1，0)：必须做

图1-2　人与制度规则的责任情商图

1.3　角色转换与角色责任

如何提高我们的责任情商，首先要明白主角与配角的主次之分，还需要理解我们的日常角色扮演与角色认知。这一节，我们进一步分析角色与责任情商的关系。图1-3就可以帮助我们对不同情境的角色有一个清晰的认知。

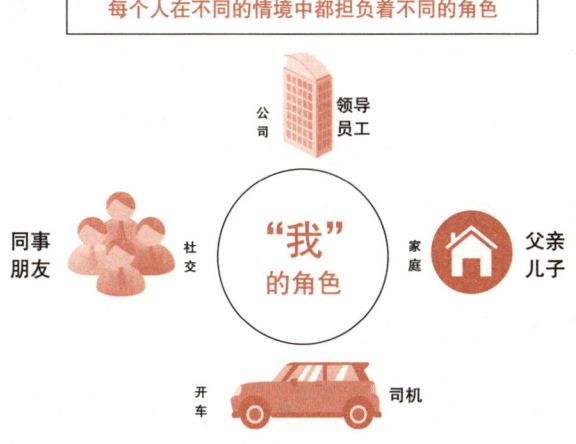

图1-3　责任情商中的角色扮演与角色认知图

买雪糕这个笑话告诉我们，当我们搞不清楚"老爷爷"这个人是什么角色的时候，孩子钻了"角色不分"的空子，孩子未必是有责任心的，因为爸爸没想到老爷爷也许是一个"雪糕"推销员。所以说，有没责任心还得先搞

> 职业责任动力学实操
> 责任符号语言体系破译职场情商密码

清楚角色概念与责任的关系。

小李现在在开车,他是一家公司的员工,也是一个儿子,他一路上一会儿给公司打电话,一会儿给家里打电话,结果被交警拦下了,因为他开车打手机,而且超速行驶。警察拦下他的时候发现他还没有系安全带。结果可想而知,小李不仅被罚款扣分,还被警察批评了一顿。小李一边不停地道歉,一边解释自己公司碰到了紧急的事情,家里的父亲又突然生病了,得马上赶去医院。

警察就一句话:你再忙,再有重要的事情,你开车时就是司机,就必须遵守交通规则,否则就是违法。

开着车的小李有三个角色:司机、职员、儿子。可小李只记得职员角色的责任与作为儿子的角色责任,却把当下最重要的角色司机的责任忘记了,由此受到了相应的法律法规惩罚。

相信很多人对上述情境都有相似的经历,当自己同时扮演几个角色的时候,突然发现自己忽视了最重要的那个角色的责任要求。要想提高自我的责任情商,认清楚我们扮演的不同角色的最基本的责任要求则是最关键的要素。比如开车时,无论你是领导、职员还是父亲的角色,此刻在交通规则面前人人平等,都是司机的角色,就必须要遵守交通法规,否则就会受到相应的惩罚。

作为一个公民,就必须遵守国家的各种法律法规;作为一个公司的职员,就必须遵守公司的考勤制度、财务制度、生产制度等;作为学生就必须遵守学校的各项规章制度。

● 职业责任动力学(4R4P)实操底层逻辑思维解读

提高责任情商第一要务:只要你能想到你现在所扮演的角色,那就可能存在你必须做的事情,如果没有按照制度要求做,结果就一定会受到惩罚。在责任动力学中,我们把这种由角色带来的最基本的"必须做"的责任叫作**角色责任**。

第一章 │ 认识四种责任情商的数字符号代码的规律

每一个社会角色必定有其最基本的、共性要求的责任，那便是角色责任。这点和传统组织行为学的"角色认知"概念一样。因此，无论是学生、老师、企业员工、管理者、老板，还包括我们生活中作为社会人都有自己最基本的角色责任，也就是要**必须做**的责任（见图1-4）。

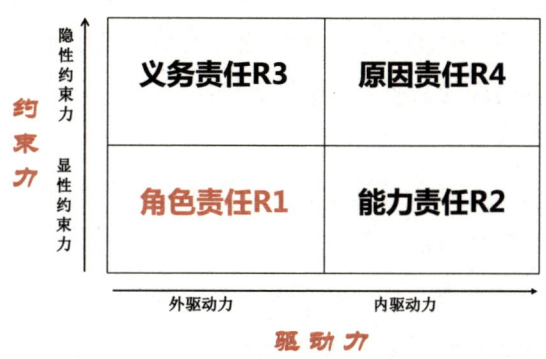

图1-4 理性责任矩阵模型

● 角色认知与角色责任必须做训练

1. 开车等红灯角色：_____

2. 进入建筑工地戴安全帽角色：_____

3. 超市购物买单角色：_____

4. 买票遵守景点规定游览动物园角色：_____

5. 按照生产制度生产角色：_____

6. 按照考场纪律参加考试角色：_____

● "必须做"的角色责任情商思考

请从现实生活中找出几个具有代表性的真实案例

_____

一个人如果不小心或侥幸忽视了某一个最小的"必须做"的角色责任，都会带来麻烦，那么他的责任情商就是负值。

下面这个真实的故事说的就是负值的责任情商案例。

1.4 闯红灯的代价

冬日的一个夜晚，天下着小雪。一个德国人急着赶路，抱着侥幸心理闯了红灯，结果被路旁一个睡不着觉的老太太发现。没过几天，保险公司的电话就打来了："你的保费从明天开始增加1%。"

"为什么？"

"我们刚刚接到交通局的通知，你闯了红灯，根据我们的判断，这种人很危险，所以保费要增加1%。"

这个人心想，那我就退保，投保另一家保险公司。但当他找到别的保险公司时，别的保险公司同样要求他的保费比别人多交1%。原来，全德国的保险公司通过联网信息都知道他有一次闯红灯的不良记录，每家保险公司都会要求增加他的保费。

没过多久，他的太太问他："老公，银行突然通知我们购房分期付款年限从15年改成10年，发生了什么事了？"

"实在对不起，因为我前几天闯了红灯。"

太太生气地说："啊！闯红灯？我们已经很不宽裕了，还搞这种事情，你自己想办法吧！"

不久，他的宝贝儿子从学校回来了："爸爸，我上的培训课老师让我把学费送现金过去，说不能分期付款了。"

当儿子得知这一切都是由爸爸闯红灯造成的，感到不可思议："啊，爸爸闯红灯了！真丢脸，下星期我不想去学校了。"

● **职业责任动力学（4R4P）实操底层逻辑思维解读**

角色责任：守护规则的责任情商

规则面前能克服内心冲突，不违反那些看上去无关痛痒的规则系统。比如，坐车系好安全带、不乱闯红灯、守时等。

很多人误认为情商就是会为人、会沟通、会体谅他人情感，这是对情商很片面的理解。试想一个人连最基本的社会契约都不能够遵守的话，那他待人接物的觉悟能高到哪儿去！

情商的最基本责任意识是角色责任情商，懂得在无论大的规则，还是小的规则面前一视同仁，不偏不废，这才是情商高的第一表现。

规则情商让我们在工作、生活中减少不必要的麻烦，有更多的精力和情绪对待其他的重要事情。这个爸爸违反了作为公民的角色责任必须遵守交通法规，最终带来无尽的烦恼。

任何人在法律法规规定的行为都存在两种评价状态：**遵守与违反**。

为了方便我们读者学习与掌握角色责任情商，我们把它进行数字符号化处理：一来便于我们区分责任情商的类别；二来方便我们建立责任情商代码。

角色责任数字符号化注解如下（见图1-5）：

R1表示角色责任是责任的第一责任分类，R1(-1，0)数字符号集合表示角色责任（违反，遵守）的两种责任低阶与高阶状态的集合。角色责任是表示人与制度规则之间的责任关系，用口语表达就是"必须做的事情"。

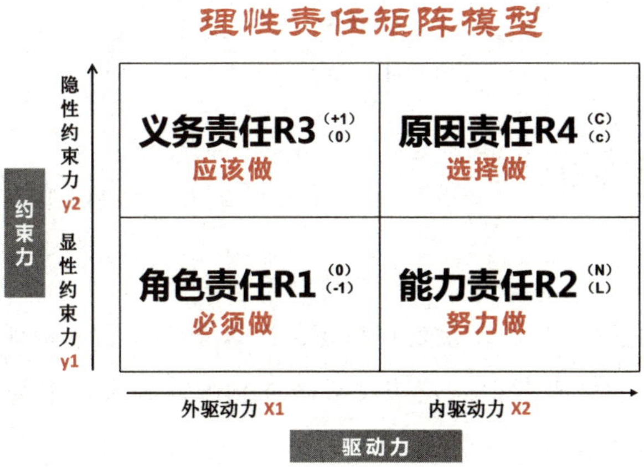

理性责任矩阵模型

	外驱动力 X1	内驱动力 X2
隐性约束力 y2	义务责任R3 (+1)(0) 应该做	原因责任R4 (C)(C) 选择做
显性约束力 y1	角色责任R1 (0)(-1) 必须做	能力责任R2 (N)(L) 努力做

驱动力

图1-5 责任矩阵模型

R1(-1)是角色责任的责任低阶的数字符号，(-1)表示没有做到法律、法规、制度等要求后会受到相关的**负激励或惩罚的责任特征值**。

现实中一般具有扣分、罚款、取消资格、开除，当然严重的就是触犯法律的拘留与判刑。比如，闯红灯扣分罚款、酒驾取消资格、考试作弊取消成绩甚至开除学籍、违规操作要被罚款甚至开除等处分。只要违反规则的，我们统统都可以用R1(-1)责任数字符号表示。

R1(0)表示角色责任的高阶，(0)表示我们做到了法律法规要求的必须做到的要求，没有违反，或0差错，故而用(0)表示不需要处罚或负激励的责任特征值。比如，开车不闯红灯，上班不迟到，上学不旷课，不偷税，不打架斗殴等都是不同的角色做到了自己的角色责任必须做的。我们用责任数字符号表示就是做到了R1(0)。

根据角色责任的高低阶两种状态的评价，我们知道故事中的爸爸闯红灯的行为就是角色责任R1(-1)，爸爸因此受到一系列的处罚。假如我们生活中遇到各种违规的人或事情，我们现在可以对他说：你R1(-1)了！

用数字符号来表示责任的区分简单明了，人们通过理解责任的特征值的基本含义就知道自己的行为表现，从而达到暗示、提醒、预防与阻止的效果，并最终在我们大脑中形成一种新的责任情商的思维定式（见图1-6）。

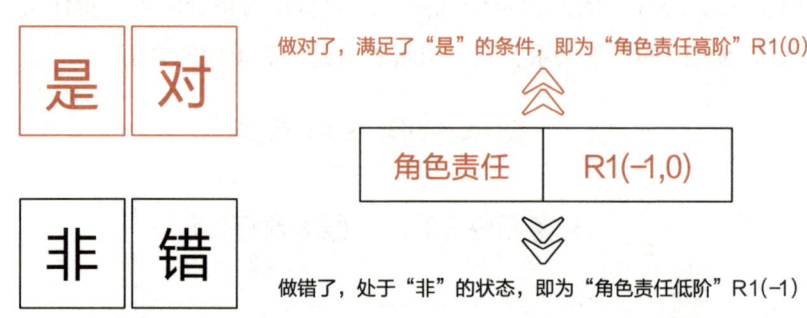

图1-6　角色责任的数字符号表示

所谓的角色责任情商，就是在特定的时候我们需要了解到必须做的角色责任高阶R1(0)的规则意识以及违反或破坏制度规则所带来的角色责任低阶R1(-1)的不利与害处。

● 角色责任情商数字符号代码：
角色责任高阶代码R1(0)
角色责任低阶代码R1(-1)

1.5 是非对错的数字符号化责任情商思维

一个14岁男孩，在书亭看到了一本很喜欢的书，可是身上没带那么多钱，于是就偷偷把书藏进了怀里，不料却被老板发现了，把他送进了派出所。很快，孩子的父亲赶到了。

男孩低着头，等待父亲的大骂。但父亲并没骂他，而是对书亭老板说："他一定十分喜欢这本书，只是因为没有带够钱才这样做的。你看这样行不行，我出三倍的钱买下这本书……"

出了派出所，父亲对孩子说："人这一辈子都会犯错误。听着，忘记它！不要让它在你心里留下阴影，好好学习和生活，以后不再犯同样的错误。"

● **职业责任动力学（4R4P）实操底层逻辑思维解读**

闯红灯与这个偷书的故事告诉我们，任何大人、小孩在社会上都会犯各种各样的角色责任R1(–1)错误，有的是主观和侥幸的错误，有的是一时没有控制好而犯的错误，但无论大小都是R1(–1)。"毋以善小而不为，勿以恶小而为之"中的"恶小"说的就是角色责任低阶R1(–1)，有的角色责任低阶R1(–1)错误看上去很小，但却会带来一系列严重的后果。

角色责任的数字R1(–1, 0)代表法律法规下的"是与非""对与错"的责任的两种特点。角色责任的（非，是）、（错，对）、（违反，遵守）与角色责任特征值(–1, 0)形成一一对应的关系，当传统的责任概念中运用了数字符号的表达方式不仅解决了责任抽象的概念问题，同时也让责任的相关词汇解释可以用数字化理解与分类。

尤其当我们还处在青少年时期学习了责任数字符号化后，就非常容易运用数字符号来规范与指引自己的日常行为，建立起一套角色责任情商"是非对错"的价值观体系。

> R1(0)词汇：诚信、遵守、规则意识、准时
> R1(–1)词汇：迟到早退、打架斗殴、偷窃、违反制度

职业责任动力学实操
责任符号语言体系破译职场情商密码

R1作为责任的符号，代表了责任矩阵系统中的第一种责任，也是我们最基本的责任之一。一个人要提高自己的责任情商，首先要理解R1(0)这个责任代码的价值观词汇的概念类型。假如那个闯红灯的爸爸能够有R1(0)的规则意识的话，也许就能够淡定地等待红灯多几秒钟，后续糟糕的事态也许就不会发生。同样，爸爸对待孩子偷书这件事情上表现出很高的角色责任情商，没有采取常见的打骂惩罚，而是给孩子希望与安慰，人人都会犯错误，但一定要有各种角色责任R1(–1)的预防与规避意识。

对于个人，当我们理解了R1(–1，0)的数字符号后，我们就知道赚钱养家可以理解为R1(0)必须做的最基本的工作。如准时上班，遵守公司的基本制度，基本的岗位职责范围，做到自己最基本的R1(0)，尽量避免迟到、早退、不遵守公司制度的R1(–1)的责任行为（见图1–7）。

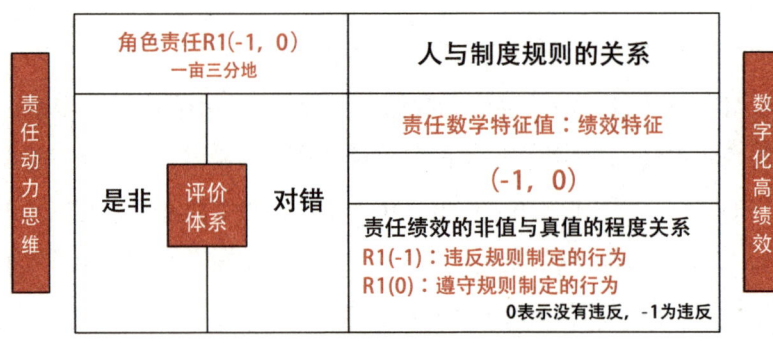

图1-7　员工优秀责任动力思维模式系统

对于管理者，角色责任R1(–1，0)符号的管理意义更加突出，每一个员工都会呈现出R1(–1)和R1(0)的场景情境人物形象。比如，小王三天两头迟到，小李操作设备总是违反操作规程，都是R1(–1)"非、违反、错"等责任标签。"–1"的责任特征值也充分说明了扣分罚款等做减法的管理办法。而小张总是遵守公司制度，我们认为他很正常，说明他没有违反规定，而"0"恰好可以解释，0迟到次数，0违反，0错误率，所以R1(0)表示一个人做好了自己必须做的角色责任，无须过度表扬或鼓励，0表扬即可。

特别提示，角色责任属于负激励管理模式。所谓"负激励"，就是只有惩罚，没有奖励，最多也就是安慰。比如，这个男孩一时糊涂偷书，爸爸为了他的健康成长，用三本书的价格作为惩罚的赔偿，对于男孩只有安慰。

1.6 坚持下来就是神话，坚持不下来就是笑话

第二种责任情商代码：能力责任R2(0～N)：努力做（见图1-8）。

图1-8 人与目标激励的责任情商图

上海市浦江电表厂有一个小工，这个小工总是在其他小工抽烟喝酒的时候学英语、背单词。因为不合群遭到同事们的群嘲：你一个小工，学英语有什么用？不管你学到什么程度，一辈子也只能是个电工。

同事们的冷嘲热讽他从不放在心上，十年如一日坚持学习英语。

后来电表厂收到了一些英文材料，全厂没有一个人能看懂，大家不约而同地想到了那个下班后苦学英语的小工。令所有人大吃一惊的是，那个小工轻轻松松翻译完了所有材料，成为厂里轰动一时的新闻。

过了一段时间，有个政府机关需要一个翻译，就把他调走了。

谁知道小工这一走，就再也没回来了。

这个故事告诉我们：坚持十年就是神话，坚持不了就是笑话。

● **职业责任动力学（4R4P）实操底层逻辑思维解读**

这个小工为什么会成功，如果从责任角度来看，他学习英语并不是他作为小工的角色责任R1必须做的，而是他利用自己的业余时间持之以恒努力学习的结果。也就是说我们有一种责任是靠我们努力做来实现好的结果与目标的责任。这就是第二种责任，能力责任。（见图1-9）

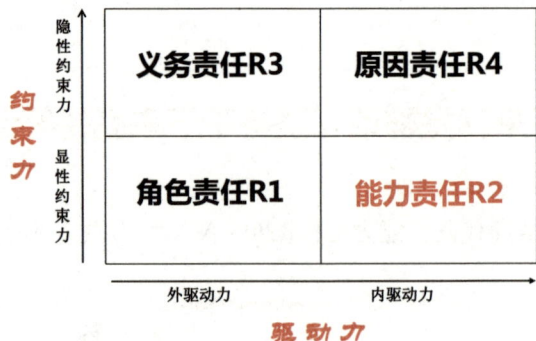

图1-9 理性责任矩阵模型

什么是能力责任？先让我们来回顾一下，我们日常如何理解能力与责任的关系。

相信很多人第一眼看到"能力责任"这个词后，可能会以为这是"能力"与"责任"两个词，也有很多人会理解成：能力就是能力，责任就是责任，两者不可混为一谈。

现实中我们的确总是习惯对"能力"与"责任"的两个概念区别化对待。比如说一个学生能够每天遵守校规上课，我们很容易理解这个学生是负责任的学生，也就是做到了学生的角色责任R1(0)；当一个学生取得了好成绩，我们也很容易说这个学生是一个很有能力的学生，这个时候我们的思维似乎淡化了它其实也是另一种形态的责任，这就是能力责任。

毋庸置疑，**一个人业绩或成绩好肯定是负责任的做法。当我们说一个人业绩好、成绩好的时候总会夸他能力强，很少把这种成绩好、业绩好的现象归为责任，因为在我们大部分人的潜意识中，但凡提到责任可能就是发生了问题或事故，总之会联想到负面的问题。**

能力责任是以目标激励为导向的"努力做"责任范畴。努力做是与目标激励有关的事情，表现出结果的"好与差"的关系。比如，成绩差、能力不行、效率低是"差，少"，成绩好、能力强、效率高是"优、多"。

为了区分能力责任与角色责任R1(-1，0)的数字符号，我们用数字符号(0～N)表示可以量化、具有程度性差异的结果来表达，(0～N)表示结果由少到多、从小到大、从低到高、从差到优、从弱到强的量化渐进的结果差异过程（见图1-10）。

第一章 | 认识四种责任情商的数字符号代码的规律

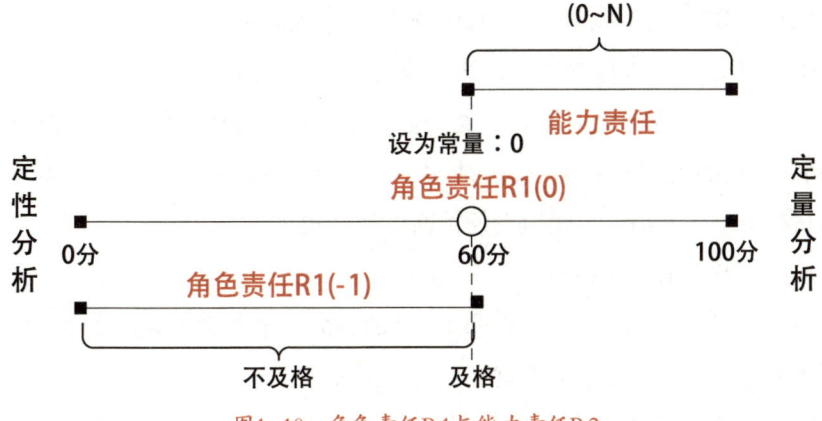

图1-10 角色责任R1与能力责任R2

比如考试成绩满分为100分，如果一个学生考了60分，说明他刚刚及格，也就达到了学生必须及格（必须做）的角色责任R1(0)，如果考试在60以下的任何分数都是不及格，属于没有做到必须做的角色责任R1(-1)，学生就会被要求补考或者得到学校其他的相关处罚；如果学生的成绩大于60分，小于或等于100分，我们把这一段成绩用(0~N)来表示及格后的优秀、中等与差（特别提示，成绩差在这里是相比成绩优秀，成绩差一定是超过及格线，这点读者一定要结合两个责任概念进行理解）。

> R2(0)或R2(L)词汇：差强人意、消极、劣势、懒惰
> R2(N)词汇：优秀、卓越、积极、向上、拼搏

备注：为了方便理解，我们也用R2(L)表示能力责任低阶，L是"低"英文Low的首字母的缩写，和用R2(0)表示一样。

我们同样用责任高低阶两种状态来评价（见图1-11）：

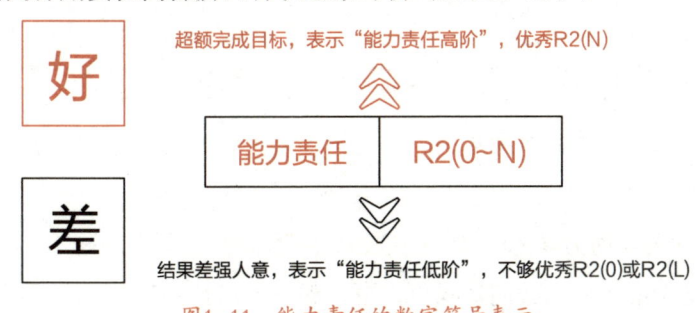

图1-11 能力责任的数字符号表示

R2(0)或R2(L)表示能力责任的责任低阶，勉强满足要求。

R2(N)表示能力责任的高阶，达成或超额完成目标。

能力责任R2(N)核心是坚持，努力做，以目标为导向，强调责任内驱动力从0到最大值的责任(0～N)"程度性大小"的结果特征值，能力责任体现坚持后的目标结果"大小"。能力责任情商成功公式：

成功=智商+努力做+坚持

故而，但凡涉及(0～N)结果可以提升的事情，这类责任情商符合"努力坚持下来就是神话，坚持不下来就是笑话"谏言。

能力责任情商是第二种责任情商，我们习惯用结果来量化评价一个人或评价某个结果目标，也就说，评价一个人能力责任情商不妨借助能力责任R2(0～N)的特征值来区分词汇。

> 能力责任高阶R2(N)词汇：好、敬业、拼搏、努力、精益求精、坚持不懈
>
> 能力责任低阶R2(L)词汇：差、懒惰、得过且过、马马虎虎、三天打鱼两天晒网

1.7　百事可乐与可口可乐的"强与弱"的责任情商

同样拥有100多年历史的可口可乐与百事可乐（百事比可口可乐少7年），百事可乐销量后来者居上，可以说也是相爱相杀的典范。

有一年，百事可乐万圣节的宣传海报：

祝你有个恐怖的万圣节！

可口可乐的粉丝用同样的广告回击百事，只是文案改成：

每个平凡人都渴望当英雄！

● 职业责任动力学（4R4P）实操底层逻辑思维解读

看完这个故事后，我们赞叹可口可乐粉丝的高情商！

同样是能力责任的隐喻，可口可乐的精彩反击是如何做到责任高情商的呢？

可口可乐把百事可乐隐喻为平凡，但是披上可口可乐的外衣后，便化身为正义的超人R2(N)，同时，文案讲述的是一个平凡之人，在可口可乐的加持下最终成为正义战神的故事，的确是妙不可言。

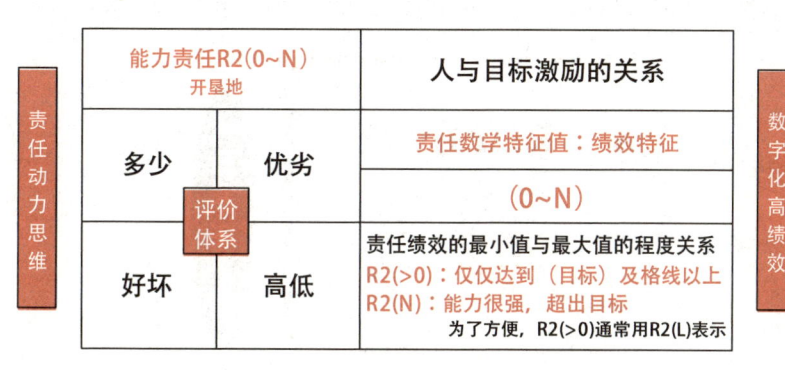

责任动力思维	能力责任R2(0~N) 开垦地	人与目标激励的关系	数字化高绩效
	多少　优劣 评价体系 好坏　高低	责任数学特征值：绩效特征 (0~N) 责任绩效的最小值与最大值的程度关系 R2(>0)：仅仅达到（目标）及格线以上 R2(N)：能力很强，超出目标 为了方便，R2(>0)通常用R2(L)表示	

图1-12　员工优秀责任动力思维模式系统

能力责任：目标情商

目标面前能坚持，人的坚持是因为有挫折的承载，坚韧不拔是因为在目标面前能够淡定沉着，在没有掌声与鲜花的灰色地带自己能够默默抗压而不是抗议。比如，不因一点点困难挫折而后退，不会因为没有鲜花掌声而气馁。

人的第二种责任情商是能力责任情商，懂得无论在顺境还是逆境，都能坚忍不拔，自己给自己动力，这才是目标情商高的核心表现。责任动力学称这种责任情商为能力责任目标情商。

有的人在目标受挫后，逢人就抱怨，受委屈后需要有人鼓励、赞赏才能重新振作，有人表扬时动力十足，没人表扬时一曝十寒、三分钟热度，心血来潮就努力，一时挫败就一蹶不振，这都是能力责任目标情商不足的表现。

1.8 拉开差距的不是台阶，是"应该做"

第三种责任情商代码：义务责任R3(0，+1)：应该做。（见图1-13）

图1-13 人与人合作的责任情商

小燕是一名中专毕业生，毕业后在一家商场柜台做销售。

小燕工作的柜台前方有一个台阶，很多客人经过时，经常会因为低头看手机而被绊一下。小燕发现后，开始主动提醒所有路过的客人："先生/女士，请小心台阶！"

有的客人听到提醒只是自顾自继续走，有的客人会抬头冲小燕笑笑并道谢。

一段时间以后，小燕的同事实在是看不下去了，就好心劝小燕：小燕，他们是不是小心台阶，又不关你的事，你只管卖好你自己的货就好了！小燕听到后，只是笑笑不说话，还是继续提醒来往客人。

再过一段时间，旁边的同事开始冷嘲热讽小燕，有的认为她傻，有的认为她别有用心。小燕虽然委屈但不为所动。

有一天，一个戴眼镜的中年男人经过小燕的柜台，小燕还是像往常一样提醒："先生，请小心台阶！"中年男人抬头惊讶地看了一眼小燕，然后继续往前走。

3个月后这个中年男子再一次经过这时，依然听到熟悉的提醒声。中年男子对小燕点点头。第二天，部门经理找到小燕，让她担任柜台副组长。

6个月后，小燕升为组长，2年后升为楼层经理，5年后成为公司的副总。

原来，那个中年男子是该公司的总经理，是他发现了小燕这个人才。

那么，总经理究竟看中的是小燕的哪种才能？

● **职业责任动力学（4R4P）实操底层逻辑思维解读**

这个职场故事中的小燕提醒客人并不是她的角色责任必须做的事情，也不是有难度需要努力做的能力责任。小燕被总经理发现，是因为她一直做着一件不是她角色必须做的事情。这个事情可做可不做，而是从道义上应该做的事情。

这种责任就是我们开始认识的第三种责任情商：义务责任（见图1-14）。

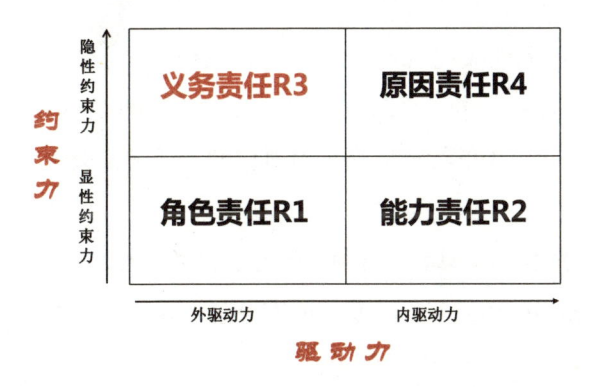

图1-14　理性责任矩阵模型

下面我们简单地来了解一下义务责任的概念、含义以及它的数字符号特征。

义务责任是以人际互助、合作、关心为导向的"应该做"。日常表现为"可为与不为、可做与可不做"的关系。比如：给人让座位、帮忙、公共场合捡垃圾、给人倒水等是"可做、有为、可为的事情"，我们用数字符号R3(+1)来表示义务责任高阶，(+1)的责任特征值具有额外增值的意思；而那些不让位，不关心他人等"不作为的事情"，我们用数字符号R3(0)来表示义务责任低阶，(0)的责任特征值与(+1)对立，表示没有做额外"增值"的事情。

特别提示，义务责任中的"义务"的含义是"**自愿、自发、不索取报酬**"的行为。也就是说，人在没有显性（法律法规）约束、强制要求、没有回报的情况下做义务责任的事情有很多，比如义务献血、义务劳动、义务帮忙等都是属于这个范畴。义务责任通常都是在道德、文化习俗的隐性约束条件下的责任。

那么人们为什么会做一些没有强制要求的应该做的义务责任事情呢？这是因为人们在义务责任R3(+1)面前虽然没有直接利益回报，但付出了通常却能够获得心理上的愉悦，也就是移情与同理心。

义务责任通俗的理解就是：从某种意义上行为人应该做，但可以做、也可以不做的行为，做了对方会感激与认同，不做也不会受到强制要求。

小燕的成功取决于一个关键因素：义务责任R3(+1)做得好。

义务责任情商是我们责任情商中的第三种责任情商，也是我们日常生活中说的最典型的责任情商。但凡我们说一个人情商很高，基本上都是指这个人在"应该做"方面做得非常到位。

特别提示，有的时候我们基本上把义务责任情商当成情商的全部含义。

我们习惯用人际合作、帮助他人来评价一个人的爱心与情商高低，可以借助义务责任R3(0，+1)的特征值列举出对应的责任情商词汇（见图1-15）：

义务责任高阶R3(+1)词汇：帮助、爱心、友善、热心、捐助

义务责任低阶R3(0)词汇：冷漠、袖手旁观、讽刺、骂人

自愿自发去做了，表示"义务责任高阶"R3(+1)增值

义务责任　R3(0,+1)

没有主动去做，表示"义务责任低阶"R3(0)零值

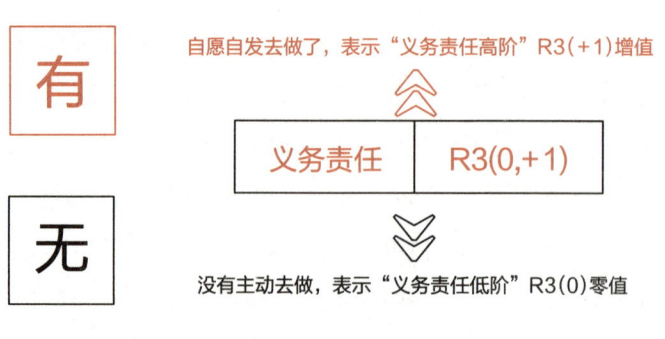

图1-15　义务责任的数字符号表示

1.9 一个行为击溃你所有的优雅

一个40多岁优雅的女人领着她的儿子走进某著名企业总部大厦楼下的花园，并在一张长椅上坐下来吃东西。

不一会儿妇女往地上扔了一个废纸屑，不远处有个老人在修剪花木，他什么话也没有说，走过去捡起那个纸屑，把它扔进了一旁的垃圾箱里。

过了一会儿，妇女又扔了一个。老人再次走过去把那个纸屑捡起扔到了垃圾箱里……就这样，老人一连捡了三次。

妇女指着老人对孩子说："看见了吧，你如果现在不好好上学，将来就跟他一样没出息，只能做这些低贱的工作！"

老人听见后放下剪刀过来说："你好，这里是集团的私家花园，你是怎么进来的？"中年女人高傲地说："我是刚被应聘来的部门经理。"

这时一名男子匆匆走过来，恭恭敬敬地站在老人面前。对老人说："总裁，会议马上就要开始了。"

老人说："我现在提议免去这位女士的职务！"

"是，我立刻按您的指示去办！"那人连声应道。

● **职业责任动力学（4R4P）实操底层逻辑思维解读**

这位女士新被聘请即被离职，不是因为什么大事，只是因为她随手扔垃圾，做了社会公德上的不应该做的，也就是做了义务责任低阶R3(0)，并瞧不起俯身捡垃圾的老人。也许这位女士能力很强，但是却无视道德文化的约束，不愿做"义务责任"，甚至还瞧不起主动做义务责任R3(+1)的人。最终因为"应该做"被辞退。

与前文中的小燕形成强烈反差。小燕因为做了义务责任高阶的应该做（提醒台阶）R3(+1)而获得了总经理的青睐，而这位新应聘部门经理的女士却因为义务责任低阶不应该做（乱丢垃圾）R3(0)而丢掉了饭碗。

义务责任：人际合作情商

人的第三种责任情商是义务责任情商，懂得在人际交往中，妥善处理各方社会关系，在人际关系中充当润滑剂。责任动力学称这种责任情商为人际情商。

在人际关系中，能够着眼于人与人之间的小事，主动帮助、分享、沟通、协作，能够放下高傲去做些举手之劳的小事，在人群中能够敏感地觉察到他人的需求，并主动及时地满足，被满足对象会因此而觉得温暖、舒心、开心、感激，因此人际合作情商高的人，通常人际关系都比较好，也能够很好地处理人际关系中的各种问题（见图1-16）。

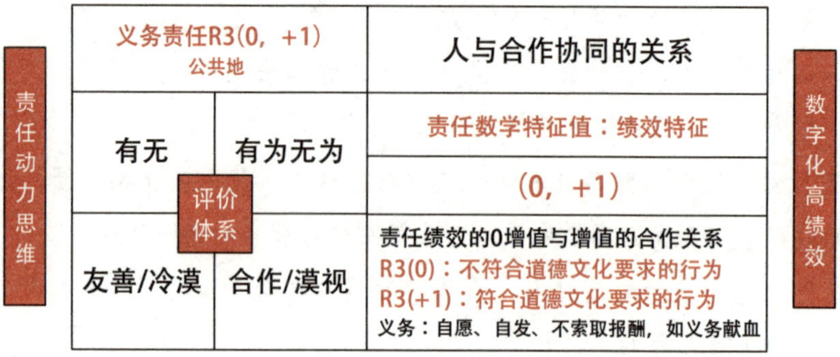

义务责任R3(0, +1) 公共地		人与合作协同的关系
有无	有为无为	责任数学特征值：绩效特征
	评价体系	(0, +1)
友善/冷漠	合作/漠视	责任绩效的0增值与增值的合作关系 R3(0)：不符合道德文化要求的行为 R3(+1)：符合道德文化要求的行为 义务：自愿、自发、不索取报酬，如义务献血

左侧：责任动力思维　　右侧：数字化高绩效

图1-16　员工优秀责任动力思维模式系统

1.10　必须做、应该做与努力做的责任情商区别

早会结束后，经理让东东联系下某客户次日到公司时间！

过一会后，东东来报告。

东东：领导，客户王总明天下午三点到！

经理：坐什么交通工具？

东东：不好意思，没问，你只让我问他什么时候到！其他的都没问！

经理：哦！知道了，你先出去吧！

于是，经理让月月去接洽。

过了一会儿，月月来汇报：报告，王总明天下午一点的航班，三点到。

不过我查询了王总坐的航班准点率只有百分之六十，加上明天天气不好，可能会晚点！我已经将我们这边的天气告诉王总，请他多穿点衣服！我刚询问过，明天公司车没安排，我安排下去了，经理您明天去接吗？另外，王总会抽烟，所以，明天接一定要带打火机，同时也带包烟！酒店我刚定好了还是上次酒店，我特地定了同一房间！我明天会去买些水果放到王总房间！晚上吃饭地方也安排好了，上次王总吃的是本地菜，所以这次安排了王总最喜欢的那家火锅！经理，您看有什么需要补充的吗？

经理：很好，就按你说的做！

● **职业责任动力学（4R4P）实操底层逻辑思维解读**

在这个故事中，东东和月月接受的是同一个任务，按理说，东东和月月都完成了两人的角色责任R1(0)。但一比较，差距就出来了：

东东是以完成领导安排的"必须做的事情"为导向，属于角色责任思维，所以只会做领导吩咐的角色责任R1(0)要求的最基本的事情；

而月月是以满足对客户应该做的诉求为导向的义务责任思维模式，所以在接待工作中月月做了大量的义务责任R3(+1)的活，这些活很显然公司不会强制要求，当然只要月月做，客户对公司一定会产生巨大的心理感激之情，也会对公司的企业文化产生很深的印象！

如果是商业合作客户，也许就是因为月月的这种义务责任R3(+1)增值服务意识就能够感动客户，间接促成商业成交。很多人会误认为这是月月的能力强，果真如此？非也！

学员在初学责任动力学四种责任"四做原理"时最大的困惑可能容易把义务责任R3(+1)当成能力责任R2(N)，这和"应该做可做可不做的非强制的增值（谁做结果都会一样）与努力做可以出现程度性差异的结果目标（不同的人做会有不同的结果差异）"理解不透有很大的关系。

我们试想一下，假如不是月月，而是现在的你来接待，只要你理解了接待客人各种基本的细节后，只要你愿意去用心做，也能成为月月，当然东东也照样可以做到！这说明了月月做的大量工作是没有结果差异的"应该做"为导向的义务责任，而不仅仅是以上级任务要求"必须做"为导向的角色责

> 职业责任动力学实操
> 责任符号语言体系破译职场情商密码

任,更不是有难度结果差异的"努力做"的能力责任含义。如何理解?

假如明天天气0度以下,月月说,我来"发功"让明天温度提到25度。那这就是月月的能力责任R2(N),这可不是什么人可以做得到的。而月月只是把各种相关的天气信息与行程细节提前汇总安排好,并没有改变天气温度,人人都可以做到。其实这些只是掌握了以客户服务为导向的义务责任R3(+1)不确定性细节问题的责任思维。这些信息与细节,东东只要去做也能做到。

因此说,**东东和月月的差异不是能力责任R2(0～N)的做事情的结果难度差异,而是两人在于服务客户的义务责任R3(0,+1)的应该做的、细节的责任情商差异。**

能力责任与义务责任的企业管理水平升级奥秘(见图1-17和图1-18):

一个员工工作水平高,传统意义上我们可能会单纯把他归因为能力或能力责任做得好,但其实很多是义务责任做得好,也可以说是情商高。如果我们在职场能够正确理解R2(N)与R3(+1)的责任特征值的含义与区别,就能够理解R3(+1)是可以成为人人都会做的,也是可以复制的,我们把这种可以复制的责任文化叫作企业文化;而那些不能大量复制,要靠每一个成员刻苦学习与坚持的目标结果R2(N),叫作培养狼性的责任竞争意识(见图1-19)。

图1-17 区分义务责任R3与能力责任R2

图1-18　R3与R2区分训练

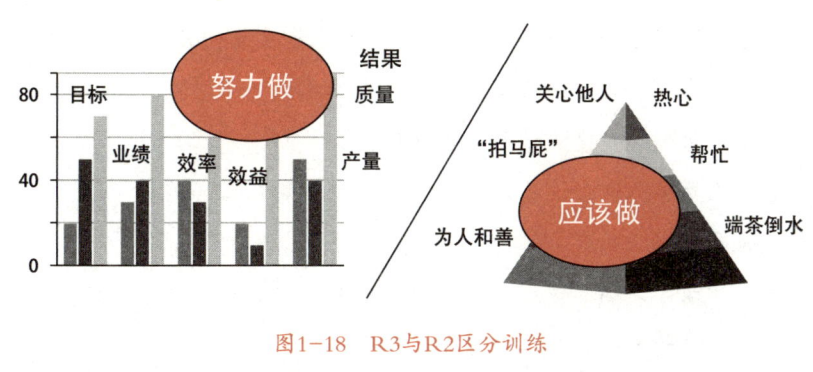

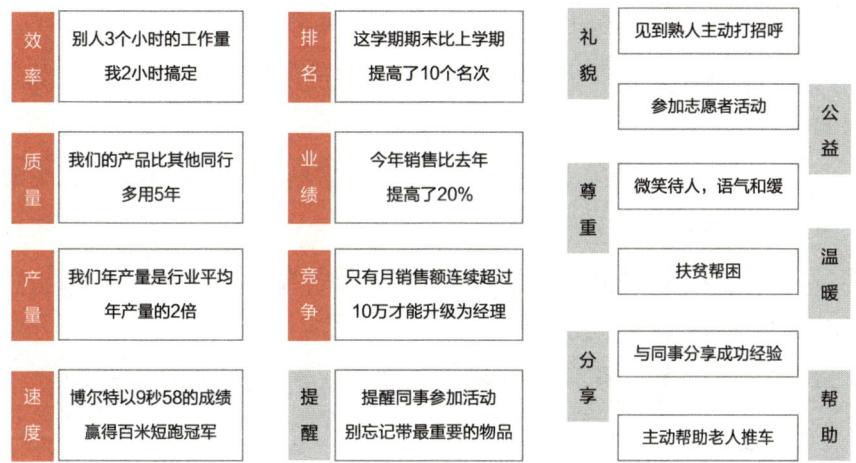

效率	别人3个小时的工作量我2小时搞定	排名	这学期期末比上学期提高了10个名次	礼貌	见到熟人主动打招呼	
					参加志愿者活动	公益
质量	我们的产品比其他同行多用5年	业绩	今年销售比去年提高了20%	尊重	微笑待人，语气和缓	
					扶贫帮困	温暖
产量	我们年产量是行业平均年产量的2倍	竞争	只有月销售额连续超过10万才能升级为经理	分享	与同事分享成功经验	
					主动帮助老人推车	帮助
速度	博尔特以9秒58的成绩赢得百米短跑冠军	提醒	提醒同事参加活动别忘记带最重要的物品			

图1-19　R3与R2区分训练

1.11　小我、大我，一个"选择"看清职场自我！

第四种责任情商代码：原因责任R4(C／c)：选择做（见图1-20）。

图1-20　人与价值理念的责任情商图

职业责任动力学实操
责任符号语言体系破译职场情商密码

领导分别安排小王、小李、小张把一些闲置的试验设备用起来，一个月后，这些闲置的设备有的依然躺在那里，有的用起来了。

领导分别问三人安排的设备用得如何？

小王："领导，这台设备没有说明书，没法用！"

领导摇摇头："是这个原因，哦！明白了！"

小李："这台设备不稳定，不在保修期内，又缺零部件，没法用！"

领导依然摇摇头："是这个原因，哦！明白了！"

小张："领导，这台设备已经开始正常使用了！"

领导好奇地再问："不是没有说明书，零部件也不稳定吗？这些设备怎么被你修好的呢？"

小张："哦！的确是没有说明书，也缺零部件，可是这样闲置太浪费了。我在网上找到了这个厂家的网站，找到这台设备的使用方法，还在网上找到了一些这个厂不生产的通用的标准零配件替换了旧的，另外我把这台设备做了一次全面的保养……"

领导点点头，感叹道："同样是一个团队，差异怎么就这么大呢！"

● **职业责任动力学（4R4P）实操底层逻辑思维解读**

职场上，很多原因问题因为责任约束力不是很明确，做与不做似乎意义不大，况且又有难度。所以，一般情况下，很多人能够找理由就自然找客观理由、借口和原因，几乎不愿意主动去想解决问题的方案思路。小王、小李与小张在这种情况下，可以选择最大化满足公司的利益去解决问题，也可以选择最小化满足公司利益敷衍了事。

在责任意义中的选择做不是传统领域说的选择一个苹果还是橘子，而是一个人是选择最大的为了自己利益，还是最大的选择为了他人（组织）利益的选择。

简单来说，责任中的"选择"体现大我思维还是小我思维，大我是牺牲自我利益或奉献自己，为了大局利益；小我是牺牲组织（他人）利益，成就自己的利己、短期利益。

我们把这种可以在利益与理念上做选择的责任叫作原因责任，也是责任矩阵中的第四种责任，原因责任是以思想理念为导向的"选择做"。原因责任的高阶数字符号用R4(C)表示，意思为选择为了大局利益的原因奉献自己，具有大我的精神；原因责任的低阶数字符号用R4(c)表示，意思为选择为了自己的利益而最小付出。

特征值R4(C/c)含义注解：

(C)选择（choose）的首字母大写，表示在没有强制的情况下，选择最大的付出，这句话用责任特征值(+1)与(0~N)的表示，大(C)是+1(0~N)复合型特征值的简写，+1(N)表示选择最大的奉献自我，大我精神；相反，小(c)表示在没有强制的情况下，选择最小的付出，这句话满足+1(0)表示选择最小的付出，小我意识（见图1-21）。

公 ⇧ 选择最大化满足组织利益，表示"原因责任高阶"R4(C)大我

| 原因责任 | R4(C/c) |

私 ⇩ 选择最大化满足自我利益，表示"原因责任低阶"R4(c)小我

图1-21 原因责任的数字符号表示

为了便于理解，我们用上面案例来分析，小王、小李的原因、理由就是为了不麻烦自己，不愿意多付出的原因责任低阶小我的选择R4(c)的表现，而小张则是考虑公司的大局利益至上原则，为了给公司减少损失，尽量想方法，这就是原因责任高阶大我的选择R4(C)的表现。这就是典型的人与人在职场中的责任境界的不同，完全体现出一个人"找理由、找借口、找困难"的原因责任高低阶的根本差异。

职场，当你无法解决问题时的理由、借口、原因貌似越合情合理、越充分，实际上也正是我们职位原地踏步得不到晋升和加薪的充分、合理、合情的理由与原因！——因为这终归是"大我选择与小我选择"的原因责任境界的不同！

原因责任高低阶词汇训练：

原因责任高阶R4(C)的词汇：忠诚、天下为公、奉献精神、牺牲、信念、

理想、战略、大我精神等。

原因责任低阶R4(c)的词汇：工于心计、自私自利、斤斤计较、目光短浅、推诿、理由借口等。

常见的原因责任低阶R4(c)案例详见下面几点。

1. 张三告诉李四，他可以解决他的工作问题，但暗示李四要送5000钱给自己才能办理。

分析：张三在为李四解决工作的最大目的是获得自己的利益为前提，其次才是考虑李四的诉求。

2. 这两年公司花了很多资金培养小张的技术水平，如今小张的技术水平达到了挑大梁的水准。外面开始有猎头要用高薪来挖小张，于是小张找到公司的总经理希望公司涨工资，否则他就要离职跳槽。

1.12　该晋升谁，一点不为难！

一个公司总经理要晋升一个副总。

小王与小李，一个是生产部门经理，一个是销售部门经理，两个人都非常优秀，但是副总位置只有一个，该晋升谁？为这事总经理绞尽脑汁，一次偶然的机会，总经理接触到了责任动力学，于是他有方法了。

"小王、小李，你们辛苦了，公司决定对你们放一个长假，希望你们玩得开心！"按照计划，小王与小李都公费出去旅游了。

一天，总经理在公司群布置了一个棘手的任务……

小王认为自己在休假，就没有回复；

小李认为纵使自己在休假，但公司问题大于一切，小李积极参与……

休假结束后，小李接到HR的人事任命，荣升副总……

● 职业责任动力学（4R4P）实操底层逻辑思维解读

这个休假测试的就是两人的原因责任R4，只有在隐性约束条件下，在利益面前，选择为公司整体利益考虑的人，其原因责任R4(C)的做法才可以继续担当大任。

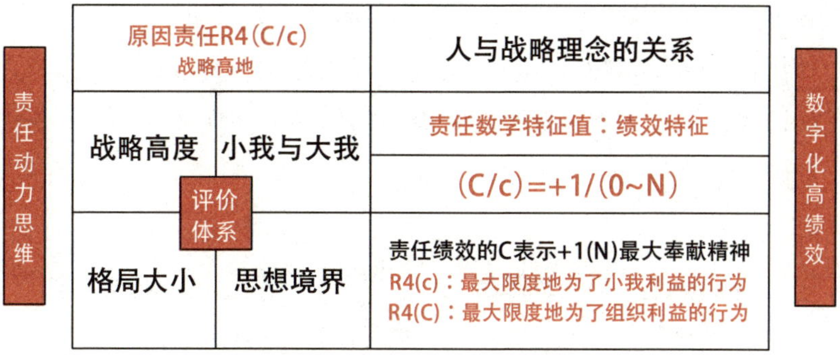

原因责任R4(C/c) 战略高地	人与战略理念的关系
战略高度 / 小我与大我	责任数学特征值：绩效特征
评价体系	(C/c)=+1/(0~N)
格局大小 / 思想境界	责任绩效的C表示+1(N)最大奉献精神 R4(c)：最大限度地为了小我利益的行为 R4(C)：最大限度地为了组织利益的行为

（左侧：责任动力思维；右侧：数字化高绩效）

图1-22　员工优秀责任动力思维模式系统

原因责任：理念情商

人的第四种责任情商是原因责任情商，原因责任情商是检验一个人在职场中能不能够晋升与重用的核心责任情商。遇到困难、利益诱惑就表现出犹犹豫豫、患得患失、踌躇不前、左右摇摆、反反复复都是人在利益面前的理念情商表现问题。谨记，过度的小我利益的原因责任的人难以堪用。

原因责任情商是考验一个人在思想理念中最高境界的责任范畴，也决定了一个人的未来发展空间。反映出一个人在理念面前能从组织大局利益出发做选择，在显性制度规则无法约束的领域，在长期利益与眼前利益、公司利益与个人利益、大局利益与小团体利益之间，受个体思想、理念、信仰等因素影响所做出的"自私自利"与"大公无私"的选择。比如，公司运营不善时选择与公司共进退还是另谋出路，公司未来发展方向是坚持当前的发展战略还是大胆创新等等。

四种责任情商的四种力量（4R4P）的力学模型。

1. 角色责任情商R1(-1，0)，核心解决规则的冲突力。

规则犹如哑铃的两头，是非对错冲突只有两极之分。

2. 能力责任情商R2(0~N)，目标与压力的关系。

压力犹如弹簧，好差优劣的结果全靠一个人能否承受得住多少压力。

3. 义务责任情商R3(0，+1)，核心体现一个人的影响力。

犹如波浪，有为无为对他人的影响力全靠情绪的波动。

4. 原因责任情商R4(C/c)，核心体现一个人的领导力。

犹如钟摆，一个人在以大局为重面前的领导力体现在一个人是否能公私分明，摇摆不定。

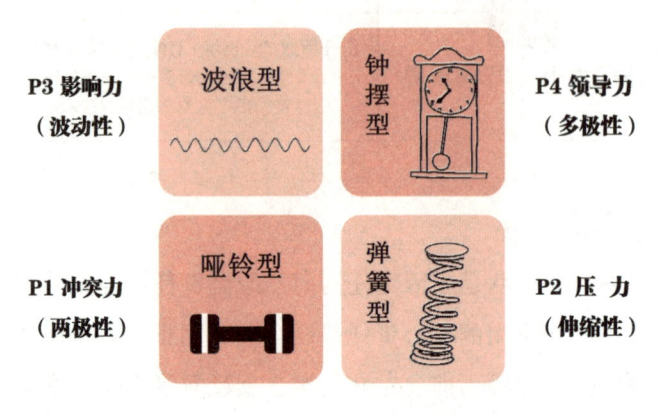

P3 影响力（波动性） 波浪型

P4 领导力（多极性） 钟摆型

P1 冲突力（两极性） 哑铃型

P2 压 力（伸缩性） 弹簧型

图1-23 责任的四种基本力学模型

1.13 责任音符、责任总公式与责任情商代码

世界上，音乐因为有了音乐音符才可以进行创作、学习与传播；数学因为有了阿拉伯数字而得以全球发展；英语因为26个字母的规范而成为国际通用语言。因此，责任如果要跨越国家、种族、年龄、性别、身份地位，那么它也应该拥有自己的责任语言符号表达体系，只有这样，责任才能够避免沦为说教的代名词，责任只有拥有了自己的语言符号才会成为人类共同的思维模型与工具。

人类责任总公式：

$R = R1(-1，0) + R2(0 \sim N) + R3(0，+1) + R4(C/c)$

第一章 | 认识四种责任情商的数字符号代码的规律

4R4P责任音阶表

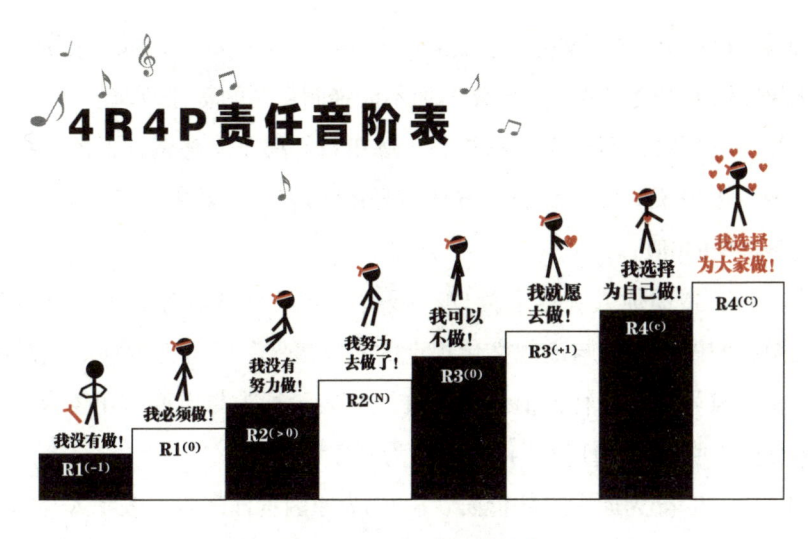

图1-24 4R4P责任音阶表

● **职业责任动力学（4R4P）实操底层逻辑思维解读**

R1(-1，0)：R1(-1)为角色责任低阶，R1(0)为角色责任高阶，表示人与制度规则之间的"必须做"的责任范畴。

比如，打架斗殴、旷工、闯红灯、犯罪、偷税漏税等属于角色责任低阶，人的"必须做"责任出了问题。我们用责任符号R1(-1)表示，其中"-1"为责任特征值，代表责任的非值。

遵守交通规则、正常上学、准时上班不迟到早退等属于角色责任高阶，说明我们做到了人与制度规则规定的"必须做"的责任范畴。我们用R1(0)责任符号表示，特征值"0"在这里表示行为与制度规则要求的没有任何差异，也即0差异。

R2(0～N)：R2(0)为能力责任低阶，R2(N)为能力责任高阶，表示人与目标激励之间的"努力做"的责任范畴。

比如，业绩差、低效率、速度慢、懒惰不进取、不努力等属于能力责任低阶，人的"努力做"责任出了问题。用责任符号R2(0)表示，其中"0"为责任特征值(0～N)的最小值，为了方便我们通常用R2(L)表示能力责任低阶。

而通常业绩好、高效率、快速反应、努力进取等属于能力责任高阶，体现了人在"努力做"责任上的表现。用责任符号R2(N)表示，其中"N"为最大值，也叫N值。

033

R3(0，+1)：R3(0)为义务责任低阶，R3(+1)为义务责任高阶，表示人与道德文化隐性约束力之间的"应该做"但不能强制惩罚的责任范畴。

比如，不帮忙、不合作、不热心、爆粗口等属于义务责任低阶，是人的"应该做"出现了问题。我们用责任符号R3(0)表示，其中"0"为责任特征值，代表责任的0值。

热心肠、帮助他人、尊老爱幼、做公益、义务献血等属于义务责任高阶，说明我们做到了人与道德文化规定的"应该做"的责任范畴。我们用R3（+1）责任符号表示，特征值"+1"在这里表示行为与道德文化要求，具有增值的责任价值，故特征值"+1"命名为责任增值。

R4(C/c)：R4(c)为原因责任低阶，R4(C)为原因责任高阶，表示人与思想理念（利益）隐性约束力之间的"选择做"但不能强制惩罚的责任范畴，具有小我（self）与大我（Self）的意义，C为cause或choose的第一个字母。

比如，自私、缺乏奉献精神、钩心斗角、一心为己等属于原因责任低阶，是人的"选择做"出现了问题。我们用责任符号R4(c)表示这类责任现象，代表在隐性情况下最小为公司或他人的利益，最大为自己利益考虑的责任范畴。

大公无私、奉献精神、任劳任怨、不计较得失等属于原因责任高阶，说明我们做到了人与思想理念（信念上）规定的"选择做"的责任范畴。我们用R4(C)责任符号表示这类责任现象，符号复合特征值"C"在这类表示行为与思想理念与信念上的大我要求，具有+1(N)最大奉献的责任精神。

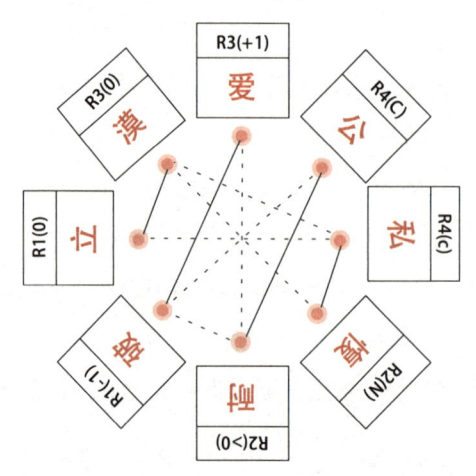

图1-25　4R4P八字箴言熵映射方位图

1.14 责任音符与责任绩效管理模式

有了角色责任R1(–1，0)、能力责任R2(0~N)、义务责任R3(0，+1)、原因责任R4(C/c)这四种责任符号后，借助口语表达的"四做原理"（必须做、努力做、应该做、选择做）我们就可以像音乐音符那样分析、判断、洞察、理解、辨识与描述生活与工作中任何类型的责任故事与案例。

小王日常生活与工作的一天

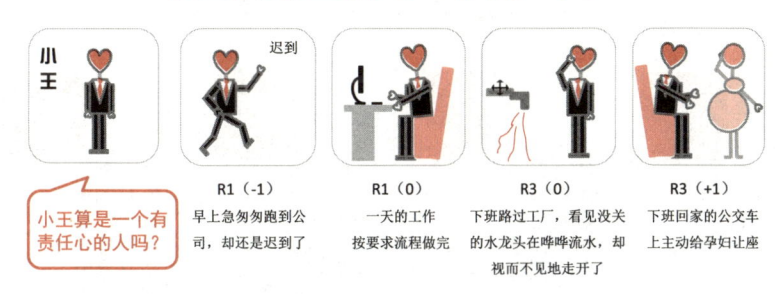

图1-26 小王日常生活与工作的一天

责任单位音符的出现，可以方便企业管理者快速判断各种企业员工的绩效类别，并根据责任高低阶的特征进行相应考核。四种责任八个高低阶（4R8C）绩效音符管理运用图：

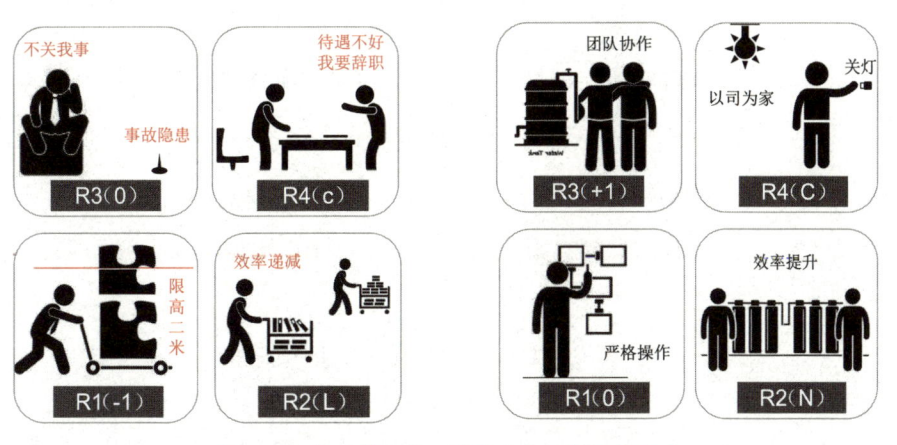

图1-27 企业员工的八种绩效责任表现面面观

职业责任动力学实操
责任符号语言体系破译职场情商密码

● **职业责任动力学（4R4P）实操底层逻辑思维解读**

四种责任音符绩效管理模式：

角色责任绩效考核——负激励管理模式

能力责任绩效考核——正激励管理模式

义务责任绩效考核——企业文化管理模式

原因责任绩效考核——企业战略管理模式

责任基本特征值集合{–1，0，+1，0~N}

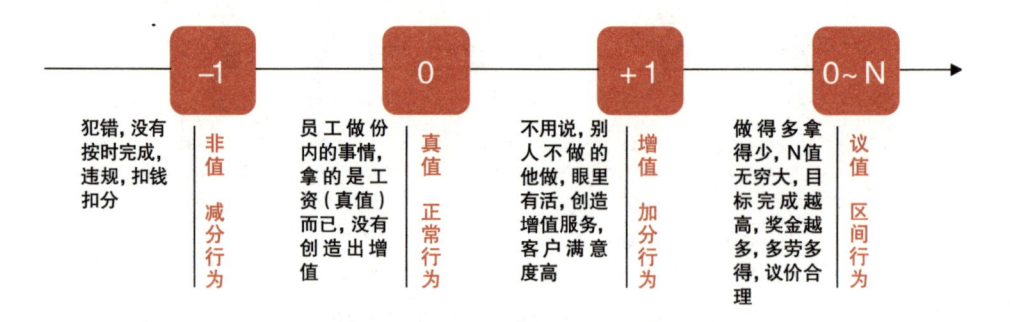

–1	0	+1	0~N
犯错，没有按时完成，违规，扣钱扣分	员工做份内的事情，拿的是工资（真值）而已，没有创造出增值	不用说，别人不做的他做，眼里有活，创造增值服务，客户满意度高	做得多拿得少，N值无穷大，目标完成越高，奖金越多，多劳多得，议价合理
非值 减分行为	真值 正常行为	增值 加分行为	议值 区间行为

图1-28 数字化责任绩效管理特征值基因图谱

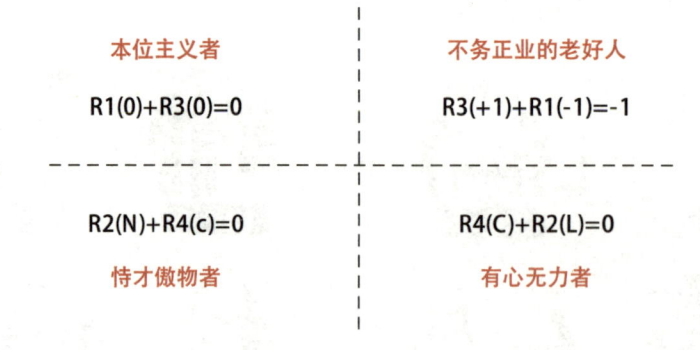

本位主义者	不务正业的老好人
R1(0)+R3(0)=0	R3(+1)+R1(-1)=-1
R2(N)+R4(c)=0	R4(C)+R2(L)=0
恃才傲物者	有心无力者

图1-29 企业员工真正的绩效责任问题表现

1.15　巧用责任价值观词汇

1. 个人职业责任价值观的运用

有了责任单位的定义与区别，现在我们可以根据每一种责任的含义的区别来区分词汇，并用来树立自己的四种责任价值观，指导我们的职业观，规划我们的职业发展方向，当然企业也可以根据四种责任的含义来均衡选取企业的价值观词组。比如，一个人根据四种责任的概念与含义，在职场上选了"诚信、进取、宽厚、高度"四种职业价值观词汇，那么他的四种责任的行动就有了具体的指导意义。如图1–30所示：

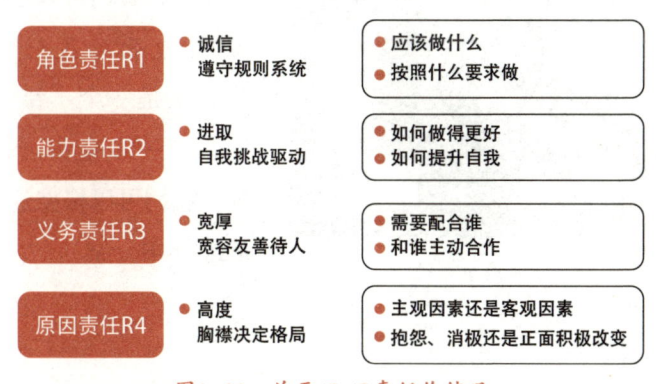

角色责任R1	• 诚信 　遵守规则系统	• 应该做什么 • 按照什么要求做
能力责任R2	• 进取 　自我挑战驱动	• 如何做得更好 • 如何提升自我
义务责任R3	• 宽厚 　宽容友善待人	• 需要配合谁 • 和谁主动合作
原因责任R4	• 高度 　胸襟决定格局	• 主观因素还是客观因素 • 抱怨、消极还是正面积极改变

图1–30　关于4R4P责任价值观

2. 社会主义核心价值观的运用

同样，有了四种责任的概念、定义与区别，我们可以对社会主义核心价值观"爱国、敬业、诚信、友善"词汇进行四种责任分类。

图1–31　社会主义核心价值观

职业责任动力学实操
责任符号语言体系破译职场情商密码

> 爱国：原因责任R4(C)
> 敬业：能力责任R2(N)
> 诚信：角色责任R1(0)
> 友善：义务责任R3(+1)

通过四种责任价值观的分类，是不是感觉一下子清晰多了？

3. 企业责任价值观的运用

大部分企业都有自己的企业价值观，我们可以通过责任价值观词汇分析与建立企业文化价值观，这是一个不错的思路。比如，有一家企业选择如下价值观，我们可以根据这些价值观词汇进行4R分类。

图1-32　企业价值观

> R1：诚信第一
> R2：精致求实
> R3：客户至上
> R4：创新发展

● **企业优秀人才特征的运用**

四种责任价值观不仅可以运用在个人职业价值观、社会主义核心价值观、企业文化价值观上，还可以运用在企业优秀人才分类管理上。假如我们把优秀人才的四种责任（R1、R2、R3、R4）的表现分别定位为如下词汇：

> R1：本分
> R2：进取
> R3：友善
> R4：忠诚

那么，我们可以发现企业有六类优秀责任组合人才，如图所示：

通过责任动力基因课程帮助企业发现 六种优秀责任特征人才

1. 小王 本分进取型 R1(0)+R2(N)=+1
2. 小李 本分友善型 R1(0)+R3(+1)=+1
3. 小张 本分忠诚型 R1(0)+R4(C)=+1
4. 小陈 进取友善型 R2(N)+R3(+1)=+1
5. 小赵 进取忠诚型 R2(N)+R4(C)=+1
6. 小杨 友善忠诚型 R3(+1)+R4(C)=+1

图1-33　企业的六类优秀责任组合人才

1.16　责任性格：企业面试与企业价值观小技巧

大部分人在职场面试都会提前做一些文章，比如提前了解一个企业的位置、发展历史、企业文化，甚至企业的管理模式，这些都是职场良好的习惯。但是还有一个需要提前了解的那便是企业的价值观。大部分企业都会在企业大门处或网站上展现企业价值观，那么我们该如何运用企业的价值观进行面试前的准备呢？

比如，一个企业的价值观包含了"进取、拼搏、竞争"等结构词汇，很明显这个企业的创始人或管理上层大部分是能力责任R2(N)的责任性格的人，因此，在面试的时候要重点体现自己做事的结果、目标导向的话题以及自己责任性格上的坚毅、耐心与拼搏上的优势。同样，作为面试者也应该要想到这些话题将会被作为重点的面试问题。

假如一家公司在价值观词汇大部分是"团队、友善、合作、共赢"等结构的词汇组合的话，那么这家公司很可能非常重视人际合作的义务责任R3(+1)表现，也很可能这家公司在客户服务方面非常有自己的责任特点与特色。因此，面试者的话题可能重点要呈现出自己在工作中注重互帮互助、热心、有爱心等义务责任R3(+1)的责任品质。

而一家公司的价值观词汇结构大部分为"自律、规则、严于律己或诚信"，则表明这家公司非常注重规则意识、制度严明的角色责任R1(0)的表现。那么面试者在面试的时候尽量要注意面试中的制度、规则，遵守面试的流程，在回答问题的时候尽量要注意规则导向的责任思维逻辑，严防细节上的问题发生。

最后一个便是原因责任R4(C)的价值观企业，这类企业的价值观大都是比较大的词汇，比如奉献、创新、梦想等词汇结构。这类企业很在乎一个人的责任境界高度，很可能这个企业是一个创新领域的佼佼者，他们有梦想，也希望一个团队的成员能够跟随上企业的梦想与未来。如果作为一个面试者，在这样的企业面试中总是问一些待遇、福利、休假等问题，很可能就没有复试的机会，因为这一类人根本不符合这类公司的原因责任R4(C)的发展理念价值观。

通过上述责任价值观的区别分析，我们很容易想到不同的企业有不同的责任价值观，并且这种价值观的不同通常就是四种责任的表现不同，因此我们把这种责任表现的不同叫作责任性格。也就是说，不同的企业有不同的责任性格，进入一家企业首先要了解这家企业的责任性格，便于求职者能够快速理解与融入企业的管理制度、企业文化与发展理念的风格。

每个企业都有自己价值观的特点，都有自己的责任性格的偏好，其实我们每个人的行事风格上更是有四种责任4R基本性格表现特征。《西游记》中的四个人物就代表了四种责任基本性格：

第一章 ｜ 认识四种责任情商的数字符号代码的规律

> 沙僧代表了角色责任R1的规则意识的责任性格特征。
> 孙悟空代表了能力责任R2的目标拼搏的责任性格特征。
> 猪八戒代表了义务责任R3的人际关系的责任性格特征。
> 唐僧代表了原因责任R4的理念信念的责任性格特征。

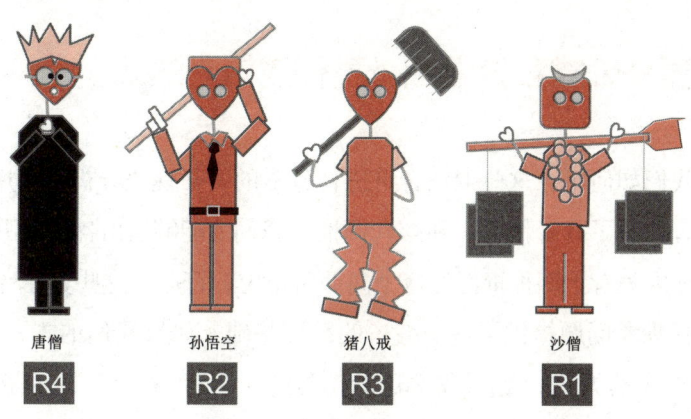

唐僧 R4　孙悟空 R2　猪八戒 R3　沙僧 R1

图1-34　《西游记》中的四个人物4R4P性格图

● **职业责任动力学（4R4P）实操底层逻辑思维解读**

理解了责任价值观与责任性格，下面这张图可以帮助我们分析不同责任之间的转换关系与职场发展境界。

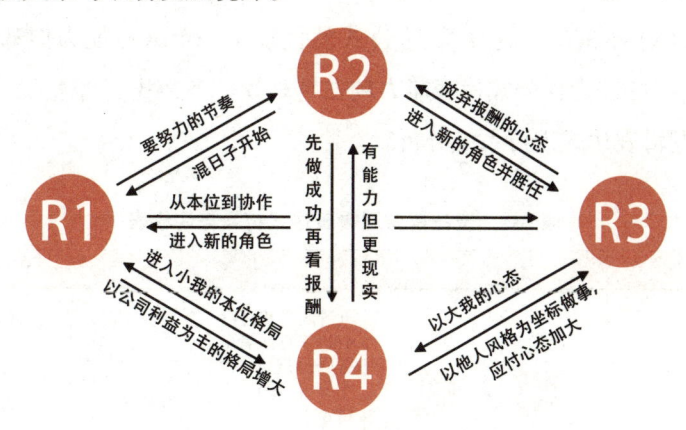

R1 ↔ R2：要努力的节奏／混日子开始／从本位到协作／进入新的角色
R2 ↔ R3：放弃报酬的心态／进入新的角色并胜任
R2 ↕ R4：有能力但更现实／先做成功再看报酬
R3 ↔ R4：以大我的心态／以他人风格为坐标做事，应付心态加大
R1 ↔ R4：以公司利益为主的格局增大／进入小我的本位格局

图1-35　责任动力管理学4R转型

知识回顾：请结合责任价值观词汇总结自己的责任性格特征

041

> 我喜欢和偏好的价值观词汇：
> 通过价值观词汇的偏好与自己的行事风格，我可能是：
> A．角色责任R1责任性格　　B．能力责任R2责任性格
> C．义务责任R3责任性格　　D．原因责任R4责任性格

1.17 责任公式和弦组合：责任逻辑表达式

那么我们如何组合这些责任音符进行日常的责任现象分析与运用呢？

正如音乐有了高音低音、和弦和调性，我们才能够谱出各种好听的乐曲。同理，责任因为有了四种责任的八个高低阶单位音符后，这些责任音符也为我们日常责任现象问题提供了**逻辑分析**的符号基础。如果我们的责任分析借鉴音乐和弦组合的方式，运用数学逻辑符号"≠、=、+、>"就能够产生各种责任公式，为我们日常生活与工作提供系统的责任逻辑思维模型的基础。

比如，我们用数学逻辑符号"+"来表示Ra+Rb责任组合现象，Ra+Rb表示一种责任现象中存在两种不同的评价。我们把R1(-1)+R3(+1)组合起来，那么这个责任公式组合的意思是一个人为了帮助他人却违反了法律制度，我们把这种责任公式称之为"好心办坏事"；再来看一个责任公式组合R2(N)+R3(0)，这个责任公式就代表了一个人有能力但却不愿意合作；R1(-1)+R2(N)责任公式代表能力越强越难管。下文我们将重点运用责任数字符号与逻辑表达式进行系统分析。

表1-1　责任情商逻辑表达式符号与注释表

图标	代表含义	责任现象公式	公式意义	案例	解析说明
Ra Rb	认知	已发生　已发生　Ra ≠ Rb	厘清四种责任之中的任意两者的高低阶概念、属性与内容的区别划分	R1(-1)≠R1(-1)财务小李做工资时扣掉小王双倍的钱，原因是：小王迟到违反出勤制度，惩罚分明	Ra≠Rb给人类提供一种对责任单位正确认知的数学逻辑方法论

第一章 | 认识四种责任情商的数字符号代码的规律

续表

图标	代表含义	责任现象公式	公式意义	案例	解析说明
Ra Rb	现实	已发生　混淆结果 Ra ＝ Rb	表示责任现象都已经发生了，但责任客体把一个或两个责任现象混淆了	R1(-1)=R1(-1)小王天天上班玩游戏，小李钱包丢了，大家都私下认为钱包是小王偷的，因为他最缺钱	前者会作为后者概念发生的依据
Ra Rb	同一件事体现出的两种责任	已发生　已发生 Ra ＋ Rb	表示在某一特定的责任现象里面，责任主体所做的两种（或以上）的责任相加之后产生的结果	R1(-1)+R1(-1)小王上班堵在路上，眼看要迟到了，干脆放弃上班不去了，旷工的决定让他错上加错	Ra+Rb产生的结果为非值-1或真值0，即形成了责任熵；为增值+1，则形成了责任动力，是做人做事的费力最小原则
Ra Rb	事情还未发生，脑中就优先选择	未发生　未发生 Ra ＞ Rb	一个责任主体面临一个或两个以上责任客体评价时，需要考虑最优的责任评价策略。类似于传统的博弈论思想	R1(-1)＞R1(-1)小王上班堵在路上，虽然到公司迟到半小时，但总比决定旷工要好	Ra＞Rb可以帮助人类更加直观有效地思考，如何在"两选一"的责任选择下实现费力最小的责商智慧
Rb Ra	现象看本质	本质　现象（已发生） Ra B Rb	表示一个表一个里，依附关系（Behind，隐含，背后的）。人们在一些问题上习惯隐藏自己真实的动机，欲盖弥彰	R1(-1) B R1(-1)小王从小李桌子上偷走了手机，这时小张路过，小王顺手拿起小李桌子上的笔说：呵呵，我偷他一支笔用	Ra B Rb是两种责任都同时存在，只是一个表，一个里而已
Ra Rb	预测未来	已发生现象　对未来的预测 Ra F Rb	表示一个还未发生一个已经发生，归因和预判（Forecast，预测），人们习惯用这种方式预测未来的概率事件的发生	R1(-1) F R1(-1)小李给客人倒水，结果把杯子打碎了，领导找到人事经理说：你看小李倒个水都倒不好，其他工作更干不了，辞退吧	F（尖头号，预测或判断未来的概率）从一件事情预测未来另外一类事件会发生，后面的事情还没有发生，只是假设、预测、预估

043

第二章
混淆的责任情商公式

2.1 职场责任经验与责任公式思维哪个更重要？

职场经验与责任公式哪个更重要？

有职场经验固然是一笔很好的财富。可问题是，经验不是说有就能有，说买就能买的。有没有经验，你的一句话一动手，行家就知道你有没有。

当然经验越多，解决问题就越利索，经验成为我们职场的优势资源。但经验也有一些问题，经验会因人而异，再者就是，经验大部分都是些点式分散的个人心得，总体看来不够系统。这一点，我们从微信分享的各种管理心得与管理文章可以看得出来，很多知识都是经验式碎片化，不够系统。

有的时候经验越多，越难总结出一些好的系统解决问题的框架性规律，因为我们的思维已经完全习惯了局限或限制在特定的几个经验的具体事物上。比如我们常说的"升米恩，斗米仇"，现实生活中到处都是类似的问题，我们总习惯把这类现象归纳为不懂得感恩就结束了。这其实是不够透彻的！

那么如何通过经验的方式统一总结成一种思维方式呢？这就需要我们的责任公式思维，通过运用责任音符与责任逻辑表达式，我们就可以做到统一，最终把这一类现象总结成为一套责任现象公式或思维表达方式，完成了对经验思维的迭代。

在我们讲责任动力学公式案例的时候，最能让人产生共鸣的就是那些

"升米恩，斗米仇"把别人的义务责任R3(+1)应该做当成了角色责任R1(0)必须做的，或者把自己的角色责任R1当成了义务责任R3等职场很委屈的案例故事。

为什么我们不能用"Ra=Rb"来表达一种责任被混淆为另外一种责任呢！等于号"="在这就是"被等同""被混淆"的逻辑表达式。这就是责任逻辑公式表达思维。那么，"升米恩，斗米仇"就是R3(+1)= R1(0)责任公式。

有了Ra=Rb的责任混淆表达式，也就开创了我们日常生活中存在64种被人混淆的责任现象公式。有了这个责任逻辑公式思维后，我们就能够依靠这64个公式任意思考几乎所有的职场责任管理混淆和委屈的问题形态，因为它已经把所有能够混淆的责任形式都通过理论方式表达出来了。

一个父母和即将进入职场的子女说：父母能告诉你的忠告就是，在职场不要怕委屈，因为人无论在哪，总会有委屈的。你呢，一定会经历过"你做得越多，别人骂你越多""多做多错"的委屈。

后来孩子进入职场后，因为有了父母的经验之谈，对这些委屈已经能够释怀了，但又有其他的各种新的烦恼与困惑，可谓应接不暇。比如"对公司越有感情，别人越认为自己动机不纯""自己对同事的好被当成多此一举""其他同事明明是违规却当成了对公司的忠诚""一些表现差却被当成能力强"等问题困惑。怎么办？

此时，父母总不能跟在孩子后面一一解释吧，因为父母那个年代的经验已经不管用了，而且父母的经验也局限于那么几种，非常不系统，总归是经验之谈，不是理论指导。

有了Ra =Rb公式后，我们就可以系统地思考64种责任混淆现象公式，从每个混淆公式中找到自己可以分析的答案与困惑所在。

这就是经验与系统逻辑思维表达式的根本性区别。

对于一个刚毕业的学生，如果一上来就给他们各种经验教训，他们因为没有经历，不可能理解到，也不可能会产生情感共鸣，最终他们会认为家长、领导和老师都是倚老卖老，给他们洗脑、说教，其效果可想而知。

● 职业责任动力学（4R4P）实操底层逻辑思维解读

我们不妨换一种方式，摒弃责任心经验主义说教模式，采用全新的 Ra=Rb 公式训练法，用公式去——训练他们，让他们自己去主动体验，去自我感悟，在实践中获得升华。这就是责任公式表达的巨大思维作用，我们不可能经历过所有的现象案例，但可以一针见血地剖析这些案例中存在的逻辑规律的公式。

下一个时代，对于人类的责任意识的培养与训练将是责任公式、图式运用的时代。有了责任公式的逻辑思维，人们掌握职场管理与人际交往将费力最小，我们不再完全依赖经验主义的文字分享，当我们懂得责任公式，很多有道理的文章一看就是一个公式罢了！而不懂责任公式的人看一篇励志文章得到的只是他人经验后的感动、感叹，却少了一个责任公式可以概括的豁然开朗感悟！

公式思维与经验思维差距不是一点点！

在职场中，做一个热心、友善的好人是良好的职业素养习惯，通常也容易得到他人的认可与欣赏。但是，凡事都有特例，有些时候，我们做好事不但得不到他人的肯定，也得不到他人的理解，甚至会招来麻烦。因此，本章重点介绍几个在现实中容易发生的"好心不得好报""好心当作驴肝肺"等现象，读者也能够从这些故事中找到规律，举一反三，从而达到提高自己为人处事的责任情商的目的。

2.2 如何避免好心未必有好报！

主人养了头驴和狗，白天驴下地干活，晚上狗看家护院。

话说这夜，有贼进入欲行窃，狗懒得叫，驴着急地对狗说，来贼了，你快叫。狗却不理照常睡觉。

驴无奈，大声地叫起来，好让主人快起来抓贼。

果然，主人，拿着木棍跑了出来，朝着驴身上一顿乱揍，骂道，大半夜的，你瞎叫唤什么，还让不让人睡觉啊！

驴总结出一条真理，不是自己的活儿不能干啊……

● 职业责任动力学（4R4P）实操底层逻辑思维解读

1. 驴大声疾呼是义务责任高阶的表现R3(+1)，狗的不闻不问是角色责任低阶的表现R1(-1)。

2. 但是，主人却认为驴是瞎叫唤，属于角色责任低阶R1(-1)。

3. 所以，驴的好心被主人错误地看成搞破坏，好心被认为多管闲事，捣乱分子。

该责任现象构成公式：R3(+1)=R1(-1)。

小李脾气暴躁，经常喜欢和人动手，这几年已进出"局子"好几次了。

上周，一群人在小区里面突然打起来了，物业经理老顾听到小李在里面叫的声音最大，以为又是小李手痒了闹事。于是，叫上十几个保安，不管三七二十一，将小李给制服了。

事后才知道，小李是因为看不惯老乡被欺负，挺身而出反被那帮地痞给打得不轻。

● 职业责任动力学（4R4P）实操底层逻辑思维解读

1. 小李帮老乡说几句公道话，属于人际关系中的义务责任高阶R3(+1)。

2. 但是，物业经理以为小李在打架，属于角色责任低阶R1(-1)。

3. 所以，小李的好心被物业经理错误地看成闹事，好心被认为多管闲事，捣乱分子。该责任现象构成公式：R(+1)=R1(-1)。

在这两个故事中，有一个共同的责任现象公式：R3(+1)=R1(-1)。同时告诉我们，有的时候我们做了好事却被他人误解，还有一种情况是别人本来是做了一件好事，但我们却凭着自己的某种固有偏见误解了他人。

现实中的案例：

小王看见一个老太太被车撞倒了，肇事车辆逃逸，小王把老太太送到医院救治。老太太醒来后，说是被小王撞倒的，小王欲哭无泪，却找不到证人。

小王救人被冤枉的责任现象公式：R3(+1)=R1(–1)

R3(+1)=R1(–1)责任现象公式的案例在现实中经常发生，我们经常会在网上看到类似的好心不得好报的新闻。一句话概括，人们的善良被无良的人利用了。为了不让自己的好心被不良的人利用，就需要我们在社会上、岗位上尽责任的时候多注意一些证据，以免处于好心不得好报的不利局面。

生活中还有一种情况，一个人对他人的好，或一种把好事做习惯了，却最终被他人认为是理所当然的、天经地义的事情的责任现象。由此也引发了很多不必要的人际烦恼。下面的故事说的就是这类现象，让我们从这类现象中发现一些责任规律。

2.3 升米恩，斗米仇

从前，有两户人家是邻居，其中一家富裕，另一家比较贫穷，但两家相处却很好。有一年，天灾导致田中颗粒无收。穷人家没了收成，只能等死。富人家有很多粮食，就给穷人家送去了一升米救急。

穷人家非常感激救命恩人！熬过最困难的时刻后，穷人就前往感谢富人。说话间，谈起明年的种子还没有着落，富人慷慨地说：这样吧，我这里的粮食还有很多，你再拿去一斗吧。穷人千恩万谢地拿着一斗米回家了。

回家后，家里人说，这斗米能做什么？根本就不够明年地里的种子，他们太过分了，我都看到他们家有满满的一仓米，就应该多送我们一些粮食和钱。

这话传到了富人耳朵里，他很生气，心想，我白白送你这么多的粮食，你不仅不感谢我，还把我当仇人一样忌恨。于是，本来关系不错的两家人，从此成了仇人，老死不相往来。这就是升米恩，斗米仇的故事。

当人快被饿死的时候，你给他一升米，他会把你当作恩人，但如果持续帮助对方，让对方产生依赖，把你的帮助当作是理所当然，一旦你不再帮助他，他就会怨恨你。

● **职业责任动力学（4R4P）实操底层逻辑思维解读**

1. 富人救济穷人一升米，是义务责任高阶的表现R3(+1)。

2. 但是，穷人一旦习惯被帮助就会认为富人给自己大米是必须做的事情，也就是角色责任高阶的表现R1(0)。

3. 所以，富人的好心被穷人错误地以为理所当然，把他人的**应该做**当成了必须做，该责任现象构成公式：R3(+1)=R1(0)。当义务责任变成角色责任，恩人变仇人。

人际关系中，90%的矛盾、误解与反目可能来自这两种责任思维紊乱导致的，错把义务责任R3当成角色责任R1，把他人应该做、但可以不做的事情，当成了必须对你做的事情。

山东有一个农民歌手因为选秀走红大江南北后，他开始主动帮助自己的邻居，但邻居却不说他的好，总希望他能够给出更多。同样，父母如果过度对孩子溺爱，过度对孩子负责，很可能就会培养出一个"啃老族"的社会巨婴。这些社会现象问题都是R3(+1)=R1(0)责任混淆思维造成的不良社会习气。

一个人常常修炼义务责任R3(+1)思维与角色责任思维R1(0)的情商区别，生活与工作中的责任思维自然会理性很多，各种不必要的人际关系烦恼、麻烦和做事规则、范围、尺度就能够轻松应对。

穷人不感恩一斗米就是R3(+1)=R1(0)的责任公式广泛发生在我们身边。我们把这一类责任现象用Ra=Rb责任公式来表示。为了让大家理解这类R3(+1)=R1(0)责任混淆现象的普遍性，我们再来看一个在生活中很常见的现象。

甲不喜欢吃鸡蛋，每次发了鸡蛋都给乙吃。

刚开始，乙很感谢，久而久之便习惯了。习惯了，便理所当然了。

直到有一天，甲将鸡蛋给了丙，乙就不开心了，开始找甲的茬。

乙忘记了这个鸡蛋本来就是甲的，甲想给谁都可以，但乙已经忘记了。

为此，他们大吵一架，从此绝交。

故事中，甲把鸡蛋送给乙吃本来是义务责任应做R3(+1)的行为，可做可不做，但时间久了，乙便将此当作了甲的角色责任必须做R1(0)的行为，R3(+1)=R1(0)（把应该做当成必须做），最终两人因一个鸡蛋导致友情破裂。

由于R3(+1)=R1(0)责任现象公式在社会上发生的案例无处不在，我们开始把这类责任现象归纳为"道德绑架"，也开始引起社会广泛的关注。在责任动力学看来，对于"道德绑架"现象最应该普及的是这个责任公式：R3(+1)=R1(0)，那么还有哪些"道德绑架"我们可以用其他的责任公式表达呢？

2.4 人为什么会有"道德绑架"的心理？

这几年发生的"道德绑架"曝光事件越来越多，比如老人因为年轻人没让座而殴打年轻人，明星因为没有大额捐款而被网友攻击。

虽然大家开始对这种现象进行批判与反思，但很多观点并没有指出"道德绑架"现象的本质规律与根本原因，而过度抨击道德绑架也只能是治标不治本。

常见的道德绑架逻辑详见下面几点。

1. **R2(N)=R3(+1)**：既然你是富人，你就应该捐款帮助穷人，不捐款就会遭他人谴责为富不仁，没有社会同情心。

2. 你是有钱的人，做这事就不应该收钱，收钱不对。

3. 他那么有能力，就应该帮助我们，不帮忙我们就要骂他自私，骂他没有团队意识。

4. 他平时那么热心，这件事就应该由他去做，他不做，他平时就是虚伪表现。

"道德绑架"归根结底是我们无法正确判断责任的"应该做""努力

做""选择做"与"必须做"的边界问题，其与人性道德无关，唯有与"Ra=Rb"责任逻辑混淆思维相关。

所有的"道德绑架"都有一个共同点，就是把他人的"应该做""努力做""选择做"统统当成"必须做"的责任边界混淆的思维问题。

比如，一个人爱国，就会被某些别有用心的人或商家要求去抵制某某产品，去买某某品牌的产品。这就是把他人的爱国当成了商业买卖的必要条件，你买了就是爱国，你不买就是卖国，就会遭到这些人的言语攻击与批判。这种爱国论"道德绑架"的责任现象公式为：**R4(C)=R1(0)**

过去有些企业只希望员工付出，却从来不愿意给以对等的回报，遭到社会的强烈抵制，我们把这类企业称之为"血汗工厂"。这种企业其实也就是管理文化上的"道德绑架"，如果用公式表示，那便是：**R2(N)=R1(0)**，即把员工加班加点的努力当成了员工必须做的。

● **职业责任动力学（4R4P）实操底层逻辑思维解读**

"道德绑架"的责任现象的主要特征是自己的好心、努力付出、爱心捐助或爱国情怀被他人别有用心或强制利用，并且利用者找出一个貌似无懈可击的理由。生活上还有另外一种现象，你帮助他人，却被对方误会、误解甚至认为是别有用心。为了解开这个谜团，下面，我们就来拨开人际关系中另外一种常见的责任现象的公式本质。

2.5 好心为啥被误解？

故事一：生活中的好心为啥被当驴肝肺

十五年以前我在国企工作的时候曾经给一家软件公司当过兼职软件推销员。其中建设动态网站的项目很吸引我，那时候网络用户少，一般人不太理解网站是什么东西，更别提动态网站了。

由于各种原因网站推销的兼职工作没干一年就不做了，但通过兼职我对互联网的好处有了比较深的了解。

职业责任动力学实操
责任符号语言体系破译职场情商密码

很久以后的一天，一个朋友的亲戚新开了一家特色餐馆，据说有四样菜在当地都很有名气。去她家做客时，我就向餐馆老板介绍了通过建立动态网站来进一步扩大知名度的想法。没想到我朋友私下跟我说，你的好心意别人不领情。他那个亲戚知道我当过兼职推销员，便阴一句阳一句地说我让他建网站就是为了拿提成。

听到此话我只能感叹：真是好心当成驴肝肺！

● 职业责任动力学（4R4P）实操底层逻辑思维解读

1. 我给餐馆老板的建议在朋友看来是好心，是义务责任高阶的表现R3(+1)。

2. 但是，我的建议在餐馆老板看来是为了我个人有提成，属于原因责任低阶R4(c)。

3. 所以，我的好心被餐馆老板错误地看成为自己搞提成，该责任现象构成公式：R3(+1)=R4(c)。

学习责任动力学这个公式后，很多人会发现，自己曾经做过很多这样吃力不讨好的事情，你认为自己是好心好意，可对方却是认为你有所企图，最终好心不得好报，好心当成驴肝肺，闹得自己和他人都不开心。

其实，这个责任公式告诉我们，一个人要让他人感觉产生增值的R3(+1)行为，要根据时机并且看情况实施说与做的行为。具体来讲，包括他人的诉求、现实状况以及时机，不要盲目按照自己"专业化""职业化"的理解，过分强求对方接纳。所谓"上赶的不是买卖"就是这个理儿。

故事二：帮助别人学习的好心被当成驴肝肺

上个月，有个学弟加我QQ说是考研需要指导，我觉得奇怪，他怎么会联系到我的，他满心欢喜地说道："我是在论坛的贴吧里找到去年您发的帖子，才联系到你的。"接下来，他请我帮忙指导复习。由于我是考研过来人对于考研之辛苦深有了解，很乐意帮助考研学生，于是将学习方法和考研经验倾囊相授。

因此，我不由地想到了可以再去考研论坛贴吧留言，以便能够为更多的考研学生提供帮助。在考研的贴吧里我留言："我是研二学生，专业课的学习要结合历年真题好好复习，欲更多指导可联系加我QQ***"。本来以为学生看到我的帖子留言肯定像是抓到救命稻草似的满心欢喜，但是接下来的情况发生了戏剧性的变化。

有个考研学生A主动联系我，我给了他一些专业课复习的指导。之后他问道："学长你指导的真周到，你是在考研辅导机构工作吗？是怎么收费的？我见到很多辅导机构都是先试听的，觉得效果不错才让学生报名的，你是不是也是这样的模式呢？"我一听就傻眼了，本来是打算分享一下自己的考研经验，给他们一些考研的注意事项，免费给他们指导和帮助，结果被认为是借此来谋利的。

● 职业责任动力学（4R4P）实操底层逻辑思维解读

1. 我帮助考研学生A进行专业课复习的指导，这个帮助是可做可不做的事情，我帮忙了即是做到了义务责任高阶R3(+1)。

2. 学生A把我的指导认为是考研辅导机构营销的一种手段，是为了挣钱收费的，认为是我为了谋取利益R4(c)。

3. 责任公式表达为：R3(+1)=R4(c)。

在现实生活中，我们会常遇到这种情况，受到帮助的人会错把我们的好心当成别有用心，遇到这种情况也是正常的，毕竟在世人眼中天下没有免费的午餐，没有必要懊恼，认真解释一下，自己心中有杆秤就无愧于心。

故事三：职场中的热心为啥被当驴肝肺

晓晓是一个开朗热情的小姑娘，在公司特别有奉献精神，经常帮助同事。

但是有时候她过于热情的性格也会给她带来负面的影响。这不前几天就发生了一件不愉快的事。

原来晓晓看到销售部人手不够，就利用周末休息时间去帮助销售部卖房子，结果晓晓接待了一位客户，居然成交了。

此时销售部一些业绩差的置业顾问开始坐不住了，找经理理论，认为晓晓不但影响他们接客户，还来抢他们的销售佣金。

经理听后无语了……

● 职业责任动力学（4R4P）实操底层逻辑思维解读

1. 晓晓利用闲暇时间帮助同事，属于义务责任高阶R3(+1)。
2. 晓晓帮助销售部卖房想自己拿销售佣金，属原因责任低阶R4(c)。
3. 置业顾问对晓晓的行为形成责任色盲综合征，该责任现象用责任公式表达为R3(+1)=R4(c)。

职场工作中不能够怀疑一切，否则就会把别人的善意和好心当作是别有用心，影响自己做人做事的判断。

R3(+1)=R4(c)

好心当成驴肝！好心当成私心作祟！

2.6 能力不足时，慎用热心

销售部朱经理需要给客户制作一份报价PPT，在罗列完所有内容和数据后，苦恼来了，朱经理不太会做PPT，文字内容不知该如何展现。

培训部的陈经理常做PPT，所以就承担过来。

可是事与愿违，当朱经理说明他想要达到的效果后，陈经理表示很难实现。结果两人一来二去讨论了半天也没有结果，还耽误了工作进度。

最终，朱经理对陈经理的水平颇有微词，更没有对提供帮助的陈经理表示一丝感谢。

● 职业责任动力学（4R4P）实操底层逻辑思维解读

1. 培训部的陈经理把做PPT的任务接下来了，属于义务责任高阶R3(+1)的应该做的帮忙。

2. 朱经理对陈经理的水平感觉不太满意，在朱经理眼里陈经理的PPT水平并不高，属于能力责任低阶R2(L)。

3. 因此，朱经理把陈经理好心当成了能力差，责任公式为：R3(+1)=R2(L)。

这种现象在生活中很普遍，比如一个搞设计的人，帮助朋友设计一个名片或布局，这个朋友总是提出自己非专业的想法与看法，搞专业的就会给他解释，但对方不理解，对设计的图总是不满意，最终认为他的朋友水平一般般，甚至当面批评与指责，搞得不欢而散。因此，我们要记住在帮助人的时候，一定要考虑到R3(+1)=R2(L)责任公式，你的专业水平很有可能会被朋友轻视或蔑视，所以在帮之前要考虑清楚这个问题，以免好事变坏事；同样，如果我们请他人帮助的时候，尽量不要在这个责任公式上轻视帮助我们的人的技能水平。

一个人的能力责任R2(0～N)本来就会在能力、水平发挥上呈现高低起伏变化，用强与弱、好与差、高与低评价合乎R2的评价规律，但现实中R2(L)往往会被评价错位到R1(−1)的问题，这样一来责任问题的性质就发生了变化。下面我们就来看看这类责任评价错位的现象是如何发生的。

2.7　技不如人并不是舞弊

电影《西虹市首富》中的主角王多鱼是一个守门员，虽然对足球执着，但始终是天赋不足，技不如人，混迹于丙级球队，故而生活十分穷困潦倒。虽然生活没有着落，但他却敬畏足球规则，从不向打黑球潜规则低头。

有一次，俱乐部老板找到王多鱼希望他下一场比赛输球，面对摆在眼前的几十万，王多鱼却断然拒绝了这个打黑球的交易。

在比赛中，王多鱼极想表现出英雄气概，但实力相差悬殊，最终以大比分输掉了比赛。

赛后，大家都认为王多鱼被对方收买了，故意输球，纷纷指责他打黑球，并最终被开除。

王多鱼有口难辩。

● **职业责任动力学（4R4P）实操底层逻辑思维解读**

1. 王多鱼的技不如人属于能力责任低阶R2(L)。

2. 打黑球属于角色责任低阶R1(−1)。

3. 王多鱼被开除的原因是，大家把他的技不如人当成了打黑球，我们可以用责任公式表示：R2(L)=R1(−1)。把水平差误认为是违规暗箱操作。

我们通过王多鱼的这个电影故事来告诉大家，在现实职场中把成绩差、业绩差当成了不合格、违反了制度R2(L)=R1(−1)的这个责任现象公式在职场中非常普遍。

人们有的时候不愿意以"优与差、强与弱"结果量化来评价人的责任，而愿意从"是与非、对与错"性质上来评价人的责任，通常在情感或利益上有"恨铁不成钢"或"眼红偏见"的成分。因此，我们不得不提一下另外一种现象，它的评价刚好与这个相反。比如，一个人获得了优异的成绩或业绩后，却被他人误解为是投机取巧、违反制度的作弊做法。这在国际比赛上很常见，一个国家的优势项目被其他国家获得了金牌后，就会想尽办法找对方违规或裁判不公正的判决问题，总之，就是不服气，不认为对方是合规比赛。

这种责任现象与R2(L)=R1(−1)责任公式相反，其责任公式：R2(N)=R1(−1)。两个责任现象公式总结如下：

> R2(L)=R1(−1)责任公式：因为发挥不好，而被他人认为有作弊的嫌疑；
>
> R2(N)=R1(−1)责任公式：因为发挥太好，而被他人认为有作弊的嫌疑。

回到生活中，我们经常会看到，一个孩子突然考出好成绩，那么老师或父母很有可能会认为孩子是不是作弊了。职场上，如果自己获得了好的业绩，按照这个责任现象公式，我们也不难想象到有些同事会认为你是作弊或投机取巧的结果。当我们懂得这两个责任公式现象后，多少可以释怀，不至于看到别人差或好就心生妒忌或埋怨，或者自己的好与差被他人误解而愤愤不平。因为我们已经理解了责任混淆的公式现象是会一直存在的。

前面我们通过责任混淆公式发现了很多消极、负面的责任现象问题，现在我们从另外一个积极、正面的角度来看责任混淆公式的现实运用，你会发现责任混淆可以提高一个人的情商与临机应变的能力。

2.8 从失职中看到你的责任忠诚

有位君王酷爱骑马狩猎。

有一次得了大病后，发现宫中的骏马比以前瘦了不少，于是大发雷霆，命人把管马官叫来，要追查管马官的责任。

君王对管马官大骂："你是不是以为本王快要死了，故而连本王的马都不管不问？"

说罢，便要把他问罪。

管马官急中生智地解释："君王圣体欠安，臣日夜忧虑，无心喂马。臣确实已失职，君王愿杀愿罚，都请自便，只要君王身体健康，臣死而无憾！"

说完后，泣不成声。

结果管马官不仅没有被惩罚，反而受到君王的重用。

● **职业责任动力学（4R4P）实操底层逻辑思维解读**

1. 没有养好马本是岗位不尽职的角色责任低阶R1(–1)表现。
2. 但养马官却很高明地将失职R1(–1)与对君王的忠诚的责任高阶R4(C)关联。

3. 本文责任现象公式为：R1(-1)=R4(C)。

养马官的责任智慧：巧妙地把有形的责任失职让君王当成无形的责任忠诚的精神境界，不仅化险为夷，还让君王看到其极为忠诚的原因责任高阶R4(C)一面。

职场难免有失职行为，但如果只懂一味地为自己有形的失职原因进行个体自我开脱与解释，不仅得不到上级的谅解，反而会因为过多的解释激怒上级，最终被惩罚。

养马官的高情商做法告诉我们，发生一个显性的责任低阶问题，尽量让这个责任低阶关联隐性下的责任高阶，这样事情的结果可能就反转了。

一个职场笑话：

下级上班迟到了。

上级问，为什么迟到。

下级回答：做梦领导开会，领导说得太精彩了，我听得太投入，所以就起晚了。

这也是一个典型的把R1(-1)=R4(C)的幽默笑话，也充分反映了这个下属的责任情商非常高。

责任动力学提醒：职场不是教人运用4R8C偷奸耍滑，而是尽量提高自己的责任高低阶思维与责任逻辑思维变化的境界。责任混淆公式中包含有六十四种公式变化，有高阶当成低级的现象，也有低级当成高阶的现象，不同的现象公式在现实中都可以找到启发意义。

2.9 知识补充：Ra=Rb 公式释义与自我训练

1. Ra=R1(–1)共有八组——

（1）做对做错，做好做坏都是错的角色责任低阶色盲综合征

R1(–1)=R1(–1)

R1(0)=R1(–1)

（2）做多做少都是错，一顿打的角色责任低阶色盲综合征

R2(L)=R1(–1)

R2(N)=R1(–1)

（3）帮与不帮都是错的角色责任低阶色盲综合征

R3(0)=R1(–1)

R3(+1)=R1(–1)

（4）为公为私都是错，一顿暴揍的角色责任低阶色盲综合征

R4(c)=R1(–1)

R4(C)=R1(–1)

2. Ra=R1(0)共有八组——

（1）好坏不分的角色责任高阶色盲综合征

R1(–1)=R1(0)

R1(0)=R1(0)

（2）做多做少都是一样的角色责任高阶色盲综合征

R2(L)=R1(0)

R2(N)=R1(0)

（3）帮与不帮都是必需的角色责任高阶色盲综合征

R3(0)=R1(0)

R3(+1)=R1(0)

（4）为公为私都是必需的角色责任高阶色盲综合征

R4(c)=R1(0)

R4(C)=R1(0)

3. Ra=R2(L)共有八组——

（1）好坏不分的能力责任低阶色盲综合征

R1(-1)=R2(L)

R1(0)=R2(L)

（2）做多做少都是一样的能力低价色盲综合征

R2(L)=R2(L)

R2(N)=R2(L)

（3）帮与不帮都是能力责任低阶色盲综合征

R3(0)=R2(L)

R3(+1)=R2(L)

（4）为公为私都是能力责任低阶色盲综合征

R4(c)=R2(L)

R4(C)=R2(L)

4. Ra=R2(N)共有八组——

（1）好坏不分的能力责任高阶色盲综合征

R1(-1)=R2(N)

R1(0)=R2(N)

（2）做多做少都是能力责任高阶色盲综合征

R2(L)=R2(N)

R2(N)=R2(N)

（3）帮与不帮都是能力责任高阶色盲综合征

R3(0)=R2(N)

R3(+1)=R2(N)

（4）为公为私都是能力责任高阶色盲综合征

R4(c)=R2(N)

R4(C)=R2(N)

5. Ra=R3(0)共有八组——

（1）好坏不分的义务责任低阶色盲综合征

R1(−1)=R3(0)

R1(0)=R3(0)

（2）做多做少都得罪人的义务责任低阶色盲综合征

R2(L)=R3(0)

R2(N)=R3(0)

（3）帮与不帮都得罪人的义务责任低阶色盲综合征

R3(0)=R3(0)

R3(+1)=R3(0)

（4）为公为私都得罪人的义务责任低阶色盲综合征

R4(c)=R3(0)

R4(C)=R3(0)

6. Ra=R3(+1)共有八组——

（1）好坏不分的义务责任高阶色盲综合征

R1(−1)=R3(+1)

R1(0)=R2(+1)

（2）做多做少都是应该的义务责任高阶色盲综合征

R2(L)=R3(+1)

R2(N)=R3(+1)

（3）帮与不帮都是应该的义务责任高阶色盲综合征

R3(0)=R3(+1)

R3(+1)=R3(+1)

（4）为公为私都是应该的义务责任高阶色盲综合征

R4(c)=R3(+1)

R4(C)=R3(+1)

7. Ra=R4(c)共有八组——

（1）好坏不分的原因责任低阶色盲综合征

R1(-1)=R4(c)

R1(0)= R4(c)

（2）做多做少都是自私的原因责任低阶色盲综合征

R2(L)= R4(c)

R2(N)= R4(c)

（3）帮与不帮都是自私的原因责任低阶色盲综合征

R3(0)= R4(c)

R3(+1)= R4(c)

（4）为公为私都是自私的原因责任低阶色盲综合征

R4(c)= R4(c)

R4(C)= R4(c)

8. Ra=R4(C)共有八组——

（1）好坏不分的原因责任高阶色盲综合征

R1(-1)=R4(C)

R1(0)= R4(C)

（2）做多做少都是无私的原因责任高阶色盲综合征

R2(L)= R4(C)

R2(N)= R4(C)

（3）帮与不帮都是无私的原因责任高阶色盲综合征

R3(0)= R4(C)

R3(+1)= R4(C)

（4）为公为私都是无私的原因责任高阶色盲综合征

R4(c)= R4(C)

R4(C)= R4(C)

Ra=Rb责任混淆公式族群帮助我们判断现实中的责任评价的偏离现象，这里我们给大家提供一个责任评价系统模型。角色责任代表人类的责任边界思维，能力责任代表人类的责任量化思维，义务责任代表责任交互思维，原因责任代表人类的理念思维。所有的Ra=Rb不外乎这四种思维的混淆。

如果说Ra=Rb责任混淆公式可以让我们的责任情商拨开云雾见青天的话，那么下面一种Ra+Rb责任现象公式就是帮助我们责任情商可以做到"华山论剑比高低"，知己知彼方能百战百胜。

第三章

二合一的责任情商思维

什么是Ra+Rb责任现象二合一组合公式？

Ra+Rb责任现象公式顾名思义，就是在一个责任事件中，存在两种评价，可能包括两种高阶的评价，或两种低阶的评价，或者一高一低的评价。如图3-1所示：

```
Ra(L)+Rb(H)=|-1, 0|责任熵组合
Ra(H)+Rb(H)=+1 责任动力组合
```

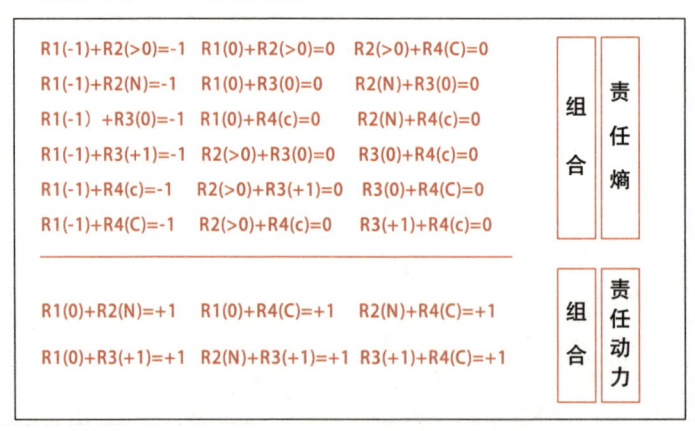

R1(-1)+R2(>0)=-1	R1(0)+R2(>0)=0	R2(>0)+R4(C)=0	
R1(-1)+R2(N)=-1	R1(0)+R3(0)=0	R2(N)+R3(0)=0	
R1(-1) +R3(0)=-1	R1(0)+R4(c)=0	R2(N)+R4(c)=0	组合 责任熵
R1(-1)+R3(+1)=-1	R2(>0)+R3(0)=0	R3(0)+R4(c)=0	
R1(-1)+R4(c)=-1	R2(>0)+R3(+1)=0	R3(0)+R4(C)=0	
R1(-1)+R4(C)=-1	R2(>0)+R4(c)=0	R3(+1)+R4(c)=0	
R1(0)+R2(N)=+1	R1(0)+R4(C)=+1	R2(N)+R4(C)=+1	组合 责任动力
R1(0)+R3(+1)=+1	R2(N)+R3(+1)=+1	R3(+1)+R4(C)=+1	

图3-1 Ra+Rb的组合公式模型释义图

我们把一高一低组合与双低的责任组合称之为责任熵，或者责任伤，也就是这种责任行为费力最大，结果费力不讨好；同时，我们把两种责任高阶组合称之为责任动力组合，这种责任行为费力最小，结果获得双优的评价。

责任组合公式可以广泛运用在企业绩效管理方面，企业管理者在建立企业绩效评价体系时，可以考虑运用责任一高一低或双低组合来找出不同岗位和员工的责任问题表现特征，形成绩效考核的关键点，或KPI指标问题库。

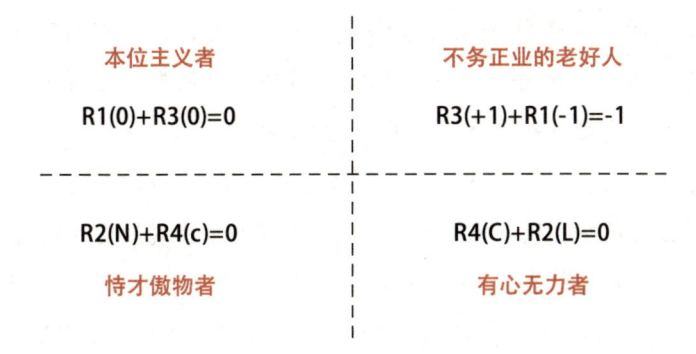

本位主义者	不务正业的老好人
R1(0)+R3(0)=0	R3(+1)+R1(-1)=-1
R2(N)+R4(c)=0	R4(C)+R2(L)=0
恃才傲物者	有心无力者

图3-2 企业员工真正的绩效责任问题表现

同时，也可以用双高的二合一责任现象组合来建立六种不同的责任绩效优秀表现类型，这六种责任优势组合的责任类型也具有代表性，可以作为企业的岗位胜任力模型进行人才测评。

通过责任动力基因课程帮助企业发现六种优秀责任特征人才

1. 小王 本分进取型 R1(0)+R2(N)=+1
2. 小李 本分友善型 R1(0)+R3(+1)=+1
3. 小张 本分忠诚型 R1(0)+R4(C)=+1
4. 小陈 进取友善型 R2(N)+R3(+1)=+1
5. 小赵 进取忠诚型 R2(N)+R4(C)=+1
6. 小杨 友善忠诚型 R3(+1)+R4(C)=+1

图3-3 六种优秀责任特征人才

为了加深大家对责任Ra+Rb组合公式的印象，下面我们将分享职场中最为常见的几个不同类型案例，方便大家理解与实践提升。

3.1 "炫技"用错地方

技术越牛的人，如果不注意，"炫技"会在制度面前越走得远！偏离了原则的轨道，最终被解雇。

职业责任动力学实操
责任符号语言体系破译职场情商密码

在互联网曾闹得沸腾的"阿里巴巴月饼"事件,话说中秋节前夕,阿里巴巴四位安全部门的程序员为了顺利抢到月饼,利用自己掌握的技术天赋,"炫技"改写了内部程序脚本,多刷了124盒月饼。

一个半小时后,这四位程序员被阿里巴巴集团集体解雇了。

事后这四位解释自己就是炫技,并没有真正想要违规获得这些月饼。

阿里巴巴内部通告显示:秒杀虽然没有涉及外部平台业务秩序的干扰,但是却对内部员工造成不公,安全部门的攻防技术用在这里,显然是用错了地方。

此举一出,在社会上迅速引起了热议。

● **职业责任动力学(4R4P)实操底层逻辑思维解读**

1. 违规是角色责任低阶$R_1(-1)$抢月饼。
2. 高超的IT技术算能力责任高阶$R_2(N)$。
3. 月饼责任事件:$R_1(-1)+R_2(N)=-1$,最终还是被开除(-1)的结果。

责任公式$R_1(-1)+R_2(N)=-1$的现实案例参见下面几点。

1. 有啤酒起子,偏要展示自己的牙齿实力,最终把牙齿崩了。
2. 淹死的都是游泳高手,因为这些人过分自信,不做安全措施。
3. 车间生产发生工伤事故基本上都是一些技术高超的人,因为他们自以为自己技术了得,不按照作业规范流程。
4. 发生车祸的,大多都是老司机。

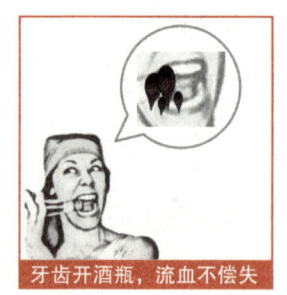

图3-4 责任公式$R_1(-1)+R_2(N)=-1$现实案例

$R_1(-1)+R_2(N)=-1$责任公式的现实与职场案例无处不在,在很多企业与社会上发生的大部分严重的事故、责任大都与这个公式相关联。对于一些以能力自居或者能力责任R2(N)性格的人来说，这个责任组合可谓是人生与职场的"死穴"，万万不可忽视。

3.2 从李云龙看责任组合的特点

李云龙是电视剧《亮剑》的主角，因为其性格豪爽，所以很受观众的喜爱。几乎所有看过电视连续剧《亮剑》的人都会被李云龙的个性与战场智谋所吸引，这是一个优点和缺点都十分明显的军人。正是因为他的优点和缺点都明显，李云龙在团长的位置可谓是多起多落。

上级需要让他升职的原因，是因为他会打仗、会带队伍、鬼点子多，关键时刻需要靠他，常常能出奇制胜，可以说，李云龙的成功完全是靠他的能力责任。但又让上级十分头痛的是他的做事个性，经常擅作主张，不服从或者公然违抗上级领导的命令。

让我们先来看看李云龙的一些经典对白：

"往哪个方向突围不是突围啊？"

"要我自己搞武器，行啊，你不能限制我的自由啊，总要有点自主权吧！要我当乖孩子，又要我自己想办法搞武器，还限制我的自主权，这叫不讲道理！"

"别说你来求情，就是师长来求情，老子也不买账，杀人抵命，欠债还钱，这是自古的规矩！我告诉你，孔二愣子，我劝你少管闲事，我对你是客气的了，要不是看在老战友的份上，我连你们新二团一起收拾喽！"

这就是李云龙，个性张扬，惹祸是他的性格，这就导致上级领导不得不处分他，他团长职位被撸掉好几次，养过马、背过黑锅、做过被服厂厂长，原因在于他的角色责任不服从领导。

● **职业责任动力学（4R4P）实操底层逻辑思维解读**

李云龙的个性是带有一定争议性的职场人物特征，归根结底就在于他的两种责任结构"一正一负"的矛盾不可调和。

这是典型的能力责任与角色责任"一优一劣"功过抵消的责任结构组合，可以用责任结构表达式来表达：R1(-1)+R2(N)=-1

即角色责任（劣）+能力责任（优）=0

我们把R1(-1)+R2(N)=-1责任结构组合称之为：职场"李云龙"式责任现象

该责任结构组合特征：有能力、有业绩，但经常不把上级、制度放在眼里，不听指挥，违抗命令。这种不守岗位规则的缺点，给团队管理带来不服管教的负面影响，也会不断给领导添乱，让领导不爽，更让领导在关键时候不放心，直接制约了其职业生涯的晋升发展。

李云龙式的责任结构组合，代表了职场中有一部分人的"一优一劣"的责任组合特征。别看有些人平时个人业绩很优秀，在公司内部团队合作也不错，对公司可以说没有任何二心，始终愿意与公司一起发展。但为什么得不到提升？

李云龙式的责任组合问题就在角色责任上面，上级领导对他的角色责任印象贴上了纪律性差、不服从领导、意气用事、对规则不认真的标签。

做事属于R1(-1)+R2(N)=-1风格的人在晋升道路上，上级领导不担心他的能力责任，却要担心他的角色责任鲁莽，在制度面前不能够以身作则，不服从领导。这种"一优一劣""一正一负"的责任结构组合，功过抵消，其结果表现往往等于零，导致晋升发展道路曲折、漫长。

我们常说：能力越强的人，脾气越大，性格越怪，很难管理，说的就是R1(-1)+R2(N)=-1责任公式，即角色责任（非）+能力责任（优）=-1的责任结构组合。

假如一个人在组织中业绩特别优秀，和他人合作相处也不错，愿意和公司一起同甘共苦，这说明他的能力责任突出，义务责任R3和原因责任R4都没问题，却难以得到晋升提拔，那么很有可能就是因为他是"李云龙"式的责任结构组合。

有人说，我现在知道什么是"李云龙"式的职场人物与职场责任做法的弊端与问题，那么还有其他什么有问题的做法吗？对的，还有一种就是职场的"老好人"做法也非常不可取，下面我们就来看看职场老好人的责任现象公式组合的问题表现。

3.3　明白责任本末倒置原理，不做无原则的老好人！

小明在公司主管发货工作。跟他平时关系不错的同事小同是一名业务员，因有个老客户，急需提货，但因当前资金紧张，与小同商量先发货，再付款。

而根据公司规定，必须执行"预付——发货——尾款"的发货流程。为此，小同很纠结，他求助了小明。

一开始小明果断回绝了小同的请求，毕竟这严重违反企业规定，但最终经不住小同一次又一次地软磨硬泡，最后还是答应下来。

小明原以为，凭借着客户以往的信用，客户应该过不了几天就会支付货款。谁知，一天、两天、一周过去了，客户依然毫无动静。一直过了半个月，小明意识到：客户已经"开溜"了。就在这个时候，公司开始对当月账务进行审核，发现了小明在未收到预付款的情况下擅自发货的问题。小明不得不接受处罚，甚至面临被开除的危险！

● **职业责任动力学（4R4P）实操底层逻辑思维解读**

公司明文规定先款后货，小明先货后款的违规操作属于角色责任低阶R1(−1)，而对于小同，小明给予帮助这事属于义务责任高阶R3(+1)。

因此，小明在整个事件中的做法可以用责任公式表达为：

R1(−1)+R3(+1)=−1

R1(−1)+R3(+1)=−1现象公式：一个人在职场如果没有原则地帮助他人，就是典型的好心办坏事，更是没有原则的老好人，最后不仅帮不了人，也得不到他人的感激，更会受到公司制度的处罚。

帮人一定要有责任边界思维，不能为了责任交互思维而侥幸，这种做法是典型的好心办坏事的责任本末倒置的做法，其结果一定是悲催的，这个

R1(–1)的问题也一定会被制度惩罚。

好吧，我们尽量把握好R1与R3的关系，做到不本末倒置地做事情，那么不表里如一如何？下面就来一个不是表里如一的职场面试故事。

3.4　面试考核的究竟是什么？表里如一

在一次面试中，有两位应聘者给HR经理留下了深刻的印象：

小A，像大多数候选人一样，准时到达面试地点；但他又不同于其他候选人，不但专业技能方面表现出色，而且在完成第一环节面试，离开房间1即将进入面试房间2时，他是唯一一位把自己坐过的椅子放回原位，并把自己喝过的纸水杯扔进垃圾箱的人，在他出门后在走廊里，我还听到他对其他候选人说"你走错了，房间在这边。"

当时，我就考虑这个人可以进入复试了，因为在我看来，他不但具备专业技能，更重要的他具备主动意识。

小B，面试的时候迟到了。我当时本想拒绝他，但他说路上遇到修路要求绕行，他没预期到这一点，所以没把握好时间，非常抱歉，但希望不要失去这次机会。鉴于原因尚且合情合理，我们进行了原计划的面试内容。客观地讲，除了面试迟到外，他其他方面表现得也不错。

经面试小组讨论，小A和小B都进入了两天后的复试环节。这次，两位都提前了十多分钟到达了面试会场，在等待其他面试官的时候，我听到了这样的对话：

小A：哎，你也来复试啦？我那天都没看到你，还以为你绕行迷路了呢！

小B：我绕行了。但是迟到了，我很感谢最终给了面试机会，并且通过了初试。

小A：你呀，下次不要那么死板。这次是你幸运，下次换别的公司，迟到了可就直接踢出去啦！你看我，推着车子溜着墙根走，没绕行，更没迟到。

听到这，我让我的助理进去给两位倒茶水，并顺便就他们的话题聊了聊天。这才知道，小A和小B那天都骑电动车来我公司面试，在离公司不远的地方，部分路段修路，并树立了警示牌：为了施工安全，请您绕行。

当时的路段，绕行一圈至少多走15分钟的路程。

小B停在警示牌前，自言自语："我赶时间，要面试的呀！"

旁边的小A听到了："你面试？是去XX公司吗？"

小B："是啊，你也是？咱们绕行吧，快点，恐怕要迟到。"

小A犹豫了："你走吧，我试试能不能从旁边挤过去。"

……之后，就有了初试的那一幕……

复试正常进行了，两位不分伯仲。但面试官在小组讨论的时候，我向其余几位讲述了"修路绕行"的故事。最后，我们招聘了小B，因为我们不能容忍对于规则禁忌，明知故犯的行为。

● **职业责任动力学（4R4P）实操底层逻辑思维解读**

这个案例告诉我们，很多人在公开场合上，总能够做到R1(0)+R3(+1)=+1，但是一旦在隐蔽的情况下，为了达到自己的目的就很容易暴露自己角色责任低阶R1(–1)走捷径的本性，小A就是这样一类人的代表。

而小B虽然也为了赶时间，但小B对制度规则心存敬畏之心，并没有采用投机取巧违反制度规则的做法，虽然迟到了R1(–1)，但这个R1(–1)恰恰也正是用人单位所欣赏的人才诚信品德。

面试考核的究竟是什么？考核的是恰恰是敢于担当R1(–1)的表里如一。

如果一个人敢说自己在生活与工作中从来没有发生角色责任低阶R1(–1)的事情，那一定是撒谎；这也如同一个人说自己不分时间、地点、场合都会做义务责任高阶R3(+1)一样，都是表里不如一。看一个人的责任情商问题，除了看本末倒置、表里不如一，还要看另外一个重要因素，是否做到了习惯成自然的义务责任高阶R3(+1)，信手拈来。

3.5 面试中的扫把测试

一家知名企业招聘一个助理，通过几轮面试，最终筛选出三个优秀的面试者，三人不分伯仲，无法决定究竟录取哪个，于是人力资源部把名单交给了老板。

最终面试环节中。

当第一个面试者走进总经理办公室后，总经理直接告诉面试者很遗憾未能录用，面试者懵圈了，这还没有面试呀，咋就淘汰了。

第二个面试者走进总经理办公室后，同样被告知未通过。心情和第一个面试者一样。

第三个面试者走进办公室后，总经理微笑着告诉他：恭喜你，通过了面试！你被录用了。

人力资源经理很惊讶总经理是如何筛选出来的。

总经理告诉他：其实我并没有多做什么面试，我只是在办公室楼道里放了一个扫把，通过摄像头看看他们三个人经过谁会捡起来。果不然，前两个面试者看见扫把后直接跨过去，只有第三个人主动把扫把捡起来放在墙角。

总经理告诉人力资源经理：

经过几轮的口试、笔试后，这三个应聘者肯定都是在岗位的第一种责任——角色责任的必须做R1(0)与第二种责任——能力责任的努力做R2(N)都水平相当，所以我决定从第三种责任——义务责任的应该做R3(+1)入手，事前故意在走廊里放一把扫把来测试他们，看看谁会主动R3(+1)捡起来，也就是想看看，谁在没有人的情况下会自发做"应该做，可做可不做"的事情，如果谁做了，那么他就是我要的人，因为他比其他人的责任意识更加全面。

● **职业责任动力学（4R4P）实操底层逻辑思维解读**

1. 三个人都能够进入终极面试，说明了三个人都是R2(N)。

2. 走廊上没有捡起扫把，可以理解为R3(0)。
3. 捡起了扫把可以理解为R3(+1)。
4. 前两个应聘者在总经理印象中是R2(N)+ R3(0)。
5. 第三个应聘者在总经理印象中是R2(N)+ R3(+1)=+1。

这种习惯成自然的义务责任高阶R3(+1)很容易让自己得到优势，看自己是否有这个习惯成自然的优势，只看一个个小事情，那就是：

你会习惯成自然地帮他人扶门吗？
你会习惯成自然地帮他人按电梯键吗？
你会习惯成自然地友善回答陌生人的问路吗？
你会习惯成自然地关一下水龙头吗？
……

下面再讲一个职场案例：

一家外资企业要招聘一个总经理秘书，经过几轮筛选，最终5名面试者进入最后一轮面试。面试结束后，人力资源经理让5位面试者回家等消息。一周后，5位面试者都收到了公司的邮件。

邮件内容是这样的：

非常感谢您参加我司的面试，很遗憾，由于您与我们的岗位要求匹配度不高，故未能通过面试。希望您能够找到适合自己的工作。

看完邮件，五个人都感到很失落，其中的四个人都没有再回任何信息，接着去投其他公司的简历，只有一个人第一时间回复了该公司的邮件。

最后，回复邮件的这个人被成功录用。

原来，这封邮件是对面试者最后的测试。

接收到他人邮件的时候给对方一个回复，也是职场的好习惯。

很多看上去很需要能力责任R2(N)的事情，比如大量记忆，如果我们换一种义务责任R3(+1)的思维，那么也许会有出人意料的结果发生。

3.6　一张小纸条，总裁是这样炼成的！

郭先生大学毕业后第一份工作，是在一家外资企业做普通行政工作。按照惯例，每年年终的时候，公司都会召开全国代理商大会，一是为了交流经验，二是趁此机会，表达公司对大家的感谢。

公司总部在新加坡。平时，董事长很少来中国，但是，每年大会的答谢晚宴，他一定会参加。这年年终的晚宴，原来一直担任主持人的同事，因为生病住院，公司就把主持的任务临时交给郭先生。

按照一般人的想法，主持一个晚宴，非常简单，无非就是耍耍嘴皮子，把气氛弄得热烈一些。郭先生觉得，不要小看这场晚宴，董事长和大家见一次面不容易，一定要创造出最好的气氛。

既然见面，重要的环节之一是互相介绍，能不能从这里下功夫？他开始琢磨起来，董事长和大家难得见一次，就算以前和一些代理商见过，可能很快就忘了。另外，每年都有新的代理商加入，还有一些代理商换人，所以，董事长还不认识绝大部分的代理商。

可能很多人会想，不就一个介绍吗？把董事长往大家前面一领，挨个说："这位是山东的李总，这位是湖南的王总……"互相握个手，寒暄几句，也就完了。

然而郭先生是这样做的。晚宴开始前，董事长在贵宾室休息。郭先生写了一张纸条，让人送进去。很快，晚宴正式开始。董事长做了一个简单的开场白，郭先生领着董事长，来到经销商桌前，挨个介绍："这是山东的总代理。"

董事长一听，立即握住对方的手，热情地说："李总啊，您好！去年，山东的销售额做到XX亿元，是中国区业绩最好的，非常感谢。"李总不觉一愣，心想："我们是第一次见面，他怎么知道我的名字？"随即，李总觉得心里暖洋洋的。

接下来的介绍，董事长一一叫出对方的名字，让大家有了一种前所未有的感觉。

很多代理商，董事长根本没有见过，怎么会知道他们的名字呢？

原来，秘密就在郭先生递的纸条上，上面写着几个重点代理商的名字和去年销售额排名的情况。结果，这一年的晚宴，比以往任何一年的气氛都要融洽。不少代理商表示，来年一定要做得更好。

董事长多次参加晚宴，别人都是人云亦云，唯有这位小伙子那么用心，自己没有想到、没有要求的，小伙子主动想到、做到了，把工作做到了自己的心坎上。用心做义务责任R3(+1)，智慧成就了郭先生。

很快，郭先生被晋升提拔。7年之后，他成为公司的中国区总裁。

● **职业责任动力学（4R4P）实操底层逻辑思维解读**

1. 主持介绍客人的任务为R1(0)。
2. 一张小纸条代表了给董事长做了一个小小的R3(+1)。
3. 郭先生得到大家的认可责任组合公式为：R1(0)+ R3(+1)=+1。

在职场中，很多事情并不是像战场那么，厮杀得惊天动地，有的时候就是一张小纸条就能够扭转乾坤，这就是职场的R3(+1)责任情商的智慧。懂得R3(+1)责任情商后，你就可以想到很多费力最小的"应该做"，也就能够得到客户、客人、同事的欣赏与感动，最终成为职场赢家。

职场与商场R3(+1)责任情商的智慧可以参考如下几点。

1. 比如接机的时候，如果客人会抽烟，那么提前带上一个打火机或者一包香烟。
2. 在办公接待室内写上Wi-Fi密码的牌子，或者制作一些Wi-Fi小纸条方便客户使用。
3. 海底捞的眼镜布与眼镜塑料套。
4. 给客人发天气信息。

谨记R3(+1)增值，举手之劳，扭转乾坤！

没有想到小小的R3(+1)居然有这么多的好处，更没有想到提高一个的人

R3(+1)其实很容易，职场该如何发挥好自己的R3(+1)？也许我们会想，R3(+1)更容易在那些高阶职位上得到发挥，其实不然，下面我们就来看一个"小保安"是如何运用R3(+1)做到晋升的？

3.7 保安的晋升之道

上海东华大学的张教授，他曾经写过这样一个职场小故事：

我经常开车出入校门，摇下车窗后，就有保安替打卡。

一般保安只是习惯说："老师早"，但有一个新保安打完卡后，总会说："张老师早！""张老师再见！"

我心里总觉得暖暖的，又很诧异，他是怎么认识我的？

后来知道其实打卡机上有我的名字，但是其他保安只说老师好，从来不带姓。这就是他让我记住，也让我有好感的地方。

不久，就听说他被提拔为副队长了。看来他的领导是懂得责任动力学的！用对人了！

再后来，所有的保安都会说"张老师早！""张老师再见！"

● 职业责任动力学（4R4P）实操底层逻辑思维解读

1. 大部分保安和老师打招呼"老师早"，属于保安的基本行为规范，角色责任高阶R1(0)必须做的要求。

2. 这个新保安在和每个老师打招呼时会加上姓的做法属于R1(0)必须做+R3(+1)应该做，故而引起了所有老师的注意。

3. 这个新保安提升为副队长后，把加姓的做法再次变成了所有保安R1(0)必须做的事情。

这个故事告诉我们：优秀的企业文化与制度的形成，可能最初是由某一个人带来的特色文化，很有可能就是一个简单的R3(+1)，后来大量复制这个

R3(+1)成为组织新的制度或文化，从而带动了组织管理的升级。

企业管理升级步骤如下几点。

1. 发现一个人的R3(+1)做法。
2. 到组织内部全面宣传与推广这个R3(+1)做法。
3. 经过一段时间的沉淀，最终把这种R3(+1)做法规范成为企业的R1(0)制度要求。
4. 最终，这个R1(0)成就了企业管理的升级！

一个企业文化就是一个个好的R3(+1)的组合文化，新人进入一家公司为什么要进行系统的岗位制度与职责R1(0)的培训呢？这是因为很多新人会因为自己的人情R3(+1)而不经意违反公司制度导致R1(–1)，最终导致公司产生巨大的损失。

3.8 人情与制度

《士兵突击》中的许三多在参与一次模拟军事行动中，为了关心平时对自己特别照顾的史班长，担心班长没有吃早饭，于是偷偷地把两个熟鸡蛋藏进裤兜，并带入隐蔽战地。

很不幸，很快蓝军的直升机在许三多隐蔽的地方发现了热源头，一举"歼灭"红军，准备了半年的精心演习就这样失败了，连长知道老兵绝对不会把热源带进战场，这是作战最基本的制度，气得连长要把许三多拉出去毙了。

● **职业责任动力学（4R4P）实操底层逻辑思维解读**

1. 许三多给班长带鸡蛋属于义务责任高阶R3(+1)。
2. 同时，把热鸡蛋带入战地属于违反军事制度等角色责任低阶R1(–1)。
3. 因此，许三多的鸡蛋责任现象公式为：R1(–1)+R3(+1)=-1。

职场中，经常会有很多新人出于好心帮助他人，但却因为不懂、不清楚公司各种制度的要求，最终导致好心办坏事。对于这种情况的责任现象，管理者最重要的事情就是采取制度认知与预防教育、培训等措施。

企业新人应注意以下几点，才能更快适应企业生活。

对于管理者而言，企业新人的管理是非常重要的一环，很多新人进入一个新公司、新环境后会因为老人的工作要求与指派而不知所措，因为新人不敢得罪老人，因此在人情与制度上面会很纠结，很容易导致工作本末倒置，甚至因为错误而离职。

对于新人来说，进入一家公司首要的事情就是尽快熟知公司和岗位的角色责任R1(0)要求，不要过度纠结人情关系，当制度与人情关系相冲突的时候，一定是制度优先考虑。

新人进入公司除了要快速掌握制度与岗位相关要求外，在技艺上还需要公司的管理者、公司老人与师傅们的关照，才能更快、更自信地成长。那么如何关照新人，一句话技术不够，赞美来凑。如何落实到四种责任上来理解？

3.9 技术不够，赞美来凑

有一个年轻的女孩子一心想学发艺，几经周折后，她花高价拜了一名京城最受欢迎的理发师为师。

这名理发师是一位30多岁的女人，虽然她的理发店附近还有几家理发店，并且那些理发师都是20多岁时尚又漂亮的年轻人，理发技术也很娴熟，但不知为何顾客总是喜欢来她这儿剪发。

这个女孩子很有上进心，她学得很用心，进步也很快。不到3个月，她就被师傅安排上岗了。

她给第一位顾客理完发，顾客照照镜子，有些不满意地说："哎呀，头发剪得太短了。"顿时，女孩不知所措了。这时，师傅在一旁笑着解释："头发短，使您显得有活力、精干，你再看看是不是年轻了好几岁呢？"顾客听了，欣喜而去。

她给第二位顾客理完发，顾客照照镜子，埋怨道："我是来剪头发的，你怎么给我剪那么少啊，头发留得太长了。"女孩不知道说什么好，师傅笑着说："头发长，使您显得含蓄，这叫藏而不露，很符合您的身份。"顾客听罢愉快地付款，高兴而去。

她给第三位顾客理完发，顾客一边付款一边笑道："动作挺利索，15分钟就解决问题了。"女孩沉默不语。师傅笑着抢答："对于你这么事业有成的人来说，时间就是金钱。为您赢得了时间和金钱，您何乐而不为？"顾客听了，欢笑告辞。

给第四位顾客理完发，顾客一边交钱一边笑道："我原本以为半个小时就可以理完发了，却花了将近一个小时，时间真长啊。"女孩望了望师傅，师傅笑着解释："为'首脑'多花点时间很有必要，您没听说'进门苍头秀士，出门白面书生'？"顾客照了照镜子，满意而去。

事后，女孩怯怯地问师傅："我一次也没有做对过，我以为你会骂我，可是您却处处替我说话，为什么？"

师傅笑了笑，认真地回答："万事开头难，我们理发靠的就是客源，理发技术固然很重要，但如果能让顾客喜欢就再好不过了。谁都爱听吉言，无论是顾客还是你。"

顿了顿，师傅继续说道："试想，如果我用不好听的话责骂你，不仅会让顾客大为扫兴，而且你也会对我怀恨在心。抱着这样的情绪，我又怎么能指望你好好学习发艺呢，你说是不是？"

女孩深深地点了点头，从此她越发刻苦学艺。日复一日，她的技艺日益精湛，也成了一名深受顾客喜欢的理发师。

● **职业责任动力学（4R4P）实操底层逻辑思维解读**

师傅的高明之处正是在于：在理发技术不足R2(L)时，能够巧用赞美语言R3(+1)来弥补，把顾客的怨言转化成喜悦。

如何在职场上做一个一流的师傅？

1. R2(0～N)，从数字规律上来看，本身就是0～N的规律，从差到优、从少到多的发展，因此，对待进步，师傅要有耐心。

2. 适度的赞美R3(+1)能够增加徒弟的自信心，如果一味地训斥和责骂R3(0)，容易让徒弟心灰意冷。

职场有句话：带会徒弟，饿死师傅。因为这句话，导致了很多师傅不太愿意教徒弟，总喜欢保留一点实力。这就是我们常常说的原因责任低阶R4(c)小我心态，不愿意多付出，缺乏奉献精神。其实这种责任思维非常狭隘，很难得到企业重用。谈到以企业为荣的职业精神，我们不一定要看大事情，比如带个徒弟就能看出来。

3.10 同样的起点，为什么升职的是他？

在一家世界五百强美资企业中，有三名工程师同时入职，两年后，其中一个工程师已经升职为助理经理，三年后，助理经理升级为高级经理，而其他两名还停留在原来工程师的级别。

为什么起点一致，这名工程师成长迅速，而其他两名工程师还是原地踏步呢？

原来，这名工程师从进入公司起，手机始终保持24小时开机，公司和同事有任何事情，他都会立即帮忙处理，无论自己是上班状态还是下班状态，甚至凌晨时也会处理工作。而其他两名工程师，有严格的上下班概念，自认为自己完成了本职工作，下班后就是自己的时间，公司干涉不了，因此从不帮忙处理任何工作上的事情。

● 职业责任动力学（4R4P）实操底层逻辑思维解读

1. 每天遵守上下班制度属于角色责任R1(0)的岗位要求。

2. 24小时开机解决公司的突发事情，考虑公司大局利益属于原因责任高阶R4(C)。

3. 得到晋升的这个工程师的责任公式组合为：R1(O)+ R4(C)=+1。

> 职场晋升奥秘：
> 1. 角色责任R1在职场上能够证明自己不犯原则性错误；
> 2. 能力责任R2能够在职场上证明自己很优秀；
> 3. 义务责任R3能够在职场上证明自己待人接物随和；
> 4. 唯有原因责任R4的点滴理念能够证明自己是和公司一起发展的。

很多职场新人，刚进入职场通常都是做一些简单而充分的事情，有一些新人会在这种工作中迷失自己的方向，很快就跳槽了；而有些人虽然也会感觉枯燥，但是会因为自己的原因责任而创造出一个新的职场职业价值。

3.11 通过贴票，你能收获什么？

有两个大学生，毕业后的第一份工作是做总经理助理，给领导整理发票，送到财务报销，这是作为助理最常做的工作之一。

其中一个大学生，工作半年后，跟总经理提出辞职，原因是他认为自己大学四年毕业，最后却只能做贴票的工作，他觉得有些浪费，他觉得自己可以做更加有意义的工作。

而另一个大学生，在企业工作两年后升职了，升职后，总经理才发现这个大学生是他用过最好的助理。为什么？

原来，为了让以后的财务信息有据可循，这个大学生每次给领导贴票时，都会认真记录每一组数据，建立一个表格，将总经理在他这里报销的数据按照时间、数额、消费场所、联系人、电话等等记录下来。后来，时间长了以后，通过数据统计，他发现了一些上级在商务活动中的规律，比如，哪一类的商务活动，经常在什么样的场合，费用预算大概是多少，总经理的公共关系常规和非常规的处理方式，等等。

于是，每次总经理给他布置工作，他都会处理得很妥帖，即便有些信息是总经理没告诉过他的，他也能及时准确地进行处理。渐渐地，总经理交代给他越来越多更加重要的工作。

● 职业责任动力学（4R4P）实操底层逻辑思维解读

1. 贴票属于角色责任R1(0)的岗位要求。
2. 从贴票中考虑到公司总经理的重要信息，以及考虑公司大局利益属于原因责任高阶R4(C)。
3. 得到晋升的责任公式组合为：R1(0)+ R4(C)=+1。

在一个很平凡、普通的工作面前，一般人都只会把工作当成角色责任R1(0)来做，也即只做岗位上必须要做的事，这种想法无可厚非，但也有一个问题，就是很容易感觉枯燥无味，失去兴趣，很快跳槽。当一个人自视很有才华时，会在很短时间内感觉工作没有任何挑战性，学不到东西，自然会感觉没有发展前途。毫无疑问，这种情景下，萌生退意是迟早的事。虽然第一个助理学历背景很优秀，但工作责任思维却也只是最简单的角色责任R1(0)思维，这种责任思维也是导致她后来频繁跳槽的症结所在。

那么究竟什么是角色责任思维呢？我们再来复习与提升一下：

根据责任矩阵模型原理结构，我们知道，角色责任思维表达式为（外驱动，显性约束力）。可以简单理解为：由公司或他人安排，按照一定的制度规则去做。

角色责任型工作特征：领导安排、岗位分工的工作内容，制度上有相关要求的简单、重复、程序化的责任内容。

角色责任型的人思维特征：工作就是工作，工作就是为了挣钱，会认真对待，不会犯错，也不会主动思考如何从现有工作寻求新方法，更不会主动从工作内部或与之相关联工作关系中发现、创造更大价值。

属于角色责任型的人不代表其不聪明，只是惰于思考突破，或者压根看不上现有工作，常以屈才自叹，对简单重复的工作不够耐心，一有机会就会想到跳槽，但最终收获的仍然是怀才不遇。

责任动力学提示：岗位工作可以是角色责任类型的特征，但人不能是角色责任型思维。

固然，优秀责任思维的人，不会因工作的枯燥原因为自己找理由与借口，而放弃责任思考。相反，他们会去主动思考工作内在的关联、深层次的价值与规律，通过平凡的工作为他人提供额外的帮助。正是因为能在简单、枯燥、单调与重复的工作中发现内在价值，这类人才称得上是具有卓越责任思维。

实际上，这种责任思维是原因责任思维模式。上文中的助理就是因为自己的原因责任思维模式，通过分析报销的各种信息与规律，给上司提供了大量有用的信息支持与价值分析，最终被自己的上级所赏识与重用。

那么究竟什么是原因责任思维？

原因责任思维表达式：（内驱动，隐性约束力）。可以理解为：他人没有安排，自己找出规则、规律，找价值意义，找方法去做。

原因责任工作特征：领导没安排、岗位分工不做要求，制度没要求的责任内容。

原因责任型的人思维特征：工作不只是工作，工作不只是为了挣钱，无论面临什么样的平凡的工作，原因责任型思维的人都会想尽一切办法主动思考如何从现有工作寻求新方法，主动从工作内部或与之相关联工作关系中发现、创造更大价值。

属于原因责任型思维的人不代表他一定是聪明的，只是他能够站在工作之外，为自己的未来或为公司他人思考，即使现有工作不满意，也不会采用消极的责任思维，而会尽量想其他的方法去突破。原因责任思维型的人沉淀一定时间后，很容易得到他人赏识，并最终获得重用！

角色责任思维型与原因责任思维型的差异：

角色责任型思维的人只注重当下的工作表面，原因责任型思维的人能从工作本质中找出晋升的规律。

如果一个人在有晋升机会下，仍然长时间处在一个职位上得不到提升，很有可能就是角色责任思维导致的结果。值得职场人士深思！

现在我们基本上理解了四种责任的二合一的组合关系，相信大家能够从中获得责任情商思维，现在我们要进一步把二合一的责任现象组合落实到我们的职场嘴巴、耳朵与手上来，也就是我们的说与听、说与做的责任关系。

3.12 医体与医心——"做 + 说"的责任力量

每个人都有生病看医生的经历。下面我们就从看病这件事来看看医体与医心的责任力量的差距!

坐在医生面前,急切地把自己生病经过、症状一一描述给医生听,医生头都不抬,就大笔一挥,开出了处方递给你,让你去缴费拿药,然后让你出去时叫下一个患者进来。

另外一种情况是,你一边讲,医生一边听、一边写药方,还不停地抬头看你并微笑安慰道:你呀!不要太紧张,像你这种症状只要按照处方吃药,一两个疗程基本痊愈,你要注意休息,不要吃辛辣……

● **职业责任动力学(4R4P)实操底层逻辑思维解读**

毫无疑问,同样是吃药,第一种情况,患者一时半会儿很难痊愈,而第二种情况却很容易康复。

问题出在哪里?

问题就出现在两个医生在做与说的责任方面的不同表现导致的不同的心理暗示:

第一个医生,只做了医生的角色责任R1(0)必须"做"的开药方,却忽视了病人需要的义务责任R3应该"说"的责任增值的心理安慰与信心预期的建立。

第二个医生,不仅做了医生的角色责任R1(0)必须"做"的开药方,还关注了病人需要的义务责任R3应该"说"的责任增值的心理安慰与信心预期的建立。

前者只是靠药物医"体",后者不仅医"体"更懂得用心医"心",因为后者清楚,通过用心沟通安慰所带给病人的信心预期会更加稳定、长效,这才是真正高明的职业医生。

高明与平庸医生给予病人的治疗方案可以用责任现象公式表达：

高明的医生=做的R1(0)+说R3(+1安慰暗示)；

平庸的医生=做的R1(0)+说R3(0安慰暗示)。

判断一个管理者在辅导与培育下属成长方面是优秀还是平庸，或者一个客户服务人员与客户关系培育方面的责任智慧，犹如判断一个医生一样，我们可以通过"做R1(0规范无差异指导)+说R3(+1安慰、信心建立)"的责任现象公式加以分析与改善。

管理者提示：

高明的管理者=做的R1(0)+说R3(+1赞美)

平庸的管理者=做的R1(0)+说R3(0赞美)

说的R3(+1)=多一点赞美+多一点关心+多一点认同+多一点肯定

运用这个"做与说"公式原理，如何做一个高明的营销人员？相信读者应该可以对比训练一下自己的做与说的R1与R3的关系。

职场上有几种人很不让人待见，一种是凡事都答应，但是答应后基本没有结果、下文，这种人让人深恶痛绝；还有一种人答应了事情，也做了，但是他就是不告诉你，更让人恨得咬牙切齿。第一种人，这是典型的光说不做的人；第二种人是责任思维可以改善的，那么如何改善，下面我们就来用责任组合的说与做公式来展现其中的奥秘。

3.13 为什么工作结果还是等于零！

公司搬新的办公室，领导要办理一个新的车位，于是安排公司同事小李去办理。

领导：小李，今天去帮我办理新公司停车卡吧！

小李：好的！

小李当天办好了。

第二天一早领导开车到新公司园区上班，园区找停车位，保安问具体停车位是多少，领导不知道在哪，只能再问小李。

领导：小李，昨天的停车卡办得怎么样了？能不能反馈我一下？

小李说：领导，已经办好了，车辆门禁卡给了小王。地上的，先办了一个月。费用一百，押金一百……

领导：好，我九点到公司，门禁卡请小王拿下来一下！

● **职业责任动力学（4R4P）实操底层逻辑思维解读**

做好了一件工作，但没有及时反馈，还要等上级追问，其实在领导的心里这件工作效果还是等于零！

这就是常见的费力最大责任公式组合：R1(0)+R3(0)=做了不说，办好了，不及时反馈，还等人问。这是职场上极其要不得的责任习惯，其结果等于0！

职场中常见的几种费力最大责任R1(0)+R3(0)=0的组合情况分析：

R1(0) 事分三类的做与说技巧 R3(+1)

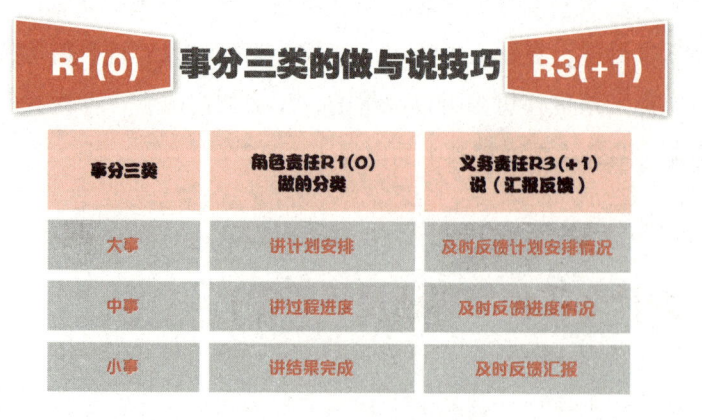

事分三类	角色责任R1(0)做的分类	义务责任R3(+1)说（汇报反馈）
大事	讲计划安排	及时反馈计划安排情况
中事	讲过程进度	及时反馈进度情况
小事	讲结果完成	及时反馈汇报

图3-5　事分三类的做与说技巧

1. 重要工作已经列入计划中不及时汇报

重要性工作，尤其是领导特别关注的，你已经做好了下一步工作计划，但没有及时反馈信息告知领导，还要等领导问后才被动告诉领导，其结果等于零，没有隐性增值！

很多职场中人认为我已经安排好计划，没有必要及时反馈或汇报上级，这是职场不懂"什么是重要、紧急工作任务"的费力最大的R1(0)+R3(0)=0责任公式组合思维。

重要的工作计划什么时候开始，预计什么时候完成的信息一定要及时反馈。因为，如果你能够做到及时反馈，让上级知情，领导则可以做其他相关部门或工作的整体协调安排。一旦等到领导问情况时，就意味着领导已经在大脑中考虑过很久了才会追问你，你已经在领导心目中有了不懂R1(0)+R3(0)=0责任公式组合思维，不及时反馈信息的印象。

2. 大中项目进行时不及时汇报进度

工作进行中，完成了1/2或3/4阶段性，但没有及时反馈领导进展，需要等到问才告诉领导，其效果等于零，没有隐性增值！

很多职场中人做事追求"完美"，总习惯自己一次性做完了才会告诉领导，不喜欢阶段性汇报进度，殊不知这才是费力最大的R1(0)+R3(0)=0责任公式组合思维。

每一个部门的每一项工作或多或少都会关联到其他部门的工作联动，如果某个部门负责人不懂及时反馈信息，总需要领导追问，这个时候在领导心目中已经是R1(0)+R3(0)=0责任公式组合思维，费力最大！

3. 小事完成时不及时汇报

已经完成了，但没有及时告诉领导，还要等领导问才告诉领导，结果等于零，没有隐性增值！

这是职场最傻的做法，我们本来可以在一些领导交代的小任务上提升自己注重细节的工作形象，及时增强自己在职场或领导心目中的影响力。这是因为领导信任你，才会让你做这些小事情，但太多的人不明白，也就是不懂这个R1(0)+R3(0)=0责任公式组合道理。

职场如果不懂R1(0)+R3(0)=0规律，绝对不会小事化了！事做了，如不懂及时反馈信息，你将在小事上让领导添堵！大量事实告诉我们，一般情况下，领导对频繁发生小事问题的人，最没有耐心与好脾气对待！

因此，对于R1(0)+R3(0)=0，我们需要谨记：

1. 计划也是工作，反馈计划更加有价值；
2. 有时候阶段性工作进展汇报比结果还重要；
3. 小事都做不好，领导与大事就远离你了。

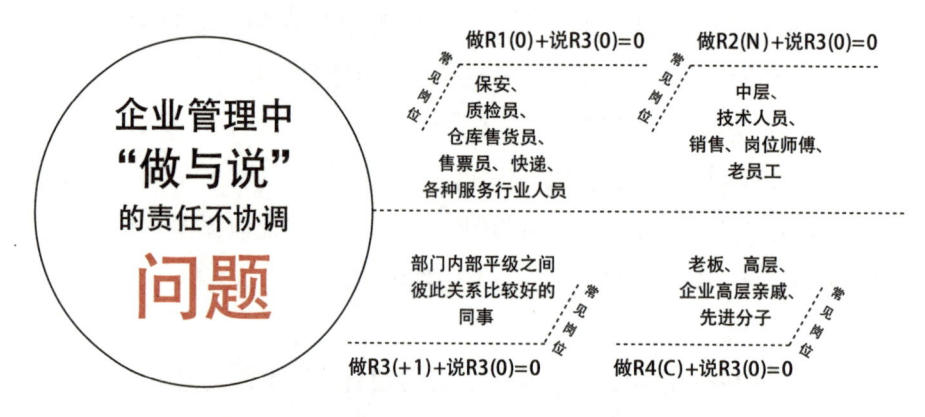

图3-6 企业管理中"做与说"的责任不协调问题

原来责任的做与说可以通过责任二合一公式组合来区别，这点估计很多人都没有意识到，下面我们再拿几个典型的做与说拉仇恨的案例来分析。

3.14 职场为人"做+说"拉仇恨小事

1. 做R1(0)+说R3(0)=0

现象一：职场上班

拉仇恨模式：话多不如少，让人遵守规则，嘴也要尊重别人。

"喂，你去哪？"

保安大声喊道。

"我去公司呀！"

"请主动出示证件，卡都不刷，你还是老员工呢！"

"横什么横，一个保安牛什么……"

两个人吵起来了！

这就是第一种职场莫名其妙拉仇恨，制造生气的责任现象，不妨试试责任现象学找找原因：

保安在做的方面是角色责任高阶R1(0)表现；

保安在说的方面是义务责任低阶R3(0)表现。

一高一低等于零！拉仇恨！

R1(0)+R3(0)=0

无事平添是非！

如何改善？

运用做R1(0)+说R3(+1)=+1的责任公式改善说的做法：

您好，请出示证件，谢谢您的配合！

现象二：送快递

拉仇恨模式：知之为知之，不知为不知，何必不耐烦！

"王大丽，快递！"

"哦！快递里面什么东西？"

快递小哥不耐烦了：

"我怎么知道，又不是我买的，我只负责送，其他的我不……"

"你快别说了，闭嘴！"

快递小哥总算憋回去了！否则很容易得到差评。

● **职业责任动力学（4R4P）实操底层逻辑思维解读**

这也是第一种职场不耐烦拉仇恨模式，莫名找生气，非常容易引起顾客不满的责任现象，不妨试试责任现象学找原因。

快递小哥在做的方面是角色责任高阶R1(0)表现。

快递小哥在说的方面是义务责任低阶R3(0)表现。

一高一低等于零！没事拉仇恨！

R1(0)+R3(0)=0

费力最大，熵不少！

2. R3(+1)+R3(0)=0

拉仇恨模式：事做了，但嘴上要留情！

乘客在自动取票机前排队。

正在自动售票机前操作的是一个四、五十岁年纪的农村妇女，她捣鼓了好一会儿，依然没动静。

后面一个大叔等得有点不耐烦了，连忙说：

"你去哪里，告诉我，我帮你……"

"我去安徽芜湖……"

大叔一看屏幕，不耐烦地说："你去芜湖选这个去福建的线干吗？真是的，也不认真看一下……"

大叔一边操作一边讽刺，妇女票买好。

走的时候，妇女居然瞪了一下大叔，一句谢都没说就走了。

● **职业责任动力学（4R4P）实操底层逻辑思维解读**

很多人都会碰到这样的帮忙现象，被帮忙的不但不感谢帮忙的，反而有厌恨！为什么出现这种现象呢？

这就是我们常说的在帮忙做的方面是义务责任高阶R3(+1)，但却在嘴上说的方面表现为义务责任低阶R3(0)，构成R3(+1)+R3(0)=0，一高一低等于零，不但没有感谢反而招致仇恨！

"这个都不会！"你真懂得帮忙吗？如果不会就要管制好R3(0)的嘴，以免拉仇恨！

3.15　知识补充：Ra+Rb 公式

责任动力学最核心的优势是给人提供一套完善的责任现象公式，这套责任公式帮助我们建立系统的责任思维模式与训练工具。任何思维模式的形成都需要经历过大量的训练，读者可以参考这个责任组合公式模型分门别类地进行案例总结。

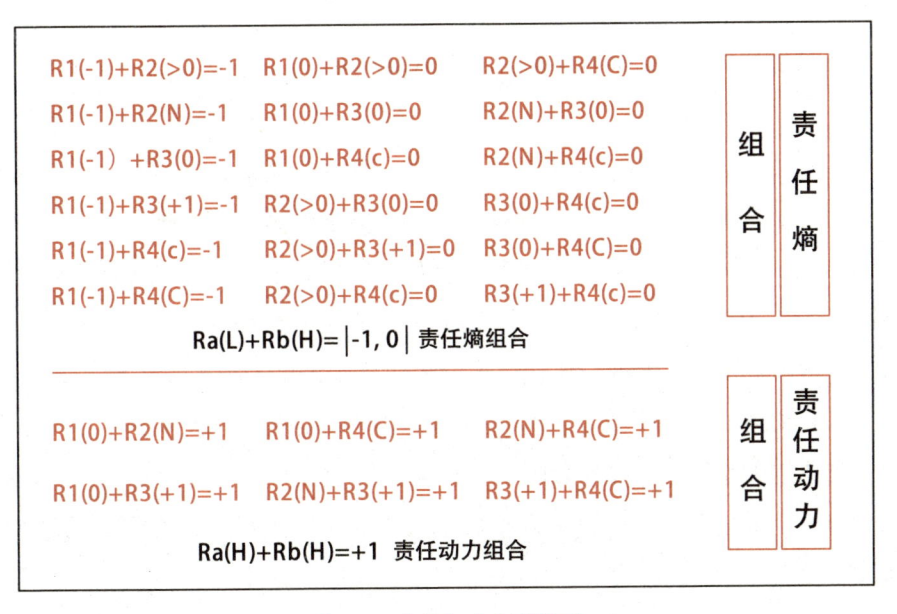

R1(-1)+R2(>0)=-1	R1(0)+R2(>0)=0	R2(>0)+R4(C)=0	组合	责任熵
R1(-1)+R2(N)=-1	R1(0)+R3(0)=0	R2(N)+R3(0)=0		
R1(-1) +R3(0)=-1	R1(0)+R4(c)=0	R2(N)+R4(c)=0		
R1(-1)+R3(+1)=-1	R2(>0)+R3(0)=0	R3(0)+R4(c)=0		
R1(-1)+R4(c)=-1	R2(>0)+R3(+1)=0	R3(0)+R4(C)=0		
R1(-1)+R4(C)=-1	R2(>0)+R4(c)=0	R3(+1)+R4(c)=0		

Ra(L)+Rb(H)= |-1, 0| 责任熵组合

R1(0)+R2(N)=+1	R1(0)+R4(C)=+1	R2(N)+R4(C)=+1	组合	责任动力
R1(0)+R3(+1)=+1	R2(N)+R3(+1)=+1	R3(+1)+R4(C)=+1		

Ra(H)+Rb(H)=+1 责任动力组合

图3-7　责任组合公式模型

到目前为止，我们已经掌握了Ra=Rb、Ra+Rb的责任现象公式的类型与区别，这两种责任公式类型可以很好地帮助我们提升责任情商。为了进一步提升我们的责任情商，我们需要来认识一个责任博弈思维模式，也就是二选一的责任情商智慧。

第四章
二选一的责任博弈情商智慧

4.1 有一种责任现象叫作"司马光砸缸"

这是破坏优于求救的责任优先次序逻辑思维。

话说司马光和一帮小伙伴在邻居家院子里玩捉迷藏，有一个小伙伴爬到院子里面的大缸上面，一不小心掉进去了。大水缸远超过小孩的身高，小孩爬不出来。这个时候其他小伙伴都大惊失色，慌了手脚，有的跑去找大人，有的围着大水缸团团转，唯有一个孩子很冷静。他就是司马光，他搬起一块大石头砸向大水缸，啪的一声，大水缸破碎了，小孩得救了。

人们纷纷夸赞小小司马光，司马光这孩子真是聪慧过人不简单，小小年纪不仅有责任意识，关键是在情急之下还懂得如何机智救人。

当然，其他小伙伴们也很有责任心，在小伙伴掉入大缸里后懂得跑去叫大人帮忙。

现实中也有类似这样的情况。

A市，夏日酷暑的中午，小孩被遗忘在一辆轿车里，眼看就奄奄一息。路人甲看见后，赶紧给110打电话，10分钟后警察赶到，孩子最终还是没了。

B市，同样是小孩被遗忘在一辆轿车里，眼看就奄奄一息。路人乙看见后，赶紧到四处找了一个大石头，一石头下去，孩子得救了。

路人乙算是当代成人版"司马光砸车"。

● 职业责任动力学（4R4P）实操底层逻辑思维解读

毫无疑问，他们都有责任心，但最终的结果却不同。他们之间的责任思维区别在于：

司马光和路人乙明白救人是一种责任，砸缸或砸车也是一种责任，但却是一种破坏性的责任；其他小伙伴和路人甲也知道救人是一种责任，但也许不知道用石头砸缸或砸车也是一种责任，或者说知道砸缸或砸车是一种会产生破坏性的责任而不敢贸然为之。

砸缸、砸车R1(-1)，喊人、找警察R3(+1)，究竟选哪个？

责任优先次序逻辑思维在这个时候就把人的责任情商区分出来了。

什么是责任优先次序逻辑思维？

责任优先次序逻辑思维就是在一个责任现象中如果存在两种责任方案可供选择，比如砸缸、砸车R1(-1)，喊人、找警察R3(+1)，则根据责任利害关系做出一个最优次序的选择。

尤其是面临一种责任高阶与责任低阶的选择问题上，大部分人在情急之下只有正向的责任思维，也就是说只有责任高阶帮忙的思维，而没有负向或反向的责任低阶破坏性思维。比如找大人或警察去帮忙，这属于义务责任R3(+1)的责任思维，砸缸或砸车也能帮忙，不过它属于角色责任R1(-1)的责任思维。

"司马光砸缸"的责任故事告诉我们：有一种帮忙需要我们采取破坏性的角色责任R1(-1)作为优于常规的义务责任R3(+1)作为。

司马光砸缸责任情商智慧公式为：R1(-1)>R3(+1)

责任优势次序生活案例思考：

1. 路上有一个生命垂危的病人，需要马上送到医院抢救，遵守交通规则不违规走公交车道等待还是继续等待？

2. 与客户交谈时，是滔滔不绝地讲，还是多倾听多赞许对方？

司马光的故事告诉我们，常规情况下我们要遵守规则，但特殊情况下要敢于打破规则，要权衡利弊做出最优化、最有时效的责任选择。

4.2 左宗棠与天下第一棋手

左宗棠喜欢下棋，棋艺水平也是异常高超，身边很难找到对手。

有一年，左宗棠奉旨出征。

路上，左宗棠在一个小镇看见一个破旧的棋馆房门上挂了一块牌匾，赫然写道：天下第一棋手。

这块匾顿时挑起了左宗棠的好胜心。于是，左宗棠身着便装前去棋馆打擂台。

棋馆馆主笑脸相迎，左宗棠一上来便说：我与你下三盘棋，三局两胜，若是你输了，自己把"天下第一棋手"牌匾给我砸了。

馆主四下打量了一下这位来者不善的彪汉，赔笑道：您请，您请。

对弈开始，还不到一炷香的功夫，馆主第一局败给了左宗棠。

左宗棠心想，就这水平还天下第一高手，下一盘老子再给他一个撒手锏，让他甘拜下风。

果真第二局比赛还不到第一局的一半时间，馆主就败下阵来。

左宗棠趾高气扬地对馆主说：你该知道，下一步自己该怎么做了吧！

馆主低声下气地说：知道，知道，我这就把"天下第一棋手"的牌匾给砸了。

说完，左宗棠带着胜利的喜悦，扬长而去。

三个月后，左宗棠大胜而归，返回的路上经过棋馆，他想看看这个馆主有没有砸了那个牌匾。

那个牌匾依然挂在上面。

左宗棠十分生气，再次前去与馆主理论。

这一次，他发现，馆主不再像上次那样低三下四。馆主主动对他说：先生，摘匾不急，今天不妨再下三盘，可否？

左宗棠心想，难道短短三个月他能够棋艺大涨？

一连三盘，左宗棠都在不到半炷香的功夫败下阵来。

左宗棠又气又急，大汗淋漓：先生莫非这三个月请了高人指点？棋艺了得！

馆主哈哈大笑：将军哪里知道，上次我一眼就认出您，若是我把您赢了，您一定会非常气馁，肯定会老琢磨自己为什么会输了，也会影响您带兵打仗。赢棋事小，打仗事大呀！而今次将军凯旋，我也就没有什么顾虑了，我们可以真正对弈了！

左宗棠羞愧难当：先生才是真正的高人，不仅棋艺高超，为人更是胸怀宽广过人呀，左某人惭愧不如呀！

从此，两人结下莫逆之交。

● 职业责任动力学（4R4P）实操底层逻辑思维解读

棋馆馆主第一次与左宗棠对弈，为了不影响左宗棠征战情绪，馆主运用了R2(L)>R2(N)的责任博弈策略，也即以弱对强的"输优先于赢"的策略，体现了弱也是强的大局观意识。

现实中，我们很多人在职场与家庭亲子教育也会采用R2(L)>R2(N)的责任博弈策略。比如，父母为了提高孩子的学习劲头，在与孩子比赛时会故意输给孩子，让孩子找到了自信；上级与下属在一起工作中，会故意把一些难题留给下属，让下属去解决，以此提高下属的自信与工作激情。

当然，我们也知道，很多刚毕业的年轻人喜欢像左宗棠那样处处好斗，好赢，不分场合。

我们并不崇尚职场弄虚作假，但某些场合也不能完全由着性子过分完美地演绎自己R2(N)值，适度地理解R2(L)>R2(N)，不仅可以保全他人的面子，更能够不过分求胜心切，锋芒毕露。

一个人在组织中处处表现出个人英雄主义，往往容易破坏组织的大局利益，不仅得不到他人的赞美与认同，很可能是组织发展中的异物"毒刺"，容易被清除。同时，从天下第一旗手的责任情商来看，也反映了R4(C)>R2(N)责任公式，国家与组织的大局为重优先于个人的荣辱得失。

作为一个管理者，是不是什么时候都是做事情有板有眼好呢？有些时候还真不是这样的，人与人在利益面前很容易产生矛盾与内心冲突，那么管理者该如何面对公司与员工利益之间的矛盾调解？下面这个部门经理的责任博弈优先次序思维值得我们思考。

4.3 年终奖不发，部门经理该如何通知？

一年一度的年终奖时间到了，大家都在琢磨年底能拿多少年终奖。

由于公司业务受国际市场影响，业绩下滑，老板决定今年不发年终奖，让经理去各部门传达一下。

下面是两个部门经理的不同做法。

1. R1(0)做法：传话筒做法

A经理一脸无奈：刚刚开完会，老板说，今年业绩下滑，年终奖就免了，就算正式通知大家了。

结果，员工私下大骂老板与公司，工作也不上心了。

2. R4(c)做法：小我诡计做法

B经理面无表情：今年业绩不好的部门可能要裁员，大家心里要有个数哦。

话毕，员工都紧张起来了，没有任何人提年终奖的事情，都只想保住自己的饭碗。

● **职业责任动力学（4R4P）实操底层逻辑思维解读**

这个故事告诉我们，人在正向与负向的预期达不到时，首先会优先规避负向的风险，放弃正向预期目标的争取。因此，应对这种现象的策略需要运用原因责任低阶R4(c)的"小我选择做"的做法优先于按照制度规则的角色责任高阶R1(0)的"必须做"。

责任现象学公式：R4(c)>R1(0)

责任博弈优先次序是责任情商中最高的智慧策略，每一种二选一都能够产生一种智慧，这本书作为责任动力学通俗普及读物，没有过多地分析，我们仅提供一些责任优先次序的思维公式结构的基本注解。

4.4 知识补充：Ra>Rb 公式释义与训练

Ra>Rb 诠释的是，人类责任的八个高低阶存在就是合理的，对待4R8C要用事物一分为二、对立统一的宇宙哲学观来思考责任变化的规律。

Ra>Rb现象规律告诉我们，任何责任现象中不全是高阶主导低阶的规律，我们需要具有审时度势根据责任情境加以选择与判断事物发展变化的自然规律，这也是人的责任情商最高境界。

Ra>Rb为我们总结与指明不同阶段的人生处事的64种本质规律、责任选择真谛以及智慧人生的法则。

1. R1(-1)>善于打破常规、僵局与传统的责商
2. R1(0)>掌握规则高于一切的责商
3. R2(L)>弱即是强的责商
4. R2(N)>强者恒强的责商
5. R3(0)>审时度势的拒绝责商
6. R3(+1)>以人为本的合作责商
7. R4(c)>适当的小我的自我保护责商
8. R4(C)>大我的信念高于一切的责商

4.5 知识补充：Ra>Rb 职场格言新解

1. 当你明白：规矩第一，人情第二时，你已经敲开了人与人最难的一扇门。

规矩=R1(0)=角色责任高阶，必须做，人与规则关系

人情=R3(+1)=义务责任高阶，应该做，人与人际关系

这句话的意思是，很多时候办事情，规则要优先考虑，其次才是人情世故。

责任公式：R1(0)>R3(+1)

2. 当你明白：团队第一，个人第二时，你已从小我走向了大我。

● 职业责任动力学（4R4P）实操底层逻辑思维解读

团队=组织利益=R4(C)=原因责任高阶，选择（为组织大局利益）做，大我，人与理念关系

个人=个人利益=R4(c)=原因责任低阶，选择（为个人利益）做，小我，人与理念关系

这句话的意思是，很多关键利益冲突时刻，表面上自己为了组织付出代价、牺牲个人利益会吃亏，但最终却会因为组织得以发展而获得利益最大化。比如企业初创期的团队不计较个人得失，一旦公司上市，最终还是创始成员收益最大。

责任公式：R4(C)>R4(c)

3. 当你清楚：诚信第一，聪明第二时，你会明白小聪明只是一时，而信任才是一世。

● 职业责任动力学（4R4P）实操底层逻辑思维解读

诚信=R1(0)=角色责任高阶，必须做，人与规则关系

"聪明"=投机取巧=R4(c)=原因责任低阶，选择为小我做，人与理念

关系

这句话的意思是，处事不能追求短时间的投机取巧，自有长期的诚信规则意识才能受到社会尊重。

责任公式：R1(0)>R4(c)

4. 当你懂得：实力第一，人脉第二时，才会明白只有自己做到了，才会有人真的尊重你！

● 职业责任动力学（4R4P）实操底层逻辑思维解读

实力=能力=R2(N)=能力责任高阶，努力做，人与目标结果的关系

人脉=R3(+1)=义务责任高阶，应该做，人与人际关系

这句话的意思是，在职场与商业游戏规则里，人脉是建立在自己努力获得成功之后的衍生品！

责任公式：R2(N)>R3(+1)

5. 当你学会：忠诚比能力更重要时，你才是一个既懂得感恩又能担当大事的人！

● 职业责任动力学（4R4P）实操底层逻辑思维解读

忠诚=组织发展理念与大局利益=R4(C)=原因责任高阶，选择（为组织理念与大局利益出发）做，大我，人与理念关系

能力=R2(N)=能力责任高阶，努力做，人与目标结果的关系

这句话的意思是，一个人在组织中再努力，成绩再大，如果不能够忠诚于组织，习惯个人英雄形象，蔑视组织大局理念，不以组织战略部署为导向，最终还是会被组织淘汰出局！

责任公式：R4(C)>R2(N)

现在我们基本掌握了责任的公式组合，也明白了责任存在各种逻辑表达式，有了这些责任逻辑表达式，我们人类存在的责任现象几乎可以像计算机语言那样清晰地表达出来，这就是责任逻辑思维的塑造过程。

第五章

责任情商之责任主客体思维智慧

责任主体，承担责任的一方，被评价一方；
责任客体被承担责任指向的一方，也是评价责任一方。

图5-1 责任主体和责任客体

什么是责任主客体思维？

责任客体思维：一种习惯评价他人的思维，又称为责任客体评价思维。比如，在与同事合作过程中出现问题，如果作为责任客体评价思维时就会说：这件事都是小王没有及时配合我而导致的问题，责任在他，不是我的错！

责任主体思维：一种习惯被他人评价的思维，又称为责任主体被评价思维。比如，在与同事合作过程中出现问题，如果作为责任主体被评价思维时就会说：这件事是我这些地方做得不好，是我的错。

图5-2　责任主客体双重思维

职场上有很多经典的责任故事，有些故事我们不妨换一个解释的角度，也许会有另外一种理解深度。下面，我们为了巩固责任主客体思维，将列举几个传统的职场案例与大家分享。

5.1 巧施妙计，合格率百分百不是没可能！

二战期间，美国空军降落伞的合格率为99.9%，这就意味着从概率上来说，每一千个跳伞的士兵中会有一个因为降落伞不合格而丧命。军方要求厂家必须让合格率达到100%才行。厂家负责人说他们竭尽全力了，99.9%已是极限，除非出现奇迹。军方就改变了检查制度，每次交货前从降落伞中随机挑出几个，让厂家负责人亲自跳伞检测。从此，奇迹出现了，降落伞的合格率达到了百分之百。

● 职业责任动力学（4R4P）实操底层逻辑思维解读

这个故事在传统管理领域几乎都归为制度的力量，但其实根源的问题不在于制度，通过责任动力学的责任主客体概念的学习与运用，我们可以得到比制度力量更加深刻的道理与管理结论：

之前的负责人对于企业内部生产永远只是责任客体思维，只是制度的评价者，所以不会真正地把合格率的制度控制到极限；但一旦把管理者自身作为承担事故的**责任主体**，也即自己也是制度的被评价者，此时，管理者才会真正认知到制度保障安全是多么的重要。

所以说，很多企业制度不严，有法不依，不是制度本身的问题，而是制度没有把这些管理者当成被评价的责任主体，他们只是责任客体，所以没有涉及自己个人的利害关系，自然就会事不关己高高挂起。

本文的核心责任主客体公式要点：
责任主体+责任客体=1
任何人在特定的时候，同时可以具有责任主体的被评价者身份，也可以具有责任客体评价者的身份，两者之间构成了我们责任意识的全部。

5.2 怎么分粥才公平？

七个人住在一起，每天分一大桶粥。要命的是，粥每天都是不够的。一开始，他们抓阄决定谁来分粥，每天轮一个。于是乎，每周下来，他们只有一天是饱的，就是自己分粥的那一天。后来他们开始推选出一个口口声声道德高尚的人出来分粥。最后，这个人被选了出来。

大权独揽，没有制约，也就会产生腐败。大家开始挖空心思去讨好他，互相勾结，搞得整个小团体乌烟瘴气。然后大家开始组成三人的分粥委员会及四人的评选委员会，互相攻击扯皮下来，粥吃到嘴里全是凉的。

最后，所有人不得不想出一个方法：轮流分粥，但分粥的人要等其他人都挑完后拿剩下的最后一碗。为了不让自己吃到最少的，每人都尽量分得平均，就算不平，也只能认了。就这样，大家才停止了互相猜忌，变得和和气气。

● **职业责任动力学（4R4P）实操底层逻辑思维解读**

这个故事告诉我们，没有约束的权力会滋生腐败，任何制度只有让团队中的每一个人成为责任主体，统一接受责任客体的评价，制度才会公正与高效。

同样，这个故事也说明，一个团队只有建立合理的责任主客体对象关系，这样的角色责任R1的分工、制度、流程的完善和优化最终真正有效。

管理中如果责任主客体一成不变，不发生任何转换，再好的制度都会失效！

案例分析：

为什么管理中需要采用双向评价，比如老师评价学生，学生评价老师，管理者评价员工，员工评价管理者。其责任原理是什么？

如果一味做责任主体，最终吃力不讨好，下面这个妈妈的责任主客体思维的转换或许能够带给我们一些启发。

5.3　分蛋糕技巧：责任主客体的主观性和客观性转换

圣诞节到了，一个贫穷母亲只能给她两个儿子一块小小的面饼作为圣诞晚餐。可是两个儿子却给他们的妈妈出了个难题，无论她打算怎么分，总有一个儿子说妈妈偏心，把自己这边分得小了。

万般无奈之下，这位妈妈只好想了个办法："老大，你过来，你来切这个饼。但有个条件，你要让弟弟先挑。"

这一下，兄弟俩都没话说了。老大只有尽量切得一般大小，否则自己肯定只能得到小的一半；而老二则只好瞪大眼睛，尽力挑出稍大一点的那块。尽管两块饼肯定大小不一，但兄弟二人只好各自认命，因为在妈妈制定的规则之下，不论谁吃了亏，能怪的只有自己。

● 职业责任动力学（4R4P）实操底层逻辑思维解读

妈妈如果作为责任主体，等待她的是两个儿子作为责任客体的评价，也就很难做到两个人都满意！与其这样，不如进行责任主客体思维转换，自己跳出责任主体位置，让他们自己一个人当责任主体，一个人当责任客体，这样转换的结果就是主观评价与客观评价的区别。

以下的这个笑话，仅为了提供给大家理解责任主客体思维的转换。

5.4 多出来五千块钱！

某人晚上到ATM取款机上取款，不料卡被ATM取款机吞了。情急之下，此人给银行打电话，希望银行能够派人前往，不料银行人员告知，这是你操作问题，你需要在特定时间，带上身份证到特定支行去办理。

而另外一人同样取款时被ATM取款机吞了卡。此人不慌不忙给银行致电：我在某某路银行ATM机上取款，不料设备多吐出来了5000元，希望你们尽快赶到。

20分钟内，银行工作人员赶到现场。

● 职业责任动力学（4R4P）实操底层逻辑思维解读

虽然是一则笑话，但却蕴含着非常深刻的责任主客体对象关系切换与责任主客体思维互换的奥秘。首先我们可以把银行与用户构建成为一个责任主客体对象系统，在这个服务过程中，银行与用户两者之间就可以相互转换责任主客体对象关系。

责任主客体对象系统集合={责任主体，责任客体}

也就是说，银行可以作为责任主体服务于作为责任客体的用户，用户也可以作为责任主体服务于作为责任客体的银行。

很明显，在第一个事件中用户被吞卡后，取款人与银行构成了责任主客体对象关系，取款人是责任客体，希望银行成为责任主体能够及时帮助，但银行拒绝了！对，银行不愿意作为责任主体帮助取款人，也就是说，银行因为不愿意进入以取款人为责任客体对象系统的责任主体，最终用户评价银行服务不作为的问题。

第二个事件中，取款人意识到银行不会主动进入帮助自己的责任主体对象思维，而是反其道而行之，转换为自己帮助银行的责任主体思维模式，在这个责任主客体对象关系系统中，让银行做了一回责任客体，最终银行及时赶到变相为用户做了一回责任主体，帮助用户解决了问题。

如何进行有效的责任主客体对象关系的切换需要我们把握两点：

1. 在一个事件中责任主客体对象是相互作用的，彼此都可以站在责任主客体思维去构建对象系统；

2. 在一个事件中责任主客体对象系统中的评价关系是相对的，可以根据彼此的价值交换需要进行切换。

这个笑话也告诉我们：

如果你是弱者，要想强者作为责任主体来帮助自己，而自己作为责任客体，最终收获的结果往往是强者的责任低阶表现；如果有可能，不如重塑彼此的责任主客体对象关系并及时切换，其结果可能会有意外收获，这就是责任情商的责任主客体思维转换的智慧。

责任主客体思维模式转换有很大的技巧性，责任主客体思维切换也是学习与培养的难点。需要我们善于建立责任主客体对象系统，并在两者之间进行责任主客体对象关系的评价与被评价的有效切换。有的时候与其作为责任客体坐以待毙，不如换一种方法作为责任主体主动突击。

5.5　责任主客体思维切换智慧："救命"与"着火了！"

有一个美女在深夜进入一个黑暗的楼梯间，不料后面尾随着一个坏人。
这个时候美女大呼：救命！救命！
但是没有人敢出来见义勇为，其结果可能会很危险。
而如果美女大呼：着火了，大楼着火了！
相信，很快邻里都会冲出来，美女得救了！

● **职业责任动力学（4R4P）实操底层逻辑思维解读**
救命的责任主客体对象系统={邻居（责任主体），美女（责任客体）}
救火的责任主客体对象系统={美女（责任主体），邻居（责任客体）}

这个故事同样也是一个经典的责任主客体对象主动与被动意识切换的案例。当美女大呼"救命"就是希望有见义勇为的责任主体出来帮忙，但这个结果可能是无人愿意或不敢出来做责任主体，因为风险与利益关系的存在而制约；而美女急中生智大呼"着火了！"的做法表面上是救大楼里的居民，实际上完成了曲线自救，同样也是考量风险与利益的关系。这种做法就是间接把自己与邻居之间建立起虚构的责任主客体对象关系，通过帮助邻居，最终让邻居成为无意识的责任主体。

在很多关键时刻，责任主客体思维需要打破常规才能实现责任对象系统的建立。

具体如下：

1. 责任主客体对象关系本质上是彼此风险与利益关系的考量；
2. 责任主客体对象切换可以通过无意识到有意识的切换而实现价值交换。

责任主客体思维在日常生活中有广泛的运用，尤其是在我们日常人际礼仪方面，如果结合责任主客体思维与四种责任的做法，可以做到很好的效果，果断地提升我们的责任情商境界。

5.6 谢谢你能耐心等我！

礼仪，不仅体现着一个人的修养和道德水准，同样体现了责任情商的高低。那么，人际交往中的责任主客体礼仪思维是如何体现的呢？

与人约会有时难免会迟到，对方也会不悦甚至发脾气。这个时候，迟到者第一句话就显得格外重要。有的人因为迟到后的第一句话而影响两人后续关系；而有的人不仅不会因为第一句话影响关系，反而拉近了与对方的情感心理距离。

我们来看看第一种约会迟到的语言表达：

"对不起，我又迟到了！抱歉抱歉！"

似乎一般人都会脱口而出上面这句话。可以预见这个时候对方会面无表情表达自己的不满，或者马上跟上这句话：你怎么老是迟到，害我等你老半天。

这样的见面对话收场，可能已经影响到你与朋友或客户的进一步沟通关系，因为你的迟到给对方留下了深刻的印象，但不是好的，因为你自己的语言"出卖"了你的责任表现。

那我们再来看看第二种约会迟到的语言表达："谢谢你能耐心等我！谢谢谢谢！"

结果不言而喻，对方的脸色立马会从阴天转为晴天，不好意思再责备什么了，很应景地来了一句：

"不碍事，不碍事，我也刚到，谁都难免会迟到嘛！"

哇塞！一句话的事，结果居然迥然不同，究竟是咋回事？啥奥秘？

图5-3 责任主客体思维

● **职业责任动力学（4R4P）实操底层逻辑思维解读**

这其实就是责任动力学中的责任主客体转换思维的沟通技巧。

第一种情况的第一句话强调的是自己迟到的责任低阶R1(-1)或R3(0)，把自己当成责任主体，把对方当成责任客体，造成对方对自己迟到的责任低阶的评价的印象。

第二种情况的第一句话强调的是对方的耐心等待的责任高阶R3(+1)或R1(0)，这样一来就把对方当成责任主体，而自己却成为责任客体，因而赞美的评价转移了话题和注意力，对方也就不再刻意要作为责任客体去评价自己迟到的责任低阶了。

与人约会尽量不要迟到，当然万一迟到了，见面不要轻易说："对不起，我又迟到了！抱歉抱歉！"而应该说："谢谢你耐心等我！感谢感谢！"

因为前者只是关注责任的时间事件,而后者却是关注责任的情感世界。
以上两个故事是经典的责任主客体思维转换技巧的实用故事,现在我们运用责任主客体思维转换技巧加以分析。人际交往中的礼仪也要有责任主客体思维才行,往往能够做到坏事变好事,化被动为主动。

5.7 职场责任主客体思维工具

在复杂多变的人际关系的情境中,具备责任主客体对象思维很重要,我们不仅要有责任主体思维,也要有责任客体思维,两种责任思维各有不同的强调表现与作用。这些都可以通过训练而塑成,尤其是对职场新人显得尤为关键。如下图这几个系列,都是应该学会的思维方式。

约会迟到时

这样说"谢谢你耐心等我"

不要说"对不起,我总是迟到"

图5-4 迟到时的思维方式

耽误别人时间时

这样说"谢谢你花时间陪我"

不要说"对不起,是我太拖拉"

图5-5 耽误别人时间时的思维方式

第五章 ｜ 责任情商之责任主客体思维智慧

莫名其妙发脾气时

这样说"谢谢你的理解"

不要说"对不起，我刚才很不讲道理"

图5-6　发脾气时的思维方式

与朋友谈心后

这样说"谢谢你的聆听"

不要说"对不起我只是胡言乱语"

图5-7　与朋友交谈后的思维方式

别人鼓励你时

这样说"谢谢你一直对我抱有期待"

不要说"对不起，我总让人失望"

图5-8　受到别人鼓励时的思维方式

● **职业责任动力学（4R4P）实操底层逻辑思维解读**

人际交往中的责任主客体礼仪思维，恰恰能够在公司中得以淋漓尽致地展现。例如，在公司发展较为健康之时，人人都是责任主体思维，愿意主动加班，遇到问题敢于承认，团队的每个人都会展现出蓬勃的姿态；但与之相反，如果企业发展遇到瓶颈，这时候很多人又会将责任归咎于公司，认为这是公司的错，倾向于责任客体评价思维。

建立哪一种思维，才能真正形成优秀的职场之路？这个答案毋庸置疑。表5-1这张职场责任主客体思维表格，就体现出我们在老板心中、在职场中的责任心！

表5-1 职场责任主客体思维

行业/岗位	责任客体思维沟通语言 （没有责任心／抱怨的评价表达语言）	责任主体思维沟通语言 （有责任心的表达语言）
售后服务	"物流部门为什么总是不能准时送货上门？"	"我得及时跟踪物流送货的时间，这样可以提前告知客户货物动态情况。"
	"客户为什么总是有那么多无理要求？"	"我得把各种细节想好，提前和客户沟通，免得客户在使用过程中走弯路。"
	"为什么顾客老是不看产品说明书？"	"有关产品的重要事项我得提醒顾客注意一下。"
销售部门	"我们的产品在市场上为什么总是比其他厂家定价这么高？"	"在市场促销中，我该如何发挥我们的品牌与产品优势去竞争？"
	"其他厂家搞活动，价格比我们低，所以我们的产品不好卖！"	"我该如何为我的顾客提供增值服务？"
	"策划部为什么不提供更吸引人的宣传资料？"	"我如何能基于现状找到更有吸引力的卖点？"
	"制造部就是做不出像人家那样好卖的产品？"	"如何才能提出提升产品价值的建议？如何提升产品竞争力？"
生产部门	"销售人员为什么不先考虑我们的生产能力，再提出发货要求？"	"我们应该提前把生产计划与销售部门沟通好。"
	"销售部门为什么不先向客户推荐我们库存量大的产品系列？"	"我们应该和销售部门沟通好这些库存量大的产品。"
	"销售部门不与我们沟通好出货日期，就答应了客户的要求？"	"我们应该理解销售部门这个月的目标压力，争取加班把客户要的产品生产出来。"
部门经理	"现在新入职的同事为什么总是不愿意加班，还都眼高手低的？"	"对于新员工，我该如何对他们进行职业精神指导与培训？"
	"人事部什么时候才能找到合适的人才？"	"我该如何配合好人事部门找到经营与实力好的技术骨干？"
	"如今的团队为什么不能够工作自动自发？"	"对于职场工作疲倦期，我们管理者应该适时给予相关的职业心理辅导与帮助。"
	"这些老员工上班为什么老是迟到？"	"我应该从生活与工作中多关心这些老员工，看看他们是否最近有家庭困难或者对公司绩效考核、薪酬福利不满意的地方。"
一线人员	"公司总是出各种各样的政策制度，烦死人？"	"制度是为了保障安全生产，虽然流程烦琐了一点，但是是为了保护我们的人身安全。"

续表

行业/岗位	责任客体思维沟通语言 （没有责任心/抱怨的评价表达语言）	责任主体思维沟通语言 （有责任心的表达语言）
一线人员	"为什么没有人来指导我岗位技能？"	"我该用哪种方式来提高自己的业务能力呢？"
	"公司为什么老是不涨工资？"	"只有提高自己的产品质量与工作效率才能真正出绩效。"
	"公司岗位职责老是不清楚！"	"我要把我的岗位分工每天清单化"
	"领导们为什么天天絮絮叨叨。"	"我该如何适应公司领导管理风格？"
	"公司主管为什么总是让我来做班组长？不赚钱还耽误工夫，容易得罪人。"	"我应该在职业上有所提升，做班组长虽然累，但是能够激励自己成长！至少能给孩子有一个上进心的榜样。"

我们相信90%的人的责任主客体思维是在三个月以后才能够形成条件反射的效果，一般情况下，我们的"对不起，不好意思，麻烦了"总是会不自觉地从我们嘴中冒出来。

5.8 销售如何让潜在客户接陌生电话更有责任动力！

错位姿势："对不起，打搅了，不好意思，很抱歉……"

电话销售，没有人愿意听你的谦逊、自我感觉礼貌的话语！说得越多，拒绝越多，客户完全没有责任动力！

正确姿势：非常感谢，非常荣幸，很高兴认识您……

换位思考，感谢对方，赞美对方，对方也就有了和你沟通交流的责任动力！

如果我们想快速掌握责任主客体思维方法在实际工作中，特别是营销销售工作中的运用，那么先来两个场景检测一下我们的责任主客体思维的现状。

5.9 是不是销售高手，见面与告别的两句话就足够说明！

太喜欢道歉"负责任"的销售人员，实则沟通技巧很欠缺，需要提升！

一个销售人员如果太喜欢道歉，总喜欢说一些"对不起""很抱歉""真的不好意思"等诸如此类"负责任"的话，真的不一定是一个好的销售高手。尤其在一些特定的客户拜访环节，这些不经意"负责任"的话只能进一步催化客户不满意或抱怨的情绪爆发。

你没搞错吧？这么谦逊、诚恳的负责任思维还会有问题？

对，盲目负责任的思维方式很多时候真的不能让客户对销售人员有好感，更不会接受销售人员的这种诚意。尤其是与客户见面与告别的环节特别重要，下面，我们就用两个最常见的场景说明这类现象。

● **职业责任动力学（4R4P）实操底层逻辑思维解读**

1. 与客户约会迟到了的对话：对不起，我迟到了

假如你习惯了这种很负责任的沟通语言模式，在这种情况下，你一定会脱口而出："对不起，对不起，我迟到了，耽误你的时间了！"

结果显而易见，对方碍于情面，嘴上也许会说"没事"，但心里真的会很生气并对你不抱希望。原因很简单，客户会认为你只是一个在嘴上负责任、态度不错的人，而客户看到你的却是行动上不负责任的人。其实和客户交往环节中，恰恰最让客户不满意的就是这种嘴上喜欢表达负责任但行动上却是不负责的人。

假如你实在是因为特殊原因，不得已而迟到了，此时也许可以把坏事变好事，前提是你绝对不要说这种"对不起，我迟到的…"这种貌似负责任的话，你应该这样说：非常感谢您的耐心等待！……非常感谢！

结果不用说，对方本来很生气或者有一肚子的火，也很有可能会因为你的一句对他出其不意的感谢话而变得宽容大度起来。客户一般在听完这句对自己赞美的话，心里会不好意思发脾气，甚至他此刻已经忘记了你迟到的这事，搞不好还有可能因为这句话对你产生别样的好感。

简单的两句话，却充分说明了两种责任主客体语言表达思维的差别：

1. 迟到后自己主动道歉的销售人员，此时只有责任主体思维方式。具体来说，责任主体思维，就是不论做什么事、与谁共事都习惯了只把自己当成"负责任"的一方，把对方当成责任客体评价的一方。因为缺乏责任主客体转换的系统思维，情急之下只记得自己是这个事件的责任主体，根本就想不起来其实对方在这个事件中也可以是责任主体。比如说，你迟到后说"对不起"就是典型的责任主体思维模式的沟通方式，只看到了自己迟到的行为而没有看到对方等待的责任行为。

2. 迟到后赞美表扬对方的销售人员，此时不仅有责任主体思维，更有责任客体思维方式。责任客体思维就是把对方当成责任主体来进行评价的责任思维方式，也就是把对方的等待行为看成是对自己负责的行为进行评价。比如你迟到了，别人耐心等待的行为就是对你负责，这个时候如果我们表达感谢就是责任客体思维。

当我们处于责任低阶行为时，只知道一味道歉或找借口都是责任主体思维方式在作怪。这种责任主体思维并不会因为自己的道歉而得到客户的理解；相反，这句话隐藏着引起客户发脾气或牢骚指责的风险。原因很简单，当一个销售人员的责任意识中只知道强调自我是责任主体后，他就意识不到对方的内心感受，意识不到他人对自己等待更是责任付出。尤其意识不到此刻客户"耐心等待"的责任付出，需要我们销售人员及时的高度肯定，这才是客户真正需要的负责任评价回馈。

销售人员应该尽量培养自己责任客体思维方式，只有时刻想到客户也是责任主体时，才会下意识发现客户的责任高阶表现，才会轻松自然地说一些赞美或感谢。这样一来，也能有效转移与规避因强调自己责任低阶致歉所带给彼此的不快或合作隐患！

2. 拜访客户后告别的话：不好意思，打扰了

很多销售人员在和客户见面的一两个小时中，其实和客户已经建立了初步的客户印象，甚至有的客户在心里也已经有了彼此合作的想法。按理说，能够和客户见面这么久应该算是比较成功的有效拜访。可是大部分销售人员在与客户结束时，为了表达自己对对方的感谢之情，总是言不由衷地说了一句极其不应该说的傻话（如有雷同，可以给自己两个大嘴巴）：不好意思，打搅了您这么久……（有的为了强调自己的真诚甚至还会这样说：耽误了您宝贵的时间……）

也许因为这句话，客户把本来没有想起的事情给想起来了；也许因为这句话提醒了客户，他还真的会认为你的到访是在浪费他的宝贵时间，甚至以后再也不会给你见面聊的机会。

这就是典型的只把自己当成责任主体而忘记客户也是责任主体的传统责任思维所带来的苍白的客户沟通表达的结果。如果销售人员此时能够拥有责任客体思维模式的话，完全可以这样说：非常感谢李总的接待，在和您沟通的这一两个小时里，我们非常愉快，期望下次再次拜访您。

假如你是客户，销售人员在最后告别时，来这么一句话，会不会倍有面子，你还能说销售人员什么？相信你心里一定会很开心，也会对这个销售人员印象深刻并在以后的接待过程中对其刮目相看！

其实，是不是销售高手，过程中的销售话术与专业技巧固然很重要，但不懂见面与告别的责任主客体思维转换仍然称不上好的销售高手。

因此说，你是不是销售高手，与客户见面与告别的两句话就足够说明！如果你在销售中也经常犯100%责任主体思维这样的表达小问题，不如从现在开始修炼自己的50%:50%的责任主客体思维转换技巧吧！

人们常说三岁看大，七岁看老，一个人从小的责任主客体思维也很容易看出来，下面我们来从孩子的理想中看出责任主客体思维对未来的抱负与责任感。

5.10 为什么要当大官？

课堂上老师提问小学生，长大后的理想是什么？其中有两个孩子回答一样：长大后的理想是当官。

老师好奇地问：为什么要当官？

A学生回答：当官多好呀！前呼后拥多有派头呀！……

B学生也回答：如果我当了官就可以帮助我们村的村民致富！……

● 职业责任动力学（4R4P）实操底层逻辑思维解读

毫无疑问，我们对A学生的回答会不太满意，因为A学生想到的是当官后的各种好处；而对B学生的回答会很满意，因为B学生想的是如何帮助老百姓。两个学生的责任思维模式存在截然不同的差异。

这个责任思维模式的差异就是典型的责任主客体思维差异，它们往往会在我们日常沟通语言表达中体现出来。我们知道任何职务都有责任担当，也就是说任何职务都存在评价与被评价的责任主客体对象并存的关系。

A学生在描述当官的语言表达中，是把人们当成服务自己的责任主体，更多体现的是可以拥有评价人们的权利，把自己作为责任客体位置，因此说在A学生的责任意识形态中更多的评价思维，也就是责任客体思维；而B学生对于当官的这个职务上的责任思维模式中首先是把自己当成责任主体，是通过自己在岗位中的努力工作来为老百姓造福，让老百姓来评价，把老百姓作为责任客体评价的位置，因此说，B学生是责任主体思维。

现在我们可以看出来，同样一个职务，不同的人可以用不同的责任主客体思维去构建这个岗位的责任意识，如果不能够正确地建立责任主客体对象关系，就会产生不正确的责任价值观。而这种价值观的不同，恰恰就是责任主体思维与责任客体思维方式的不同。一个人是责任主体思维还是责任客体思维，最大的区分就是可以在语言表达上呈现出来。习惯责任主体思维的人通常在语言上都喜欢把自己置身责任主体的被评价的位置，而责任客体思维的人在语言上习惯把他人当成责任主体，把自己当成评价的责任客体位置。例如，有两个妈妈带着孩子在街上走路，看见一个清洁工在干活。第一个妈妈对孩子说：看，这就是不努力读书的结果。另一个妈妈看到清洁工在辛勤的工作也对孩子说：好好学习，将来你可以帮助更多需要帮助的人们。第一个妈妈就是典型的责任客体评价思维，通过贬低清洁工的工作来教育孩子要努力学习；而第二个妈妈表现为责任主体思维，并不是通过贬低清洁工的工作，而是教育孩子通过努力未来作为责任主体应该帮助更多的人。

职业责任动力学实操
责任符号语言体系破译职场情商密码

试想一下，在自己的岗位上该如何运用自己的责任主客体思维？

责任主客体思维有的时候也会因为习惯而形成特定的责任家庭教育模式。现在我们再来看一下跨国之间的责任主客体思维的区别。没有褒贬，没有绝对评价，只有参考比较。

5.11　两位母亲的两种责任客体高低阶思维的差异

A母亲带孩子从水管工人身边路过，告诉孩子："多亏叔叔劳动，宝宝才能喝上水，说谢谢！"

B母亲说："要是不学习，长大就干这种活。"

A母亲教育中包含尊重，B母亲教育中包含轻蔑。

● **职业责任动力学（4R4P）实操底层逻辑思维解读**

A母亲："多亏叔叔的劳动，宝宝才能喝上干净的水，快谢谢叔叔。"A母亲站在责任客体（评价）角度，用角色责任高阶R1(0)评价对水管工人进行评价，并给了孩子一个好的评价榜样。

B母亲："要是不好好学习，长大了就得干这种又苦又累的活。"B母亲也是站在责任客体（评价）角度，但用的是能力责任低阶R2(L)评价方式来对小孩进行教育。

5.12　你听懂了吗？我说清楚了吗？

表5-2　责任主客体表达不同

责任主客体对象	语言表达
责任主体	我说清楚了吗
责任客体	你听懂了吗

很多人常常抱怨，说他很不喜欢谁谁谁对他说"你听清楚了吗？"或者"你听懂了吗？"因为不喜欢这种咄咄逼人的口吻。也就是说，即使听清楚了或明白了，但他心里始终不舒服，也很不情愿。

我说，假如对方说"我讲明白了吗？"这句话呢，你感觉怎么样？他说那行，这样我心里舒服多了，也愿意配合。

我想大部分人都经历过这样的情境，一般地位和自己相当的人都不喜欢听"你听清楚了吗"这句问话，而偏好"我讲明白了吗"这句表达。

我曾经问过很多人，你为什么喜欢后面一句话，他们一般都会说是因为感觉说"我讲明白了吗"的人很谦虚。

其实，谦虚固然是，但这不是最重要的区别奥秘。真正的区别是，前者与后者采用了不同的责任主客体思维转换技巧。

"你听懂了吗？"这句话是说话的人把要回答的对方当成了责任主体（被评价者，要承担责任一方），而此时说话的人自然就是责任客体（评价者，责任管理与监督一方）。

"我讲明白了吗？"这句话是说话者把自己当成了责任主体（被评价者，要承担责任一方），所以此时听者自然就感觉自己是责任客体。

● **职业责任动力学（4R4P）实操底层逻辑思维解读**

一件事情怎么表达，如何说话？从这两句话我们可以看出来。一个懂得沟通交流技巧的人其实都是责任主客体思维转换的高手。他们明白什么时候让自己作为责任主体，对方作为责任客体，会更加容易让对方接受；什么时候让对方作为责任主体，自己作为责任客体，问题也会更加容易解决。这就是责任主客体思维转换带来的解决问题的动力根本！

我们很难想象，我们的父母在我们小的时候教育了我们一种错误的责任主客体思维方式，那就是把错误推给物件，久而久之，我们就会习惯把责任推诿给他人。因此，我们要停止这种错误的责任主客体思维教育模式，来看看现实吧。

5.13 "全是桌子的错"的教育方式

有个小孩,不小心撞到了桌子,大哭。奶奶见到后,第一个动作就是伸手打桌子,然后哄小孩:"乖!奶奶打桌子了,不哭!"。

● **职业责任动力学(4R4P)实操底层逻辑思维解读**

小孩子走路磕碰到桌子后大哭,父母或爷爷奶奶为了哄孩子不哭,总会一边拍打桌子一边骂道:都是你不好,都是你不好,碰到小宝宝了,该打该打。小孩子这个时候才会破涕为笑。于是,以后小孩子只要一碰到问题,就会很习惯想到这不是自己的问题,而是别人的问题。长大后这种责任思维模式就基本养成了。

反之,有些父母面对同样的问题则采取不同的做法,告诫孩子这是自己的问题,需要自己承担。孩子也许一开始不理解,也不会停止大哭,但父母这种不帮忙的做法让孩子知道大哭也没用。慢慢地,在孩子成长过程中也形成了另一种责任思维模式。

这是两种截然不同的责任思维模式,传统责任心对第一种责任思维的做法解释为推卸责任做法,第二种为主动承担责任的做法。在理性责任思维模式中这其实就是责任客体思维与责任主体思维模式。

在责任动力学中我们建立责任主体对象概念,和与之对立的责任客体对象概念与关系,两者缺一不可。在任何责任现象中,只有责任主体,而没有责任客体就无法构成责任范畴,反之亦然。这就好比在一个企业中,如果一个员工创造了业绩或者违反了制度,却没有管理者关注到,给出相应的评价,那么企业内部就会形成做好做差都一样的局面;反之,只有责任客体没有责任主体,就会发生只有管理者,没有做事的人,大家都不愿意去承担的责任管理问题。

同样,在现实的责任管理情境中,如果我们缺乏责任主客体对象意识与系统思维,就会发生责任评价错位现象,导致责任管理的混乱。这种因为缺乏正确的责任主客体思维出现的管理问题在亲子教育、学校教育与企业管理中非常普遍。比如，孩子习惯评价父母的不是；学生评价老师教学有问题；在企业管理中，很多员工喜欢评价上级领导，总是认为自己的上级这个不对，那个不是。发生这类责任现象的根源问题就在于他们缺乏正确的责任主客体思维。这些孩子、学生、员工首先搞错了自己的责任主体位置，不明白谁才是正常家庭、学校以及企业管理关系中的责任客体，他们把自己当成了家庭、学校与企业的责任客体，把父母、教师与管理者当成了责任主体，把他们当成了问题的根源，他们才是被评价方，由此就会出现各种管理与责任问题，比如啃老一族、逃课一族、企业磨洋工一族等。

很多责任问题的发生，首要原因是缺乏责任客体与责任主体对象"评价与被评价"思维的概念意识与区别。因此，梳理责任管理本质问题，首先要建立责任主客体对象思维。当我们有了责任主客体对象概念后，还要把责任主客体概念与责任的另外两个概念——社会关系与社会行动有机地结合起来才能发现责任的本质规律。

管理中流传一个责任管理错位的笑话：在某个企业里，董事长在干总经理的活，总经理干厂长的活，厂长干车间主管的活，主管干班长的活，班长干员工的活，员工在一边抽烟歇着干总经理的活——评价谁管理好，谁管理不行！

这个现象说明了，如果企业所有的岗位发生了岗位职责关系的错位，也就是组织的岗位职责与管理关系出现了问题后，他们的组织行为就会发生问题，责任错位管理问题就会发生。放在广义责任定义中，就是所有成员的社会行动在错位的社会关系中发生了错位的评价。

5.14 管理世界与服务世界

王毅谈中国国际作用：与其说"领导"，不如讲"责任"。

2017年3月8日，针对外媒问中国是否会承担起全球领导角色，外交部部长王毅在两会记者会上指出，中国一贯主张大小国家一律平等，我们不认为应把国家分为领导和被领导。联合国是当今世界最有权威性和公信力的政府间国际组织，应当让联合国根据宪章的宗旨和原则，切实发挥好处理国际事务的功能。

● 职业责任动力学（4R4P）实操底层逻辑思维解读

王毅强调，与其说"领导"，不如讲"责任"。大国拥有更多资源、更大能力，理应承担更多责任，做出更大贡献。作为联合国安理会常任理事国，中国愿为维护国际和平与安全履行应尽义务；作为世界第二大经济体，中国愿为促进世界经济增长作出应有贡献；作为最大的发展中国家，中国愿为维护广大发展中国家的正当权益发挥更大作用。

这是典型的责任主客体思维的政治智慧，与其说"领导"，不如讲"责任"，这就是国际政治责任主客体思维转换的用词特征。

中国的"责任"思维代表责任主体思维，反映了中国在世界具有担当共同发展与繁荣的责任与义务。

一个国家，一个职位，可以看到的是权威地位，也可以看到的是责任与担当。而引发这两种不同的责任思维模式正是责任主客体思维模式的区别。

人在责任自我担当与责任担当转移注意力上是具有一定的思维技巧的，而这个技巧就是选择评价与被评价的换位思考关系，即责任主客体思维转换技巧。也就是说，很多情境下的责任现象，我们可以用责任主体的被评价思维模式思考，这样就是"责任"，也可以用责任客体的评价思维去转换思考，这种情况下就成为"领导"。

如何担当"责任"去"领导"，如何转移"责任"去"领导"。这句话也可以这样理解：担当责任去除领导他人的念头，就是责任主体思维；抛弃责任不谈，只谈领导的思想是责任客体思维，这更就是我们换位思考的责任主客体思维智慧。因此说，责任主客体思维是换位思考思维，任何换位思考思维都是基于评价与被评价的基础之上。

看过责任主客体的管理或服务国家与世界的大事的案例后，我们不妨来几个生活中非常实用的责任主客体思维转换的责任情商案例。一个典型的案例，客人不小心打了你家的杯子，你该如何化解尴尬的气氛，如果你能让客人哈哈一笑，恭喜你，你的责任主客体思维的情商超级高！

5.15 客人把杯子不小心打碎了，该怎么说？

从摔破杯子看您的责商高明指数

你的做法	责商指数
"你怎么这么不小心？毛手毛脚的，难怪你平时工作出问题。"	☆☆☆☆
一言不发，或嘴上不太情愿地说："没事，没事。"但脸色似乎不太高兴，心里也在骂对方："怎么这样不小心，损失我家一个这么好的杯子。"	★☆☆☆
"岁岁（碎碎）平安，没有关系，换一个杯子。"	★★☆☆
我一直想把它扔了，换一套新的，没抽出空来（或还有点舍不得），这下你帮了我一个大忙。	★★★☆
对对起！我这人粗心大意，没有把它放好（或桌子没有放平），我看看，伤到手没有？	★★★★

图5-10 责商高明指数

你在家请朋友吃饭。

吃饭的时候，客人不小心打碎了你家一个精致的杯子。

"你怎么这么不小心？毛手毛脚的，难怪你平时工作出问题。"

相信很少有人会这样小气待客，用这样如此尖酸刻薄的语言去攻击客人朋友，哪怕再熟悉的关系都会让对方感觉不舒服。

● **职业责任动力学（4R4P）实操底层逻辑思维解读**

责商高明指数：零颗星

理由：客人与你的关系以后肯定会因为这个杯子而不能做到"杯"释前嫌，彼此关系会退步僵化！

当然，如果你想提高责商高明指数，掌握责任主客体与责任高低阶转换技巧后，你还可以有以下几种做法：

1. 一言不发，或嘴上不太情愿说"没事，没事"，但脸色似乎不太高兴，心里也在骂对方"怎么这样不小心，损失我家一个这么好的杯子"。

责任主客体高低阶思维表达分析：

对方是责任主体，责任低阶，你自己是责任客体，你是评价者。你们关系一般，你不需要太考虑对方的感受。你的做法是：对对方的责任低阶行为有一定的不满情绪。

责商高明指数：一颗星

理由：客人可以看到你假模假样，明显感觉到你的内心还是很在乎这个杯子或你心疼后的不高兴情绪。

2. "岁岁（碎碎）平安，没有关系！换一个杯子。"

责任主客体高低阶思维表达分析：

对方责任主体，责任低阶，你自己是责任客体，你是评价者。你们处在一种相对熟悉的关系，彼此尊重与温暖相对平衡。你的做法是：默认对方责任低阶行为，但用隐喻讨彩的方式来评价客人，同时也是一种安慰，以此化解尴尬。

责商高明指数：二颗星

理由：客人知道你是敷衍，故意安慰的痕迹明显，但仍然会有一点不好意思的心理愧疚感，因为客人明显知道自己是责任低阶行为者，你是宽容者。客人会感觉你这句话的安慰，让他以后总欠你一个人情。

3. 我一直想把它扔了，换一套新的，没抽出空来（或还有点舍不得），这下你帮了我一个大忙。

责任主客体高低阶思维表达分析：

对方责任主体，责任低阶，自己是责任客体，你是评价者。对方属于你比较尊重或在乎的人，故意把对方责任低阶行为当成帮助自己责任高阶行为，从而达到去安慰客人的意图，暗示客人千万不要不好意思，以及安抚客人不要有愧疚感。

责商高明指数：三颗星

理由：客人会欣然接受这个美丽的谎言，也会敬佩你的责商智慧，但还是会有点不好意思，看得出你为他化解尴尬。

4. 对不起！我这人粗心大意，没有把它放好（或桌子没有放平），我看看，伤到手没有？

责任主客体高低阶思维表达分析：

对方是责任客体，自己责任主体，自己责任低阶行为。对方要么是贵宾或稀客，要么你就是一个天然的责任高明的人。你能够快速把责任主体转换到自己身上，几乎不留痕迹地让对方明白，打杯子是因为自己照顾不周或不细心的错。

最关键一点是，你用迅雷不及掩耳之速，让客人还来不及思考，他自己是责任主体或感觉是自己的问题。于是，客人尴尬问题就这样被你用自己的责任低阶去化解了，甚至让客人都感觉不到你的做法是为了安慰对方。这才是真正的高明之处！

责商高明指数：四颗星

理由：客人完全被你这种责任主体思维征服了，来不及想，这是自己的问题，就被你轻描淡写给转移了责任主体对象问题源头。你可谓真正的高人！

责任主客体思维转换无处不在！只有明白责任主客体思维对象与责任高低阶评价与被评价的关系，我们才能在生活工作中慢慢修炼自己的责商智慧，提高责商高明指数。

5.16 客户因堵车，要晚到

今天要与客户举行一个很重要的商务会晤，因此，如果我们要精心准备，力求完美，就需要我们提前做一些事件的应对策略，以期在各种细节上获得客户的认可与信任。

假设客户迟到半个小时。

那么，作为厂家销售人员，你将如何应对客户迟到的R1(–1)，采取何种责任主客体高低阶评价思维策略更加合适？

● **职业责任动力学（4R4P）实操底层逻辑思维解读**

1. 对方是责任主体，既定对方是责任低阶R1(-1)。直接批评他不守时，不尊重我们，以示我们的尊严。能不能开始会谈还是个问题。

2. 对方是责任主体，责任低阶。在客户到了说"对不起""不好意思"的时候，你只是勉强微笑说"没关系"，接受对方的道歉。双方正式开始会晤谈判。

3. 对方是责任主体，现在要把客人迟到看成责任高阶R3(+1)。在客户到的时候，你主动说：**经理，今天你可帮了我大忙了，刚刚公司紧急事情，处理了半个小时，幸亏你没有提前来，否则我还真不知道如何和你说呢！太感谢了！对方一脸茫然，心里的愧疚感减少了，会晤谈判在愉快的氛围中开始。

4. 自己是责任主体，假设自己是责任低阶R3(0)的做法。客人迟到半小时后到了，一进门，你马上说：对不起，对不起，都是我R3(0)做的不细致，没有考虑到您离这里这么远，现在这个点又是高峰期，来的时候就很堵车，还又不好停车。下次约您时，一定会考虑到更加方便您的地点。客人一听，哦，看来不是我的错了。心情一下子被你的真诚、善解人意的语言所打动。客户马上微笑说：您太客气了，这儿就挺好的，没关系！谈判愉快开始！

5. 自己是责任主体，假设自己是责任高阶R3(+1)的做法。客人一进门，你马上说：李经理，听说你这几天忙一个大项目，累坏了吧！我听到后特别关心你，心疼你的健康呀，你来的路上我特意安排"交通管制"，让你在车上多出30分钟宝贵时间，可以好好休息一下。您可要保重身体呀！与贵公司合作，我还得全仰仗你呀！对方一听，哈哈大笑，夸你真幽默风趣，心里特别暖！还特别温馨感动！谈判在愉快的氛围中开始。

假如你懂得责任主客体思维转换+责任高低阶评价切换，你就会根据客户当时的情况做出自己最佳的临场应用责任策略。

相信，很多人都看过各种通知，有对不起的通知，有非常抱歉的通知，你见过责任主客体+4R责任境界的通知吗？

5.17 责任主客体语言教你如何发通知

一家学校/公司因网络升级，需要更换设备。你如果是技术部经理或HR经理，学校/公司需要你给大家发通知。

假如你发通知，你会选择哪款通知？

1．因学校/公司网络改造，周末办公区域网络设备更换和调试，网络会有中断，给各位同事工作带来不便敬请谅解！

2．因学校/公司网络改造，周末办公区域网络设备更换和调试，网络会有中断。不过，我们会努力发挥出网络中心技术骨干高超的技艺，以迅雷不及掩耳之势为大家提供一个全新的网络高速平台，让我们为网络技术人员的付出鼓掌喝彩！感谢他们的付出！

3．感谢您的支持！因学校/公司网络改造，周末办公区域网络设备更换和调试，网络会有中断，再次感谢各位同事的鼎力协助！

4．好消息，为了营造学校/公司智慧校园（工厂）的升级换代，周末办公区域网络将设备更换和调试，期间网络会有中断。让我们一起为学校/公司迈进信息高速发展新时期喝彩！

我们有理由相信，在没有学习责任主客体思维之前，大部分人真实情况的做法是A的做法。当我们学习与掌握了责任主客体思维与四种责任的四种导向语言后，在书写通知的时候就能够想到更多的方面，甚至整个通知就会提升了责任的高度。

● 职业责任动力学（4R4P）实操底层逻辑思维解读

责任主体的语言特征：因为自己的工作给他人带来了不便，道歉。
责任客体语言特征：感谢他人对于自己某项工作的支持与理解。

第一种表达是基于自己的工作就事论事，强调自己的角色责任必须做的事情，属于责任主体的被评价（务必要支持）的R1制度语言。

第二种表达基于自己团队的技艺，强调了团队的能力责任努力做的事情，属于责任主体希望被评价（赞美、表扬、肯定）的R2目标语言，同时也能让技术人员干劲十足。

第三种是基于考虑同事工作的配合而感谢，属于责任客体评价（感谢大家的支持）的R3关系语言。

第四种是基于学校发展理念的重要性而激发所有人的兴趣与关注，同时也赞美了校领导，提升了整个通知的高度与境界，属于责任客体评价（赞美了学校的高度）的R4理念语言。

小小的一个通知，能把人在一个工作中的责任境界表现得淋漓尽致。

5.18 责任主客体思维案例分析训练

案例一：

经常住酒店的人，有时候可能会落下一些东西，等到回头给酒店打电话时，我们一般人是这样说的："你好，我好像把东西落在你们房间了，麻烦你们帮我找一下。"

真正懂得责任主客体智慧的人会说："你好，我把东西落在你们酒店了，帮我找一下，谢谢！"

案例二：

早上上班，在办公大楼的一楼电梯处，快迟到的人会很着急往前挤，边挤边说：不好意思，让一下！

而更聪明的人会这样说：您好，让一下，谢谢！

案例三：

两个人半夜吃完饭回到小区，两人想知道现在是几点，于是一个人朝着亮灯的居民窗户大喊：请问，现在几点了？没人回应。

另一个人说：我有办法知道现在几点。

这个人大声喊道：收破烂了！收破烂！

这时一个小区住户推开窗户，朝着这两人喊道：都十二点了，还让不让人睡觉了！

案例四：

工作中，一般当我们做完一个报告或者在会议上发表完看法后，在结束发言时通常会说这么一句话："不好意思，我啰啰唆唆说了这么多。"

而责任情商比较高的人，会换一种说法："非常感谢大家的耐心倾听。"

● 职业责任动力学（4R4P）实操底层逻辑思维解读

"我一直以为别人尊重我，都是因为我很优秀；慢慢地我明白了，别人尊重我，是因为别人很优秀；优秀的人更懂得尊重别人。对人恭敬，其实是在庄严你自己。"这是典型的责任主客体思维模式转换的高情商感悟。

责任主客体思维模式原则：

每个人都是集责任主体与责任客体于一身的综合体，任何时候我们都可以自由切换我们自身的责任主客体思维去看待同一件事情，但收获的效果却是完全不同的。

分析如下：

一般情况下，如果一个人得到他人尊重，大抵会归因于自己的优秀，他人才会尊重。这种思维模式建立的前提是，他人是责任客体（评价方），也就是赞美一方；自己是责任主体（被评价方）也就是被赞美一方。

为啥得到赞美？毫无疑问，自己优秀嘛！这就是常态下，我们被锁定的优秀与尊重的责任主客体思维模式：自己（责任主体—被评价方）优秀——他人（责任客体—评价方）尊重赞美。

但是一个人如果长期处于这种责任主客体思维模式下，很容易骄傲自满，甚至目中无人，引起不必要的问题。这个时候，我们不妨运用责任动力学的责任主客体思维模式转换一下，或者能够发现更加有意思的责任思维与情商表现。

得到他人的尊重或赞美，自己固然优秀，但我们要想到，不是所有人在看到他人优秀、成功后都会尊重、赞美或者祝福他人，只有那些具备品格端正、格局大、心态好、心地善良、思想向上、不妒忌贤者的人才会这样做。故而这个时候我们应该主动从责任主体思维切换到责任客体思维，去肯定、赞美与尊重对方，他们同样是优秀的，更加值得自己尊重。

这就是责任主客体思维模式能够带给我们的卓越的责任情商优势所在，让每一个人在欣赏与被欣赏、赞美与被赞美、尊重与被尊重之间做到评价与被评价的互换。

责任主客体思维模式秘籍：

每个人都是集责任主体与责任客体于一身的综合体，任何时候我们都可以自由切换我们自身的责任主客体思维去看待同一样的事情，但收获的效果却是完全不同的。

第六章

责任情商驱动力与约束力思维模式智慧

6.1 驱动力与约束力思维

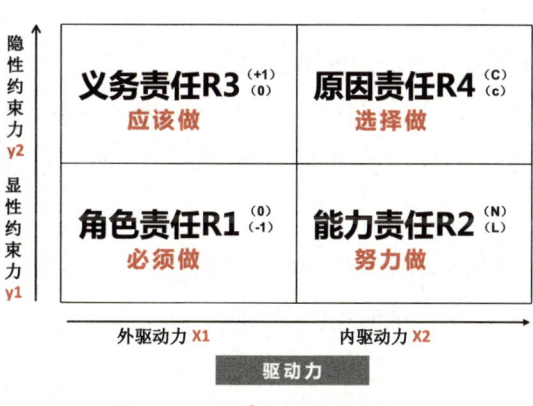

图6-1 理性责任思维模型

什么是责任动力学？

责任动力学从责任的驱动力与约束力两个维度来分析责任的动力来源与规律。简而言之，任何一个人负责的思维初衷可以追溯到驱动力一面和约束力一面，有的人在责任面前呈现的是约束力，也就是说，更多的是消极的、被动的、逼迫的、被约束的责任思维；有的人在责任面前呈现的是驱动力，表现出的是积极的、主动的、自发的、驱动的责任思维。

简单测试：坐车系安全带，第一反应是？

A. 交警、交通法规、罚款、扣分

B. 自己和他人的人身安全

A代表的是约束力责任思维，B代表的是驱动力责任思维。

● **职业责任动力学（4R4P）实操底层逻辑思维解读**

责任驱动力（X）思维模式：为了满足自己或他人需要而做的责任思维模式。包括为了安全、目标、金钱、财富、情感、信念、理念、梦想等主观能动性因素。

什么是约束力责任思维或责任约束力思维？

责任约束力（Y）思维模式：为了规避制度或道德惩罚、谴责而做的责任思维模式。包括为了规避法律、法规、制度、道德、文化、习俗、环境客观因素等。

> 因此，坐车系安全带的两种思维方式为：
> Y思维的人第一反应，想到的交通警察或交通法规的扣分或罚款；
> X思维的人第一反应，想到的自己或他人的人身安全需要。
>
> 我们常说的积极与消极思维的本质根源来自我们的驱动力与约束力思维：
> 责任驱动力（X）思维模式代表正面、积极、乐观、向上的人生态度；
> 责任约束力（Y）思维模式代表负面、消极、悲观、沉沦的人生态度。

不同的人会因为驱动力约束力思维的不同，而给出不同的评价。

一般习惯给出负面的、焦虑的、消极的评价多于积极的、正面的，我们把这种责任思维叫作责任约束力思维（或责任约束性思维）。

一般能够从积极的、乐观的思维思考，给出正面、向上的评价的思维，我们把这种思维叫作驱动力思维（或驱动性思维）。

6.2 灯,堵车的境界

小李与小王来到某某大公司,这家公司大堂、过道灯光如昼,吊顶灯饰金碧辉煌,墙面装饰与饰品琳琅满目,豪华大气。

小李一边走一边感慨:这么多灯大白天开着,得用多少电呀,浪费多少钱呀!还有这么多装饰展品太铺张浪费了。有这些钱去浪费,还不如给员工发福利。

小王却有不一样的看法:走进这大堂,这气势让人的精神状态立刻就不一样,在这样的环境上班怎么能没有激情呢?

● **职业责任动力学(4R4P)实操底层逻辑思维解读**

1. 责任约束力思维

一样的场景,有的人看到后给自己的思维全是负面的、焦虑的反馈。我们把这种责任思维叫作责任约束性思维或责任约束力思维。

约束性思维让人看到什么都是社会关系(人与社会各领域的约束机制)的约束力条件。比如,开车的人在堵车的时候容易烦躁不安,甚至骂骂咧咧,有用吗?没用!他们明明知道这个点一定会堵车,发牢骚也没用,但就是控制不了自己约束性思维模式的情绪发泄。

如果你坐他的车很容易被他带入发牢骚,甚至低落的不安情绪。久而久之,就会习惯性把这种约束性思维带入工作、生活与交友中。

特别值得一提的是,人一旦形成了约束性思维后就很难改变。比如和朋友聊天,你说一件事情,提到今天下雨了。假如他是约束力思维,他总会从下雨这件事情的约束条件与机制上找出各种负面的问题,比如,下雨没法出去跑步、下雨得打伞、下雨会堵车等等一系列负面问题。也就无法愉快地玩耍,好好沟通的交流氛围也就消磨殆尽了。

2. 驱动力责任思维

同样的场景,另外一些人看到后却与之相反。他们能够从积极的、乐观的思维思考,我们把这种思维叫作驱动力思维或驱动性思维。

驱动性思维最大的特征能够给他人正面动力而非负面、不好的约束限制。再拿堵车来说，驱动性责任思维的人知道每天这个点会堵车，就算发牢骚、生气也没有用，根本无法改变了。如果你坐他的车，他会这样说：你看，这两年我们城市发展真快呀！买车的人越来越多，这样的堵车场景换了十年前根本不可想象，现在老百姓的生活真是越来越富裕了。

旁边的人听完后开始思考自己十年前的生活场景，这样一比较，不仅他自己乐观，同时也让旁人一下子幸福满满，更加知足与珍惜现在的所有一切。再拿天气不好的事来说，驱动力思维的人就会说，好久没有下雨了，今天我们可以浪漫一下，雨中即景。

更可喜的是驱动力责任思维不仅能够让自己乐观进取，还能够从很小的一个事情上带动身边人积极与宽容。

调动人的责任动力不在于你经常说多大的话，做多大的事，而在于日常最细小的事情上你是否真的懂得调用自己的责任驱动力思维而非习惯性的约束力思维。

6.3　蛙鸣扰民？且看环保局如何神回复

XY思维现实案例分析

图6-2　网络截图

● **职业责任动力学（4R4P）实操底层逻辑思维解读**

这是某市环保局运用驱动力（X）责任思维解决市民约束力（Y）责任思维的经典文案撰写法。

什么是驱动力（X）责任思维？从一种现象中发现与捕捉到（内外在）行动的积极、乐观、正面与进取的能量与信息的思维方式。

什么是约束力（Y）责任思维？从一种现象中发现与捕捉到（内外在）行动的消极、悲观、负面的能量与信息的思维方式。比如，一连三天绵绵细雨，有的人会情绪低落、烦躁不安，因为下雨造成了生活工作的不便，但却无能为力去改变它；而有的人则会尽量从阴雨天中找出一些积极的机会与乐趣，主观上让自己适应改变不了的客观环境，从而达到进取的心态。

懂得XY思维方式，不仅能够让自己适应环境的影响，更能从中获得待人处事、工作方法的思路启发。这个案例就是典型的X思维文案撰写法。

6.4 升职的意义

一位母亲想要鼓励自己已经生孩子的女儿努力工作，表现优秀，将来能够得到重用并升职，但女儿的工作积极性不太高，一直表示自己对现状很满足，得过且过就好。母亲知道女儿爱她的孩子胜过一切，于是母亲说："将来你家小宝在填写学校档案时，有'妈妈职务'一栏，你想让孩子骄傲地写'xx职务'还是落寞地写'员工'？"一句话惊醒女儿，从此这个女儿开始努力工作，积极表现，争取早日做出成绩，得到晋升。她表示说不能让孩子看到妈妈落在别人的后面。

● **职业责任动力学（4R4P）实操底层逻辑思维解读**

这是学员高素敏老师在一次参加责任动力学课程课堂上讲的一个真实的案例。

她特别有感触地说道：如果在学习责任动力学课程以前，我肯定就会直接说她一点上进心都没有，可是在参加多次责任动力学课程后，特别是学习责任驱动力（X）思维与约束力（Y）思维后，我开始尝试在生活中运用它，尤其是在给人建议、安慰他人的时候，我会首先想到驱动力约束力（XY）思维理论中的驱动力（X）思维模式。

在日常生活与工作中，每个人都难免要劝慰与安慰他人，可是很多时候，当安慰人说出话来，被安慰者不仅没有了积极心态反而越来越糟糕。

问题究竟出在哪里？问题就出在我们只会用简单粗暴的约束力（Y）思维，而不能变通我们的驱动力（X）思维。

6.5 用积极心态解读梦境

古时候，有一个皇上做了个梦：山倒了，水干了，花谢了！

皇后说：不好，山倒了江山不保，水干了民心散了，花谢了是好景不长！皇上听了一病不起！

大臣听了却说：梦得好啊！山倒了天下太平，水干了真龙现身，花谢了是果实要收获了！皇上听了大病痊愈！

● **职业责任动力学（4R4P）实操底层逻辑思维解读**

表面上这就是积极和消极两种心态对待事物截然不同的结果。但其实这就是责任动力学的约束力思维和驱动力思维的表现形式的结果。

约束力思维的人看到的都是负面的、消极的世界；驱动力思维的人总是能够从问题中看到希望，给自己带来积极、正面的行动思维。

这个故事是经典的理性责任XY思维的案例，并告诉我们：积极是果，责任驱动力约束力XY思维才是真正的因！只有清楚知道一个人的XY思维的表现不同，才能够正面、积极影响他人。

我们的驱动力思维与约束力思维正如责任矩阵XY轴一样，我们XY思维可以一开始各占50%，最终形成的是Y思维，还是X思维？就需要我们的责任情商在职场中不断修炼获得。

6.6 多角度看事情

一个老太太有两个女儿，一个开洗衣店，一个开伞店。老太太左右为难：晴天，担心开伞店的女儿生意不好；阴天，担心开洗衣店的女儿衣服晒不干。

有一天，有人劝道：老太太你好福气啊！下雨天，你开伞店的女儿生意好，该高兴；天气好，你女儿的衣服干得快，也该高兴。对你来说，哪一天都是好日子呀。

● **职业责任动力学（4R4P）实操底层逻辑思维解读**

老太太最开始的担心是源于自己的约束力（Y）思维，着眼点都在"天气"这个不可改变的环境条件上，所以不开心；后来经过邻居劝说，老太太把着眼点放在了两个女儿"生意"变好的变化上，用驱动力（X）思维来看事情，自然就开心多了。

6.7 抛硬币的输赢观

两人抛一个硬币，猜正反面，来赌输赢：
约束力（Y）思维的人会说：我有50%的机会会输掉；
驱动力（X）思维的人会说：我有50%的机会会赢得胜利。

● **职业责任动力学（4R4P）实操底层逻辑思维解读**

类似思维说话方式如：屡战屡败（Y）思维，屡败屡战（X）思维。
约束性思维的人说话总是先说出一个事情或结果的消极一面，表现出消极、悲观的情绪；驱动力思维的人说话却总是能够恰到好处地表现出事情积极、乐观的一面，同时也总是给人留下乐观向上的情绪状态与精神面貌。这就是人在XY思维的责任情商的不同表现。

XY思维就像一对孪生兄弟在我们责任思维中存在，任何一个人不是先天就有驱动力思维，约束力思维也不是与生俱来的，这两种责任思维是从我们后天的实践经历与困难中逐渐感悟、不断调整而慢慢影响而形成。

6.8 有这样的父母，我还能怎么样

在美国，有一对孪生兄弟，这对孪生兄弟出生在一个贫穷的家庭，他的母亲是一个酒鬼，父亲是个赌徒，而且脾气非常暴躁，母亲喝醉酒以后往往也是控制不了情绪。

他们家非常糟糕，后来这两个兄弟走了不一样的道路，弟弟无恶不作，锒铛入狱，在监狱里有记者采访弟弟，你今天为什么会有这样的结果呢？

弟弟说："因为我的家庭，因为我的父母。"

记者又去采访孪生兄弟的哥哥，这个时候哥哥已是一位很成功的企业家，而且还竞选上了议员。

记者问："你为什么今天会有那么大的成就呢？"

哥哥同样也回答说："因为我的家庭，因为我的父母。"

哥哥在这样糟糕的家庭氛围中找到了发愤图强的勇气和动力，培养了自己积极、乐观、向上的驱动力责任思维；而弟弟却在同样的家庭中看到的都是负面的、悲观的、消极的一面，于是自暴自弃，产生了习惯性约束型责任思维，最终沦为囚徒。

● **职业责任动力学（4R4P）实操底层逻辑思维解读**

为什么同样的外在环境，却可以导致完全不同的人生？这是因为有的人在逆境中习惯用约束力责任思维考虑各种消极、不利的因素，而有的人习惯用驱动力责任思维创建积极、乐观的因素，这才是导致人与人最本质的区别。

再次回归（XY）思维的注解，相信我们会理解更加透彻！

什么是驱动力责任思维或责任驱动力思维？

责任驱动力（X）思维模式：为了满足自己或他人需要而做的责任思维模式。包括为了安全、目标、金钱、财富、情感、信念、理念、梦想等主观能动性因素。

什么是约束力责任思维或责任约束力思维？

责任约束力（Y）思维思维模式：为了规避制度或道德惩罚、谴责而做的责任思维方式模式。包括为了规避法律、法规、制度、道德、文化、习俗、环境客观因素等。

6.9 老人与小孩的"斗智斗勇"

老人搬到一个新房子后发现，中午总有一帮小孩在房子前的空地上玩耍打闹，这让老人中午无法安静休息。老人好几次想去直接制止，但考虑再三还是没有那么做。

老人改变策略：她对孩子们说，自己很开心孩子们能到她家门前玩，让她不再感到寂寞，并答应孩子们玩好后到她家来领赏。

第一次她给孩子们每人10块钱后，每天依次递减2块。

最后一次，孩子们来领赏，老人对孩子们说，她已经没有钱给他们了，但还是希望他们来陪她玩。

孩子们很不开心：没钱，我们再也不来陪你玩了。

从此，孩子们到别的地方玩去了，老人中午可以睡一个好觉了。

● **职业责任动力学（4R4P）实操底层逻辑思维解读**

1. 很多事情如果一开始就采取强制性的约束力（Y）思维去制止，其效果势必适得其反，且没有效果；相反，如果一开始尝试先扬后抑的驱动力（X）思维，随后减少驱动力，最终问题将彻底解决。

2. 人一旦享受过"必须做"的角色责任R1(0)的物质价值交换后，就很难再用"应该做"的义务责任R3(+1)的心理情感驱动力去驱动他人做事。比如孩子帮大人干活每次都给钱，一旦停止孩子就不干了；企业的公益活动也是一样，如果养成给钱驱动的习惯，一旦停止大家都不会去做。

● (XY)思维对管理者的启发

1. 喜欢发号施令的管理者语言大多是约束力思维，其语言具有简单、粗暴、命令、强制、武断的特征。约束力思维管理者通常会成为制度传话筒，不愿意多解释一点，员工常常被迫执行，容易把任务带入消极、被动的局面。

2. 喜欢激励鼓励的管理者语言大多是驱动力思维，其语言为富有情感、耐心、商量口吻的特征。驱动力思维管理者通常会成为制度的捍卫者与守护者，不会为了执行而执行，常常会考虑员工对制度的理解偏差与执行中的情感关注，因而容易把任务带入积极、正面的局面。

第七章

巧用责任公式组合理解职场执行力

所谓管理中的执行，前提是执行特定的管理要求。这里的管理要求就包括制度要求、目标要求、合作要求与组织利益要求等。

然而，管理中的任何制度、流程、标准与规范都是为了执行者在做事过程环节中有好的结果，能够调动员工之间的配合，考虑公司大局利益等为前提。如果执行力背离了这些前提，制度、流程、标准与规范就毫无意义。

故而，所有的制度都是为了保障执行力的各种诉求才有意义。这样的执行才是真正的执行力。

因此，针对执行力的结果，合作与大局利益我们可以用责任动力学的责任公式组合逻辑思维进行系统阐述并加以说明。

● 职业责任动力学（4R4P）实操底层逻辑思维解读

1. 第一种通用执行力：纵深执行

可量化(0~N)结果纵深的执行力

执行力角色责任特征：一个责任主体

执行力责任公式：$R_1(0)+R_2(N)=1$

制度规则+目标结果的执行做法：必须做+努力做

绩效冠军思维

$$R1^{(0)}_{(-1)} + R2^{(N)}_{(L)}$$

责任情商代码

职场四种表现 ➡

1. 不规范+技能低（淘汰）
   R1(-1)+R2(L)=-1
2. 淹死的都是没防护的
   R1(-1)+R2(N)=-1
3. 规范+技能水平低
   R1(0)+R2(L)=0
4. 规范+技能双高
   R1(0)+R2(N)=+1

图7-1 绩效冠军的责任组合公式的执行力

2. 第二种通用执行力：横向执行

可横向多部门多角色闭环配合(0，+1)评价执行力

执行力多角色责任特征：二个或以上交互关系的责任主体

执行力责任公式：R1(0)+R3(+1)=+1

制度规则+服务闭环思维的执行力做法=必须做+应该做

闭环工作思维

$$R1^{(0)}_{(-1)} + R3^{(+1)}_{(0)}$$

责任情商代码

职场四种表现 ➡

1. 无规则，无合作（淘汰）
   R1(-1)+R3(0)=-1
2. 无原则的职场老好人
   R1(-1)+R3(+1)=-1
3. 有原则，为人冷漠
   R1(0)+R3(0)=0
4. 有原则，有合作
   R1(0)+R3(+1)=+1

图7-2 闭环工作的责任组合公式的执行力

3. 第三种通用执行力：垂直执行

可选择价值从高到低垂直纵深(C/c)评价的执行力

执行力角色责任特征：一个责任主体

执行力责任公式：R1(0)+R4(C)=+1

制度规则+组织大局意识执行力做法=必须做+选择做

大局意识思维

$R1^{(0)}_{(-1)} + R4^{(C)}_{(c)}$

责任情商代码

职场四种表现 ➡

1. 不本分+私心重（淘汰）
   R1(-1)+R4(c) =-1
2. 爱国绑架者心态
   R1(-1)+R4(C)=-1
3. 本分但私心重（历练）
   R1(0)+R4(c)=0
4. 本分又大局为重
   R1(0)+R4(C)=+1

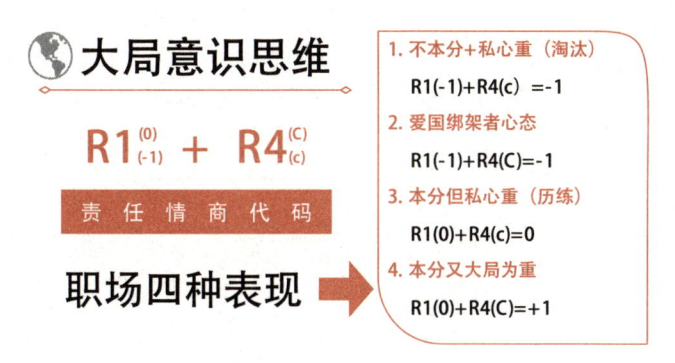

图7-3　大局意识的责任组合公式的执行力

三种执行力层次，覆盖范围依次包括：

1. 以事情结果导向的执行；
2. 以部门交互关系配合的执行；
3. 以公司大局观意识的执行。

执行力的三种通用责任逻辑公式思维

R1+R2/R3/R4（目标结果执行，团队合作执行，公司大局执行）

R1 ＋
- R2 目标结果执行
- R3 团队合作执行
- R4 公司大局执行

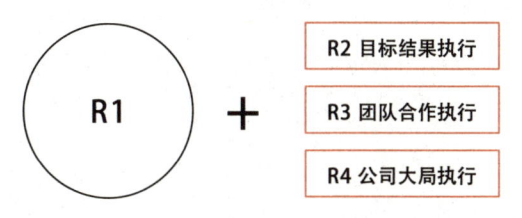

图7-4　执行力的三种通用责任逻辑公式思维

R1+R2代表一个人纵深执行，R1+R3代表两个以上人配合横向执行，R1+R4代表公司理念从高到低落实到个人的垂直执行。

这三种执行基于特定的制度、流程、规范与标准做事，最终体现与落实在目标结果，团队合作与公司利益的三个不同责任领域。

执行力如果没有责任层次与责任境界，谈何执行力！

三张图就把责任执行力的本质内涵，客观事实与规律说清楚，依次发现不同状态执行力的四个层次问题与规律。

所以说，有了责任动力学的责任层次与责任现象学的责任逻辑组合公式，我们管理者无须空洞的、一家偏见与片面之词的执行力说教，以及无须盲目的、人云亦云、带有个人经验主义总结的所谓执行力理论。

Part 02

下篇

各领域职业责任动力学符号语言实操

第八章

4R基础理解训练

> 本章由江西应用科技学院责任动力学研究院钟玲撰写

8.1 四做4R案例

案例一：角色责任R1(-1)

开店做生意都希望越做越好，然而，往往因为重视热情待客，忽视做好角色责任细节R1(-1)，导致和气也不生财。

小区对面拐角处的餐饮店，开业散发了不少打折优惠券。有一天，我带朋友进去用餐，里面装修很漂亮。我们在点餐机上下了单，坐下来等候。一只苍蝇飞来停在桌上，正要赶它走，服务员端菜上来，手指扣进了碗内，几乎沾到了菜，我说："美女，菜不是这么端的，你的手指都要碰到菜了。"她笑眯眯地说："我洗了手的。"

朋友的筷子滑落到地上了，想叫坐在消毒柜旁的小伙子帮忙再拿一双，见他沉迷于手机游戏，也就作罢，亲自去拿来了。

从那以后我再没去过那家店。后来，餐饮店转让了。

● **职业责任动力学（4R4P）实操底层逻辑思维解读**

做生意态度要好，但一些细节也必须做好。这家店桌椅都很干净，但员工忽视了卫生细节，这是角色责任R1(-1)了；上班打游戏严重影响工作，也是角色责任没做好，R1(-1)。店老板应当重视员工角色责任R1具体内容，从细节培训员工。

案例二：能力责任R2案例

国庆假期来临之际，星飞公司领导要求必须按时做好月末收尾和月初准备工作不得延期，于是一些部门的同事们选择放弃假期、国庆加班完成工作。

平时需要4天时间完成的月初结账工作，加班期间小马只用了3天就完成了；平时需要3天时间才能整理好仓库，小刘和小李分工合作1天就完成了。他们的工作结果让领导非常满意。

● **职业责任动力学（4R4P）实操底层逻辑思维解读**

同事们选择放弃假期，准备加班完成本职工作属于角色责任R1(O)意识。小马、小刘和小李提前完成工作，属于能力责任R2(N)。

案例三：义务责任R3案例

做好义务责任是最好用的化解冲动小技巧。

每天在校园里接触最多的是20岁左右的年轻人，现代教育塑造了他们良好的行为修养，可是，他们一旦冲动起来，如果没有及时化解的话，后果一样是不堪设想。

有一天经过一宿舍门口，我听见里面叫叫嚷嚷，走进去看，只见一位男老师把一位男学生按在凳子上坐着。旁边有一位我熟悉的人，激动地说："他打我！"男孩猛地站起来，脱下衣服露出一身肌肉，像要扑向对方似的叫道："我要打你，你早趴下了！"男老师非常冷静地按住他，我也走过去好言劝学生冷静，轻轻拉熟人到一旁。慢慢问明情况，原来是一场误会，只是由于过于激动，才导致差点打架，恰好男老师及时制止了。他没有呵斥，只是轻轻劝慰，轻轻地按着坐在板凳上的学生。

● 职业责任动力学（4R4P）实操底层逻辑思维解读

此事当中，男老师和我都做好了义务责任，R3(+1)。首先是男老师及时出现，及时介入；其次是我们都充分尊重当事人，不指责任何一方，也就是说没有对他们进行责任主体低阶评价。如果我们指责男孩："你不该打人！"也许他会恼羞成怒，真的大打出手，男老师未必控制得住，结果会是帮倒忙，也就是所做的义务责任行为无效。

化解冲动矛盾必备小技巧——把义务责任R3(+1)做好。

案例四：原因责任R4案例

1950年，数学家华罗庚放弃自己在美国的终身教授职务，奔向祖国，归途中，他写了一封致美留学生的信："为了抉择真理，我们应当回去；为了民族国家，我们应当回去；为了人民服务，我们应当回去。"回国后，华罗庚进行应用数学的研究，足迹遍布中国23个省、市、自治区，用数学解决了大量生产中的实际问题。

● 职业责任动力学（4R4P）实操底层逻辑思维解读

华罗庚放弃美国的优厚待遇，奔向祖国，为人民、民族、国家奉献，是原因责任高阶R4(C)。

8.2 X驱动力Y约束力思维案例

某市实行道路整改政策，要求在短时间内完成市内道路整洁、通畅。一夜间，工作人员便开始大规模清理道路及街边设施。素有"梧桐巷"的街道，一夜之间变得"光秃秃"。当居民醒来发现情况后，感觉非常不舒服，纷纷指责工作人员，市民认为工作人员太过迂腐。但工作人员的答复是：上头有令，我们不得不执行！他们没有理会居民的吵闹，也没有道歉，就甩手离去了。

● **职业责任动力学（4R4P）实操底层逻辑思维解读**

工作人员砍伐大片梧桐，回复市民：上头有令，我们不得不执行！是约束力Y思维，单一的执行思维结果破坏了"梧桐巷"街道的环境。

8.3 责任主客体案例分析

疫情防控期间，各校开启了线上教学模式，保障了同学们的学习。网课学习给我们带来了极大的便利，但也有些麻烦事。

弟弟读初一，每天网课都有很多课程和作业，作为姐姐的我充当起了家长的角色，负责监督弟弟的学习，辅导他写作业，每天都要提醒和催促他。而我自己有大二的网课要学习和完成任务。我认为初中生应该学会主动自觉地学习，然而，弟弟自律性很差，本就成绩差，又贪玩，我必须盯得紧紧的，我有些懊恼，急于改变他作业马虎、字丑、记性差等等毛病，有时不免稍加训斥，希望他能够更好地记住我讲的题和学习方法。而父亲却认为我性格暴躁不耐心，他让我得考虑弟弟的接受能力而进行教育。结果，每天一家人都不高兴。

● **职业责任动力学（4R4P）实操底层逻辑思维解读**

我作为姐姐辅导弟弟总是训斥他，我是责任客体评价行为；父亲说我，也是责任客体评价行为，我们都没有责任主体思维，所以结果糟糕，还让大家情绪都不好。

8.4 Ra=Rb 责任色盲症案例

市面上同类产品越来越多，B公司生产的产品几个月来销售都很不理想。阿况很郁闷，上个月自己的销售业绩垫底了。文员打来电话说他的工作报告还没有交。阿况匆匆写了一份,打印出来送了过去。没过多久,主管拿着他的报告过来,把他严厉地批评了一顿。这一顿批评让阿况耿耿于怀了好几天,他认为自己只是报告上错了几个字,主管是借报告之名发泄对他的不满。

● **职业责任动力学(4R4P)实操底层逻辑思维解读**

主管批评阿况是R3(0)的行为,阿况却认为主管有私心R4(c),借报告之名发泄不满情绪,阿况有责任色盲症:R3(0)=R4(c)。

8.5 Ra+Rb 责任组合案例

A地盛产竹笋,商人阿鼎大量收购制成干笋卖到B地。B地聪明的商人阿侗把干笋分成小袋,装进漂亮的包装袋,办理了经商手续,干笋很顺畅地运往网红打卡景点售卖。他赚了第一桶金。第二次,阿侗如法炮制,结果半途中运输车查出尾气超标,被扣押了,还被罚了款。原来,阿侗没有了解到政府出台了新的规定,从严查处汽车尾气排放量,导致了第二次的损失。

● **职业责任动力学(4R4P)实操底层逻辑思维解读**

阿侗赚到第一桶金成功的原因很多,其中有聪明能干R2(N)和遵纪守法R1(0)这两个最重要的原因,是R2(N)+R1(0)=+1责任动力输出。他第二次则是由于不知法而犯法了,导致出现R2(N)+R1(−1)=−1责熵,被罚款。

8.6 Ra>Rb 责任组合案例

一辆公交车座位全满,车停靠在一个站台边,等车的人很多,一位年迈的老奶奶也在努力往上挤。小明戴着耳机打游戏,没有注意到上车的老奶奶。在小明旁边的小红,主动给老奶奶让了座,司机发现给老奶奶让座的不是男孩,而是一名小女孩的时候。忍不住说了一句:"现在的男生这么不懂事吗？没教养，不知道是谁家的孩子。"这时，给老奶奶让座的小红连忙解释道："司机叔叔，那位小哥哥不是故意的，请叔叔不要责怪他。"司机听后，被小女孩的行为感动了。

● **职业责任动力学（4R4P）实操底层逻辑思维解读**

司机和小红都意识到了义务责任R3，并做好了R3(+1)，然而，公交车严重超载，没有做好角色责任的事，大家都忽视了。此时，责任优先排序应当是R1(0)>R3(+1)，首要的是应尽力避免安全隐患。

8.7 执行力转化案例

通用执行力有三类：

1. 制度规则+目标结果的执行力做法：必须做+努力做

执行力责任公式：R1(0)+R2(N)=+1

2. 制度规则+服务闭环思维的执行力做法：必须做+应该做

执行力责任公式：R1(0)+R3(+1)=+1

3. 制度规则+组织大局意识执行力做法：必须做+选择做

执行力责任公式：R1(0)+R4(C)=+1

现实当中，很多人没有意识到，仅仅是思维上对、言语上对，都还不够，还要行为上做对。

有一次，在课堂上，我选了一个视频让同学们模拟表演还原视频情节。其中有一个情景是：一个调皮的孩子在课堂上装作打棒球，英语教师装作抓住了他的棒球，使他乖乖地回到了座位。表演需要英语对话。同学们推选了两位英语过了六级的同学来表演，一位同学演英语教师，说："you out（你出局了）"。另一位同学演调皮的孩子，说："ok"。表演开始，扮演"调皮的孩子"学生"打"出了虚拟的棒球，扮演"英语教师"的学生走上去做出接住"棒球"的动作，张嘴想说什么，磕巴了半天也没说出一个词来。全班注目了半天也没等到她的脱口秀。有同学提示说:"you out——你出局了",大家都笑了起来。她本人也突然反应过来,尴尬地笑了。

● **职业责任动力学(4R4P)实操底层逻辑思维解读**

她当时的错,不能说明她英语水平低,原因可能是天气太热,环境影响了发挥,也可能是因为第一次上台没有经验,但无论是哪种原因,从结果来看,她的执行力不强。我们平时也常有这样的情形,思维对了未必能说对,说得对了未必能做对;从想对了到说对了,需要不断练习,才能做对了,最好的执行力是能够做到:R1(0)+R2(N)=+1或者R1(0)+R3(+1)=+1或者R1(0)+R4(C)=+1的责任动力输出。

第九章

职场责任动力心得

本章由佛山市达德自学考试辅导学校杜献红撰写

9.1 小职员的大胸怀

R公司2015年推出新项目网上商城，为了又快又好地推广开新项目，公司决策层将推广任务分派到了各门店相关部门中层管理人员肩上，要求每个中层管理人员每月每周定量完成任务。

按照公司规定，小芳不是中层管理人员不需要承担推广任务，不过她想着除了主管就是自己，这两个人也是一个团队，应该发挥团队的力量来完成任务才好。于是也参与了网上商城地推活动。

本着对公司新项目和顾客负责的态度，在推广推介的时候，小芳会介绍商城和门店的关系，如何注册，商城商品及服务等等，介绍约需5分钟。而对她的推介方式上司和其他组的同事颇有嘲笑之意。

难道不这样推？小芳主动找其他组别同事交流，一交流才知道他们只说免费送纸巾，留个手机号码注册，最多加一句送50元抵用金。因为只要能完成任务就行，说那么多没用，说得越清楚，注册的人越少。

小芳恍然大悟，原来是这样！难怪他们可以很快完成任务。

● **职业责任动力学（4R4P）实操底层逻辑思维解读**
这则故事来自职场真实案例，我们可以围绕不同的责任层面进行分析：

□ 职业责任动力学实操 □
责任符号语言体系破译职场情商密码

责任动力学中，将责任分为四种，即角色责任R1(−1, 0)、能力责任R2(L, N)、义务责任R3(0, +1)和原因责任R4(C, c)。角色责任通俗地说就是制度规则规定所必须做的事，简称为"必须做"，它有两种状态，一种是满足责任客体的需要，一种是不能满足责任客体的需要。能力责任由内驱动力导向和显性约束力构成，表示的是对个体超出组织期望部分进行结果变动评价。典型的特点是结果的差异性，简称为"努力做"。义务责任，常常表现的状态是人的付出虽然没有得到直接回报，但通常能够获得心理上的移情愉悦。通俗的理解就是应该做，即可做可不做，做了对方会感激与认同，不做也不会受到强制约束要求的行为，简称"应该做"，更多体现了人与人际关系。原因责任典型的特征就是责任客体无法做强制要求，它是个体在没有外界强制约束的前提下由个体思想、信念等因素作为内驱动力主导下进行的行为选择。简单来说就是"选择做"，因为不同原因选择决策下而做的事情。在了解责任的四种分类后，我们来分析一下故事中小芳作为责任主体的行为。

1. 集体利益大于个人利益

小芳作为公司里一名普通职员，在推广项目活动中，觉得是公司一员，主动从部门团队利益考虑，积极参与推广，这一行为属于R4(C)。但事实上，按照公司规定她不属于中层管理人员，没有推广任务，推广任务只是他们主管的，没有公司和主管的强制要求，她帮助主管完成任务，这种行为是义务责任高阶R3(+1)。正是因为小芳心中有团队意识，她会乐于合作。在她的个人职场词典里，团队荣誉优先个人得失，即R4(C)>R4(c)。

2. 业绩面前"只要结果思维"要得不？

在推广过程中，小芳希望从公司与商城的关系出发更快地引导顾客注册并了解使用商城，给顾客介绍清楚参与新项目的各个环节是一个业务人员基本的职业要求。所以不但介绍了注册使用商城的流程还简单介绍了商城是公司新推出的项目。推广一个，最少用时5分钟。她的这一行为属于角色责任高阶R1(0)。

虽然她的初衷是从公司利益、新项目发展愿景、顾客体验满意度出发，但是这样的推广方式和速度，引起了主管和其他同事的嘲笑，觉得她做了很多无用功，效率还低。在主管和同事的心里，小芳没有做好这件事，不能胜任新项目推广。小芳的这种做法属于能力责任低阶R2(0)。

在责任客体组别主管和其他同事看来，小芳应该只重视推广的结果就可以了，不要考虑太多公司和顾客的因素，也就是说她不应该优先考虑角色责任高阶R1(0)，应该优先考虑实现推广业绩即能力责任R2(N)。故，在他们看来，小芳的行为R1(0)>R2(N)是不合适的。

9.2 家教中蕴藏的 4R4P

小时候家境一般，自己最怕吃小米饭，有时一看到小米饭就对母亲发脾气。母亲发现我挑食后，原本一天只有一顿小米饭，她偏改成了两顿，不是小米稀饭，就是小米干饭。于是，做了小米稀饭的时候，我选择吃；做了小米干饭的时候，我选择不吃。时间长了，上午上课或者晚上睡觉时我会觉得饿，饿得心慌意乱。

经过母亲一年的魔鬼式训练和耐心开导，改正了我挑食的毛病，也让我明白了五谷杂粮对人体生长的益处，更是懂得了不应该对别人的劳动付出不知好歹地指责，而是应该懂得尊重和珍惜。我对小米不再那么拒绝，由不吃改为了少吃。

● **职业责任动力学（4R4P）实操底层逻辑思维解读**

母亲发现我挑食，不爱吃小米，于是有意常常做小米饭，特别是每天的早、晚饭。这对于我来说，她的做法属于义务责任低阶R3(0)。

同时母亲还对我进行耐心开导，对于我来说，母亲的这些行为是她作为母亲和家长在教导子女成长方面必须要做的事情，是角色责任高阶R1(0)的行为，正是出于这一必须做的角色责任，她没有选择溺爱迁就我的饮食偏好。实际生活中，有些家长觉得孩子爱吃什么就给他吃什么R3(+1)，只要孩子喜欢开心就好，觉得这就是对子女的爱，其实这样做是不合适的，家长对子女真正的爱不能只是迎合，还应该有家庭教育的坚持，否则，长此以往会害了孩子。

因此，过于满足孩子，并不一定起到有效的家庭教育作用，需要家长保持火眼金睛，看到教育的本质R3(+1)≠R1(0)。

家庭环境是孩子成长的第一所学校，也是终身的学校。家长是子女认识世间万物的第一位启蒙老师和人生路上的指导老师。在家庭这所学校，家长的教育任重道远，每一次对子女的教导都需要方法和耐心，这是一份沉甸甸的爱和希望。

第十章

创业责任动力感悟

本章由郑州责商企业管理咨询有限公司王泓荃撰写

10.1　管理不止熵，员工跑断肠

熵是一个物理系统的混乱度。一只杯子掉到地上，水洒出来了，渗入地板，杯子碎了。我们从来没有见过相反的情况，一只杯子的碎片会自动合拢成一个完整的杯子，地板中的水跳回杯子中，杯子再从地板上跳回桌子上。这意味着什么？这意味着时间是一个箭头，是不可逆的。发生在我们身上的事情是无法再从头来过，这就是我们所留下的蹉跎。这就是一种责任"熵"。

小王经不起朋友的再三邀请开始投资开办农场，和众兄弟协商租用田地，购买树苗，兴高采烈包下了三十亩地，从挖坑、栽苗、培土、浇水到来年管理，可以说是开开心心来创业，一步走错年年赔。这就是现实中失败的创业"熵"。

● **职业责任动力学（4R4P）实操底层逻辑思维解读**

对于管理者来讲：如果不止熵，员工跑断肠。

创办企业就如同为自己设立了一个时间轴，可能是三五年，也可能一辈子驰骋于商海之中，这就是追求人生财富的渠道选择。

1. 选择熵（理念之熵–R4(c)）

选择决定起点，没有无缘无故的行走，脚步永远跟随着的是你的大脑。

管理没有方向感，员工只能是等待和随意，拨拨动动，推推转转，来的是时间，磨的是日月。没有领导力，哪来执行力，此为管理者的原因责任熵——没有领导力。

2. 制度熵（态度之熵–R1(–1)）

态度源于职责划分边界的确定，没有利益分配的冲突，做事有规则，态度自然平和。

管理者往往看重政令统一，却从来不去研究规则设置的目的导向性，大多都是照搬上级出台的条例规定，或者是追求完美的考核办法。到头来规则执行流于形式，考核标准因人而异。时间久了员工自然把必须做当成了应该做。凡事不论对错，听命令，看行动。此为管理者的角色责任熵——没有调查研究，制定规则水土不服。

3. 量化熵（考核之熵–R2(0)）

兵法有云：兵马未动粮草先行，重赏之下必有勇夫。没有可衡量可预见的奖罚标底，就驱动不了员工勇往直前的干事意志。

管理者喜欢按照自己的评价标准来要求下属，喜欢点评意中人，乐意提拔听话者，喜好拿来主义，凭心情做事，超规则奖罚。总之把自己当命令，把制度当摆设。承诺不兑现，功名揽怀中。此为管理者的能力责任熵——没有创新求实，目标量化不严谨。

4. 情感熵（合作之熵–是R3(0)）

人生得一知己足矣，知音难觅知己难觅。说明人与人交往需要尽力周全，配合相处方得圆满。

管理者对员工要做到一视同仁，不能亲疏有别，人有所长，尺有所短。领导的作用就是示范引领，导向未来，培育和谐共生的团队氛围，真正做到做人有爱心，做事有底线，干群有畅通，理念有共识。此为管理者的义务责任熵——个人标签浓，容易有喜好，个人理念大。

10.2 管理者必须把握住员工的四个核心需求

今天接到一位学员的微信表达，寥寥几句话的核心意思是说："最近有点烦，觉得前途迷茫，不知走向何处？"

该学员是在一家健康会所从事中医推拿工作。从业十多年，没有考取相应的中医推拿资格证书，但是服务过几千个顾客，评价都是点赞，尤其是对腰椎间盘突出、疼痛等病症有独特的手法，回头率90%以上。但是受制于会所的管理制度，没有办法在众多技师中脱颖而出。以至于有力无处使，吃大锅饭，拿辛苦费，没有真正体现技艺的价值，更看不到未来的发展方向。

当下很多企业都会忽略人员管理问题。管理者关注的是组织形象、功利和平衡。初次创业或者任职，都会先关注到现有的人员队伍和组织目标，时间久了就会维持现状，忽略队伍人员的老化和素质提升，总想着外面到处都是人才，身边的人员不好管，素质难有提升了，最终的结果就是有才华的人很委屈，行动力没有了，混日子的人多了，团队凝聚力下降了，制度考核流于形式。

● **职业责任动力学（4R4P）实操底层逻辑思维解读**

要想保持员工工作亢奋的战斗力，管理者必须把握住员工的四个核心需求。

第一个核心：领导理念引导员工信念

铁打的营盘流水的兵，兵熊熊一个，将熊熊一窝。单位的风气正不正全在一把手。管理者的理念必须把个人的选择融入组织的体系当中来，广泛吸纳员工的发展需求。领是方向，导途径，力是方法。所有的管理手段都必须随着员工年龄的变化而变化。照顾需求，满足需求，这样才能做到组织个人一家亲的创业氛围。

第二个核心：团队建设培养工作情感

行动力在于员工对单位的情感认知而产生的，员工心里委屈了，晋升无望了，考核受伤了，制度不平等了……都会造成员工的情绪失落，想要逃走。会议的目的是明确任务，学习的目标是提升工作方法。学以致用，关爱痛点。这才是团队建设影响力形成的核心关键。

第三个核心：绩效考核培养有序竞争

考核的目的不是为了施加压力，而且构建有序竞争的干事氛围和公平考核的工作机制。人无完人，员工都有闪光点和创新突破的进取意志，关键在于管理者如何有效使用，关注变化，适度管控，增加才干。

第四个核心：角色分配划分职责边界

工作态度的优劣在于角色边界的冲突折磨，没有角色责任的认知，没有职责权限的划分说明，就会产生部门员工的利益冲突，众人一把号各吹各的号。最终单位形成一种"领导不放权，中层守部门，员工看不见"的不良现象。

10.3 管理冲突的核心在于一个"私"字

某局办公室在群里发布一则消息："@所有人，凡是电话有限制呼叫的科室，请科室安排个人持身份证到办公室办理手续。"结果是持续发布了多次，一直没有人在群里接茬回应。具体原因是该局公用电话被移动公司停用啦！理由是上级有规定，电话必须实名登记，原来办理的多部电话都是一个人的身份证。这就是管理冲突的一个细节之处——公家电话为啥要用私人身份证呢？

● **职业责任动力学（4R4P）实操底层逻辑思维解读**

首先是每个人都选择一个"私想"。总想一辈子出人头地，人生求得圆满流芳千古。所以在理想愿景上，先有家常理短，方有报国行天下。因为人生的第一位老师都是父母，还有赖以生存的家庭氛围和财富所给予基本认知和实践机会，进而才会把"私想"的理念冲突力变成理想的领导力，成为国家的栋梁之材。

其次是面对生存利益所必须拥有的"私物"。人人都有拥有品质生活的权利，不羡鸳鸯不羡仙，只愿人生有吃穿。柴米油盐酱醋茶，衣食住行样样有，这就是现实生活带来利益冲突。问题是君子爱财取之有道，所以必须坚守获取的正当性，社会发展靠的是制度规则分配机制的是非确定标准。唯有法律规则的执行力才能根除不当获取"私物"的冲突。

再次是努力拼搏所带来的"私利"冲突，并不是所有的努力付出都可以得到想拥有的"私利"=面子。能工巧匠社会精英都有自己的角色价值，这就是社会管理体系竞争氛围，虾有虾道，蛇有蛇路，八仙过海各显神通。价值交换才是减负压力、平衡冲突的最佳尺度。

最后是社会交往所产生的"私情"冲突，人上一百形形色色，人类一生交往无数，走过的职场，脚踏的大地，时刻都在变化着，心境困惑，情绪的反应，感情的付出，都会爱的反复，时而高歌快乐，时而低吟烦忧。这就是心灵深处"私情"的冲突所带来困惑，唯有放下"私情"播撒爱心，方能成就道德传颂所需的利他主义。

10.4　企业管理问题棚架排除八步法

某公司专做耐火材料，在岗职工300人左右，但是地处城乡接合部，一到秋收麦熟的时候就会面临用工荒。原因是董事长醉心于技术科研，总经理忙碌于业务订单，只留下财务总监来打理企业日常。带来的企业管理问题就是朝令夕改，率性而为，制度挂在墙上，考核放在桌子上。企业管理老大难，明明知道有问题，确受制于现实环境，欲说还难最终随波逐流，无法下手改进根除。

为了帮助该企业从根源上解决管理老大难的问题，我从多年管理咨询实践中总结的管理棚架问题，梳理出来企业管理八步法，以便企业管理者从中借鉴，共同提高。

● 职业责任动力学（4R4P）实操底层逻辑思维解读

第一步：取得领导的共识

俗话说得好："火车跑得快，全靠车头带。"企业管理的有效革新在于企业一把手的选择。选择的依据是革新的目标是为了实现领导的发展愿景，也就是领导人价值观融合进企业的使命当中。

企业管理难题1. 战略方向

第二步：领导来挂帅推动

管理者通常会对员工来讲一句话："让理想回到现实"。既然选择了远方就要风雨兼程，问题的长期存在跟企业领导人的选择理念有着必然的联系。突出表现在：方向不明，目标不定、任人唯亲、情绪不佳……

企业管理难题2. 领导力

第三步：强化引导在制度

无规则不成方圆，规则面前管理无空白，制度面前人人平等，问题的出现不是违反的结果，关注的重点是问题产生的过程，责任界限必须明确，惩罚一律区分对错。

企业管理难题3. 制度规则

第四步：力求改正看态度

有者改之、无者加勉。企业管理的结果在于体现规则的公平正义。用制度改变行为习惯，进而培养正确的做事态度。关注的核心点：不怕犯错就怕错了无所谓。

企业管理难题4. 利益分配

第五步：机会给予愿付出的人

人间处处真情在，机会是鼓励那些在没有认知利益的基础上自我配合行为，而不是为了知道利益而被动配合的行为付出。医者仁心、爱屋及乌都是这种愿意付出的行为。

企业管理难题5．企业文化

第六步：配合情绪在管控

我们经常会唾弃那些马屁精、溜须者，原因就是觉得这些人没本事，耍嘴皮，为啥这些人往往都会获得大把的机会呢？其实这里面最核心的内容就俩字："配合"。这是源于内心的情感选择，人与交往的反复无常就是情绪，管控好团队人员的情绪，团队自然拥有无敌的影响力，众志成城所向披靡。

企业管理难题6．团建影响

第七步：激励有效在目标

当下很多管理者信奉一句话："只要肯努力就一定会成功"，无论年龄大小，职务高低，行业多少都在灌输激情，破冰行动打鸡血，岂不知人是有责任性格的，几斤几两的评价方向，人职匹配，人尽其才就是用好长处，屏蔽缺陷。

企业管理难题7．晋升通道

第八步：努力呈现是价值

人无完人，金无足赤，天地之间没有无用之人，更无废物存在，不是有句话说："存在的就是合理的"。只要放在对的地方，泥土也能变黄金。

企业管理难题8．考核机制

10.5　创业层级的八种选择

大众创业、万众创业，习近平新时代中国特色社会主义引领下的中国大地正在民族复兴的征程上，无论是城市还是乡村田野到处吹响着创业的号角。

创业是一场与欲望搏斗的精神游戏，又是一场与市场竞争的智力游戏，更是一场满足需求开发需求的实践之路。一场游戏一场梦，没有谁会随随便便成功，但是创业者们都乐于感受创业的过程，不忘初心，牢记使命！

为了帮助大家在创业实践的路上理清责任，认知角色，找准目标，走向远方，我把创业层级做如下分区。

职业责任动力学实操
责任符号语言体系破译职场情商密码

● 职业责任动力学（4R4P）实操底层逻辑思维解读

一颗星※创业白丁（创业盲区）

有谋生挣钱的现实需求，但是不知道从何做起。大多数创业者因为现实物质需求匮乏而产生利益冲突力，态度上有急迫盲目的创业诉求，喜好游走政策边缘，有一夜暴富的心态。故而会有铤而走险的创业盲区。

责任动力学定义为责任第一象限：角色责任边界区低阶现象，责任数学表达式R1(-1)

两颗星※※创业菜鸟（创业初期）

有想法有赚钱欲望诉求，知道自己为啥要创业。了解创业的规则和市场空白，愿意依托自己的兴趣爱好来尝试创业的选择。但是有做事底线的坚守，不熟悉不做，非专业不涉足。

责任动力学定义为责任第一象限：角色责任边界区高阶现象，责任数学表达式R1(0)

三颗星※※※创业草莽（创业探索）

有激情敢冒险，不惧现实的压力，抱着不成功则成仁的冲动仓促上马，靠借款和朋友一起闯市场，认为只要努力付出就一定有会成功。到头来虽败犹荣，信奉曾经尝试过，大不了从头再来，岂不知机会易逝，失不再来。

责任动力学定义为责任第二象限：能力责任程度低阶现象，责任数学表达式R2(0)

四颗星※※※※创业潮儿（创业过渡）

有目标有激情，清晰市场定位，知道产品价值，遵循市场规律，知道哪些产品先上，懂得创业谋划，投资有计划，进取有准备。

责任动力学定义为责任第二责任象限：能力责任程度高阶现象，责任数学表达式R2(N)

五颗星※※※※※创业老鹰（创业成熟）

醉心于自我的创业实践之中，把创业当成个性独立的标签，不愿意与人分享创业心得，我的地盘我做主，喜好搞垄断市场。

责任动力学定义为责任第三象限：义务责任交叉低阶现象，责任数学表达式R3(0)

六颗星※※※※※※创业大师（创业带动）

英雄不问出处，成功不忘分享，懂得与人分享快乐的创业故事，愿意帮助他人，懂得团队的合作与付出，赢不在个体而在大家。一人成功不是成功，大家成功方能成就功业。

责任动力学定义为责任第三象限：义务责任交叉高阶现象，责任数学表达式R3(+1)

七颗星※※※※※※※创业教父（创业模式）

拥有自己的创业文化，不再满足于当初的创业定位，开始思考未来方向在哪里？会把自己的情怀理念放进来，想去打造百年老店甚至于相传的世代基业。

责任动力学定义为责任第四象限：原因责任未知低阶现象，责任数学表达式R4(c)

八颗星※※※※※※※※创业领袖（创业丰碑）

走在创业金字塔尖，愿意把一生创业的付出奉献给社会，做时代的创业楷模。

责任动力学定义为责任第四象限：原因责任未知高阶现象，责任数学表达式R4(C)

第十一章

职场入门责任动力

| 本章由石家庄技师学院高素敏撰写

11.1 责任行为中的无"责任主体"现象

　　学院学生结束了在某汽车公司为期三个月的教学实习回到学校继续上课。为了解学生在企业的实习情况,以便今后更好地开展校企合作。学院组织了部分学生代表座谈,学院相关领导参加。在座谈中,学生在谈收获和体会的同时也在抱怨:"工作时间太长,在机器旁边站得太累""厂内班车频次少,等待时间太长""实习待遇比起本场职工偏低""职工宿舍设施不完善"……

　　面对学生的种种委屈。参加座谈的一些领导们似乎也开始心情沉重起来,为了安抚学生的情绪,纷纷表示:"今后学院会和企业去谈,尽量争取改善实习条件"。而此时,学生的委屈情绪似乎并没有得到缓解。

　　教学处长作为参会的人员之一发言了:"孩子们,通过三个月实习,通过刚才你们的谈话,看到了你们的收获和成长,我们倍感欣慰,为你们骄傲!对于你们所受的累和苦,我们感同身受,也很心疼。今天你们倾诉了,学院也收到了,那咱们的情绪就该放下了。孩子们,你们今天所谈的这些,就是未来我们必须面对的社会现实,有苦有累有不如人意。那我们今后怎么办?学院会针对你们的情况,制定相应的方案,和你们一起努力,培养知识和技能更加完善的自己,从而坦然、坚强地面对现实。"

　　当教学处长说完那些话后,学生感觉如释重负,自己的"委屈"似乎有了"着落"。会后，参会人员说"处长，您真会说话。"其实不是处长会说话，只是帮助"责任"找到了"主体"。

● **职业责任动力学（4R4P）实操底层逻辑思维解读**

1. 在这次座谈会中，学生在抱怨"企业"的种种"状况"——认为企业是责任主体，而自己是"责任客体"在评价企业的责任低阶行为。而学院领导也认为种种"状况"的"责任"在企业——也认为企业是责任主体。所以领导很轻松地表态"今后去和企业谈，尽量争取改善实习条件"。认为企业是责任主体。

2. 当领导表态后，"学生的情绪并没有得到缓解"。为什么呢？学生感觉领导的表态很"无力"因为 "学院管不了企业"。而学生也很明白"企业的那些问题存在已久，一时半会儿也解决不了"。

那谁来解决那些问题呢？学生感觉自己的问题无解。无责任主体？

1. 教学处长的那番发言，先是肯定了学生们的成长——安抚（初步让学生认识自己是主体），然后对他们的"苦和累感同身受"——共情，最后指出我们共同努力完善自己（学生）——让学生明白自己才是责任主体！但学院愿意和他们一起承担。

2. 其实学生们回来 "抱怨"的目的，并不是真的期待学院或者企业为他们解决那些问题。只是刚刚经历了三个月不同于学校生活的日子，回到学院见到领导，就像见到"亲人"般的感觉，**希望倾诉一下自己的经历和感慨，希望得到学院领导的肯定和同情，希望被关爱被关注，希望成为"情感主体"**。

3. 学生实习遇到问题时，首先应想到的是自己作为一位学艺不精的学生，是到企业来学习的，学什么？怎样学？才是自己的主要责任内容——明白自己责任主体的"职责"。对于企业是否满足自己的"期待"是不应该进行评价的——没必要去当"责任客体"评价企业。

11.2 职场中的"纠结哥、纠结姐"情结

● 工作中所谓的"啰唆"和"选择困难"的表现

"领导啊,我不是不愿意参加义务劳动,是因为我孩子确实没人照顾。"

"这项工作我不是不愿意做,是因为我的身体确实需要休养。"

"领导,这项工作我不是不做,我是怕我做不好给您添麻烦。"

"小陈,那个方案你写吧,我不是不愿意写,就是这次的方案很重要,咱们关系很好,我想把这次表现机会让给你。"

以上情况,我们是不是经常遇见呢?那么,碰到这样的下属我们该怎么理性处置呢?

小孙平时工作很严谨,业务能力比较突出,一直希望在行政职务上能得到提升。一天领导找到他"小孙啊,咱们车间党支部还缺一位小组长,经过考察感觉你最合适,想要任命你当党小组长,党小组长就是做一些基层、义务性的工作,比较辛苦。现在征求你的意见,你是接受还是不接受?"

小孙说:"我很愿意当这个小组长,只是你看咱们支部年轻人比较多,我年龄偏大,与他们沟通起来会有困难。如果让年轻人当会更合适一些"。领导说"那你的意思就是不接受?"小孙说:"我不是不接受,我只是站在党支部建设的角度提出的建议。"领导说:"那你是接受?"小孙说:"我也不是接受,我感觉我接受了吧,今后工作中会给支部建设带来很多不利……"

领导实在忍无可忍:"你只需回答:接受还是不接受?"小孙嗫嚅:"我不是不愿意接受,我只是感觉……"最后领导说:"你走吧,别再啰唆了!我另外物色人员。"

● 职业责任动力学(4R4P)实操底层逻辑思维解读

1. "纠结哥纠结姐情结"型啰唆,就是原因责任低阶R4(c)的表现(以个

人利益为主的表现)。之所以啰唆，是因为当需要他在组织和个人之间的事情做出选择时，他肯定是选择"个人"的。但这种人面对组织的工作时，又不肯从自己的嘴里说出"我不"，而是找出种种"对自己有利"的理由兜圈子绕弯子。是想把自己的R4(c)说成R4(C)，为自己的"个人原因"找一个冠冕堂皇的理由。

2. "啰唆"的最终目的就是让领导说出"好吧，那你就别干了"。这个人将来就会说"我不是不做工作，而是我确实有原因"或者"不是我不做而是领导不让我做。"就是将自己的R4(c)转化成R1(0)结果，就是让领导烦不胜烦，看似是沟通的问题，其实是"责任"的问题。

以下属作为责任主体，可以这样解释，"领导，感谢您的器重，我愿意接受这个任务，但我和年轻人沟通起来有些障碍，您方便的话可以给我一些建议。"如果这样沟通，领导怎么会忍心拒绝你呢？

● 友情提示

1. 作为下属面对领导的安排时，首先要懂得感谢领导的知遇之恩，其次，要勇于接受领导的任务，即便有小困难，也非常正常，没有困难，领导找你干什么呢？

2. 接受领导任务时，除非实在困难很大，可以直截了当拒绝。如果不是，可以将自己的方案先讲出一二，再听取领导的建议，这样的下属，才能真正为领导排忧解难，就不会落下"啰唆不干事"的"自己委屈"的评价了。

11.3 德育教育中的四种行为习惯

这个题目的根源来自我这样的一些困惑：我们经常评价班风、学风、师风等等，那这些"风"们到底都是什么呢？"在百度词条里，也只是一些态度、风范等，以词解词。

直到我读到了叶圣陶先生的这首叫作"风"的诗，诗中写道：谁也没有看见过风/不用说我和你了/但是树叶颤动的时候/我们知道风在那儿了；树梢点头的时候/我们知道风正走过了，河水起波纹的时候/我们知道风来游戏了。

这首诗带给我们的启发是什么？风是无形的，看不见、摸不着、闻不到的。但风又是实实在在存在的，我们看不到风，却能通过具体的事物的行为来感受到风，而且能感受到风的力量：风能催得百花开，风能扫得落叶尽，风能激起千层浪，风能吹得万竹斜。

这不恰恰是"德育"的作用和力量吗？"润德于心，成德于行"——德育教育是一个潜移默化的过程，德育看不见摸不着，但它却决定着人的行为。我们平时在评价一个人的价值观、品质、思想时，都是通过其行为方式来判断的。那都有哪些行为方式呢？我认为分别是必须做的事、努力做的事、应该做的事、选择做的事，以下简称"四做"。

● **职业责任动力学（4R4P）实操底层逻辑思维解读**

1. 必须做的事

必须做的事：就是指一个人在某种环境或角色身份下，规章制度规定他必须去做的事情，做到了就是合格。没做到就会根据规定受到惩罚，那就是不合格。

比如：（1）学校规定八点上课；（2）交通法规规定喝酒不开车、开车不喝酒；（2）安全生产法规定：进入生产车间戴安全帽。这些都是必须做的事。

必须做的事表示的是人与制度的关系。必须做的事的依据就是以制度为导向，约束就是规章制度、规则、流程、协议、合同等等。它判断的是是非对错，合格与否。

形容必须做的事做得好的词如：几十年如一日，兢兢业业，平凡岗位做出了不平凡的事。代表人物：2019年感动中国人物：雪域邮路上的忠诚信使——其美多吉，在雪域邮路上送邮件29年，从未耽误。

2. 努力做的事

就是在一个显性激励制度的条件下，人努力去做的事情。达成结果相对较好，就得到奖励。达成结果相对不好，就没有奖励。

比如：（1）一车间超额完成生产任务，成为本月业绩第一；（2）张强期末被评为三好学生；（3）李明参加技能大赛仅获得优胜奖。

努力做的事表示的是人与目标的关系，目标与能力相关，努力程度不同、结果不同。是判断结果大小的指标。

形容努力做的事做得好的词：高标准严要求、技高一筹、精益求精等。代表人物：捧回第45届世界技能大赛"金牌中的金牌"宋彪。

3. 应该做的事

就是指没有人强制你做，但是社会或组织的道德价值观鼓励你做，做了就会得到表扬或者称赞。不做，别人也没办法，顶多就是道德谴责。

比如：（1）进入学校后见到老师同学主动打招呼；（2）公交车上主动让座；（3）节约用水用电。

应该做的事表述的是人与团队（人）的关系。其特点是自愿自发、没有报酬、道德提倡、礼仪要求。是判断态度积极与否的。

形容应该做的事做得好的词经常有：赠人玫瑰，手有余香；古道热肠，乐于助人等。其代表人物非雷锋莫属了。

4. 选择做的事

人做事情从思维层面来说都是有原因的，有的人是出于为组织、社会或国家或者他人的角度选择做，就是"大我"的选择。有的人出于为自己的原因选择做，就是"小我"的选择。

比如：（1）"爱校如家"主动宣传学校价值观和文化；（2）新冠疫情期间主动当志愿者；（3）员工在身患白血病的情况下，坚持进行技术革新，为单位创造了巨大的效益。

选择做的事，表达的是人与理想（信念）的关系。其特点：组织与个人、理念信念层面、选择做事的角度（原因）、利益未知。

形容选择做的事做得好的词语：大公无私、奉献忠诚等。代表人物：孔繁森、焦裕禄、邓稼先等。

有了以上四种行为的认知，再回头来解释那些班风、学风，或者作风。那些"风"就是在描述某个团队或集体的行为保持高度一致。比如八点上课，没人迟到（必须做的事做到了）。上课都认真听讲，努力达到成绩更优秀（努力做做到位了）。班级同学有困难，大家一致伸出援助之手（应该做的事做到位了）。新冠疫情期间，班级主动组成一支志愿小分队，服务社区（选择做的事做得好）。通过这些集体行动，形成了我们的班风、校风、作风等。

那我们平时所提倡的职业道德、职业精神和工匠精神也似乎是"看不见摸不到"的，又如何用"四做"解释呢？

一个人在工作岗位上，如果将岗位职责内的事做好，也就是必须做的事做好。能够努力钻研，在同行中技术突出（努力做的事做得好）。那就具有了职业素质。如果还能更关心同事、爱护机器、热爱集体，那就具有了职业道德。如果遇到重大事情时能以大局为重，甚至牺牲个人利益维护团队（集体）利益，那就具备了职业精神。

那工匠精神呢？工匠精神是指工匠对自己的产品精雕细琢、精益求精的精神理念。那不正是在阐述必须做、努力做、应该做、选择做得完美结合吗？也就是从工人、技工到工匠和工匠精神的蜕变。

由"四做"理论来指导学生职业生涯规划：告诉学生如果想要在职场上站稳脚跟并有所发展，那需要怎样做呢？

职场最初印象期要做必须做、应该做，重点做必须做的事。先做合格员工。在职场平稳过渡期除了做必须做、应该做的事，重点做努力做的事，在技术上领先，为后续发展打基础。在职场晋升有望期：除了必须做、努力做、应该做的事，重点做选择做的事，为单位（团队）创新或突出贡献，得到领导认可与重视。还要告诉学生：在职场无望跳槽期，常常会不做"必须做的事"，容易犯不合格（低级错误），务必要警惕。

具有了以上"四做"理论，帮助学生建立四种行为习惯，让我们平时提到的责任、价值观、人生观、道德等等看得见，摸得着。真正做到让德育教育"内化于心、外化与行"。

第十二章

制造业责任动力职业竞争力

本章由江西鸿利光电有限公司罗省玲撰写

12.1 "杀伤力"极强的新助理

因工作需要,最近新招了一位人资助理。万万没想到,新招的助理"杀伤力"竟然如此强大。

新招的助理,2021年元宵节后入职,正好赶上春节后招聘旺季,新入职员工较多,工作量稍大。在得知其有过几次委屈流眼泪之后,考虑到其是职场新人,工作适应需要一定的时间,我经过对其工作进行梳理和与其面谈之后,把她的部分工作暂时交给其他同事。但是,在经过一段时间的相处之后,可以很清晰地发现她存在的职场问题,用责任动力学"四做原理"分析她的4R都处于低阶状态。

● **职业责任动力学(4R4P)实操底层逻辑思维解读**

问题一:本职工作的角色责任R1表现出斤斤计较,锱铢必较。

经常会听到她抱怨:"昨天明明告诉我普工招聘分配6个人给生产一部,为什么现在又要改为7个?""工作交接的时候,明明就说这个数据是这样统计的,为什么某某某说要那样统计?""之前明明告诉我不接受自离未满三个月人员再次入职,但是现在这个人还没满三个月,你们为什么又答应让他来面试?"

这一系列的"灵魂拷问",时常能把同事逼得无言以答。公司目前订单非常饱满，客户的要求也在不断变化，人员需求变化也较为频繁，有些时候根本不可能完全严格按照几天前的工作计划去开展。根据实际情况，临时进行调整方案是常有的事情。而这位新来的助理太过于纠结所谓的"规则""计划"，不懂得灵活变通，给自己、也给同事带来工作上的不便，此时的"必须做"并不是我们责任动力学真正意义上的"必须做"。

责任底层逻辑分析：R1(0) ≠ R1(0)

每一个人的角色责任（岗位职责）R1(0)存在各种细分，如果用责任符号表示，则为R1-1、R1-2、R1-3、R1-4…R1(0) ≠ R1(0)这个责任公式告诉我们，也就是说一个角色责任不等于另外一个角色责任。

问题二：能力责任R2表现出力不从心，不懂努力。

作为一个职场新人，不止一次向上级领导"抱怨"："这个工作真的是我这个岗位要做的吗？我怎么感觉就我的工作量很大，而有些人很轻松呀？""这个推荐费统计的工作我做不来，工作交接时没有仔细教我。"

看似简单的几句话，让我对其职场能力责任R2大打问号。事实证明，该助理工作中的差错率确实比较高，核心问题就在于她缺乏能力责任R2(N)努力的进取心。

责任底层逻辑分析：R2(N) ≠ R1(0)

这个责任公式告诉我们，要想有好的结果和目标的努力做的事不等于简单的、按部就班的必须做的事情，更不是得过且过的应付做。

问题三：义务责任R3(0)表现出合作挑刺，情感冷漠。

作为一个职场新人，应该要放低姿态，虚心学习。但该助理表现出的是心高气傲，总希望别人捧着她。上一环节给她的人员入职资料稍有不对，就黑着脸说"资料不完整，办不了入职"。为了让她快速融入团队，我私下交代其他人吃饭或者其他活动时，都邀请她参加。多次被拒绝后，其他人都不愿意再邀请她了。不知道啥原因，连部门公认的"好脾气"也表示不想搭理她了。

责任底层逻辑分析：R3(0) ≠ R1(0)

这个责任公式告诉我们，一个职场本位主义者，最大的特征就是，问题声东击西，转移、放大与指责上游工作流的错误，不提供任何帮助只是为了自保，怕引火烧身。故而但凡超出自己本职工作任何一点，常常是对人对事都会显得特别冷漠，生怕别人连累自己，因此会对团队成员没感情，置身于集体事外，把拒绝当成了本分。

问题四：原因责任R4(C)表现出大局意识差，职业格局过小。

新来的助理一次请假过程及提交离职申请的面谈让我直接为其下结论：个人利己意识强，格局过窄。

向我请假半个月回学校进行论文答辩，我了解清楚其他论文答辩流程后，觉得十天的批假比较合适。只获得十天批假的她闷闷不乐，一直抱怨："某某部门的谁谁谁请了一个月的假回学校，为什么我只有这么几天"。岗位职责及岗位任务不同，能批的假期也会有差异，没有必要事事都去和其他人比较。

让我彻底"爆发"的是一次离职申请面谈，本还想挽留她，但当她说完："新人招进来还要我交接工作吗？我来的时候给我交接工作也不清楚啊，我看到别的部门文员交接工作时都是手把手教了很久的。要我认真教新人，我觉得不公平。"

我立马让其写了离职申请并爽快地签了名。

责任底层逻辑分析：R4(C) ≠ R1(0)

这个责任公式告诉我们，一个新人就算去一个公司实习，如果不以公司大局为重，公司领导一眼就能识别，不要以为公司只是一个跳板而已，无所谓。要知道第一个公司、第一份职业，所有的责任心态将会影响未来整个职场表现，甚至事业发展的格局，新人在职场一旦有了过多的个人利益得失与计较，一定会带进另一个新单位，频繁跳槽的职场新人正是因为不懂这个职场责任底层逻辑公式，吃不得一点亏，总寄希望下一家会更好，最终换来的却是入职三五年，跳槽七八家，落得一事无成！

真心告诫初入职场的新人，一定要把此案例作为反面学习教材，在职场中少踩坑、少走弯路。

12.2 职场中防范"树敌"之道

职场中，很多人离职的原因是职场人际关系没有处理好。更为遗憾的是，也许无形中自己"树敌"了，却浑然不觉。

最近，听身边的一位同事抱怨，自己睡了三年多的午休沙发被一位新来的司机占了。这位同事一直有午休的习惯，中餐后会在司机待命室的沙发上小憩，枕头和被子都备好了，无论天寒地冻还是酷热难耐，都雷打不动。新招的司机入职第一天，看他在沙发上午睡，跟他打了个招呼，不曾想，那之后新来的司机就每天准时霸占沙发了。更让我这位同事生气的是，新来的司机竟然没跟他说半句客套话。

● **职业责任动力学（4R4P）实操底层逻辑思维解读**

在职场中，类似的情形很常见。老员工的一些行为习惯已经形成，当被新进人员打破这种平衡时，老员工会表现出"敌意"。遇到一些心胸不够开阔的老员工，接下来的工作中可能会时时给其制造麻烦。

上述案例中，司机在进入新的职场后的行为表现是典型的原因责任R4(c)，没有语言上的彬彬有礼，更没有行为上的谦逊礼让，无形当中就留下了不好的第一形象且"树敌"了。这是非常不好的一个开局。

进入一个新的环境，不要急于行动，首要的任务是多观察，看看大家的行事方式，了解各位的行为特征，切忌破坏原有的平衡。确实觉得有些地方不合理，也要等在新的环境中站稳脚跟后再推动改变。这才是驰骋职场的高情商之道。

12.3 后疫情裁员减薪时代，如何实现逆势涨薪升职

在疫情的影响下，裁员、减薪的新闻不绝于耳，全球经济陷入了衰退的

恐慌。"某某名企宣布裁员三千人""某某车企从三月份起全员降薪百分之三十"的新闻也随处可见。

然而，就是这样裁员、降薪十分普遍的特殊时期，小王却实现了逆势升职、加薪，从一名普通的专员晋升为科长，加薪百分之三十。

那么，小王是如何实现逆袭的呢？

● **职业责任动力学（4R4P）实操底层逻辑思维解读**

1. 少抱怨，多行动

小王以前其实是一个负面情绪较重的人，觉得一些规章制度不合理、某些领导"无能力、瞎指挥"时，总喜欢把抱怨表现出来。但近一年来，小王像是换了一个人似的。通过对他的访谈，他说：制度是针对大众设计的，对于少数人来说，难免会有些不完全适合。但是，即使觉得制度有不合理之处，还是应该让自己去适应制度，尽可能去遵守制度。为了时刻提醒自己，他还在办公室的电脑前贴有小标签，提醒自己要减少负面情绪。

2. 勤思考、练内功

俗话说，打铁还需自身硬。小王在工作相对空闲的时候，经常会去思考，如何才能在本职岗位上做出一番成绩。领导交代的事情自然不用说，自己也经常会思考、开发一些领导指示之外的项目性工作。领导交代的每一项工作，都会超预期完成。

最终，得到领导的评价是："我能想到的他都想到了，我没有想到的他也想到了，我对他还有什么不放心的"。

3. 保持危机感

小王经常会问自己一个问题："如果哪天公司裁员，我会不会是被裁掉的那一位"。以此来倒逼自己珍惜现在的工作机会。

4. 走出舒适区、持续学习

学习是一件很费脑的事情，大部分人都无法静下心来学习。小王在这一点上做得比绝大多数人都好。工作之余，会强迫自己看看书，听听直播培训等，周末也会通过一些机构和学校，不断地为自己充电。

5. 制定合理的目标

没有明确的目标，浑浑噩噩，一天一下就过去了。所以，你需要制定一个明确的目标，当你偏离方向太多的时候，能及时把你拉回来。

6. 积极参加公司的活动，在全公司面前展现自己

有人说，现在进入了一个"低欲望"社会。很多人都表现得非常"佛系"。公司举办歌唱比赛，没几个人报名；公司组织演讲比赛，要强行逼着参加；公司招募年会主持人，报名者寥寥无几。要知道，这些都是在公司高层面前展现自己的绝佳机会。小王的一次加薪和一次升职，都是在他主持年会后的3月份。或许有那么些巧合，但是，在年会上的自我展示功不可没。

7. 和外界猎头保持适当的联系

虽然不鼓励主动去找外界猎头，但接到猎头来电时可以适当聊聊，了解自己在市场中的大概位置。当外界猎头给你开出理想薪资时，可以向公司提出合理的加薪要求。

以上是我对小王成功逆袭的分析。

小王告诉我，自己近一年多来之所以会有大的转变，很大一个原因是源于自己对责任动力学的学习。在对责任动力学有了一定的认知之后，会下意识地运用到职场中去。

这就是：从认知到行动。

12.4　值得人人都学习的"停车方法"

公司自新冠肺炎疫情复工以来，为了更好地防控疫情，严格限制人员的进出，并对进入车辆进行喷雾消杀处理。为了减轻防控人员的工作量及手续，疫情期间，允许每天自驾上下班的职员把车辆停放在公司大门口的马路边上。

但有两个问题，一是临时停车场没有划车位，二是能停放的数量有限。

一天早晨的停车经历，让我记忆犹新。

由于来得较晚，所剩停车位已经不多。我试着倒了几次车，可还是由于

车距小，无法开车门，正准备另寻其他车位时，旁边已经熄火的车辆突然启动了，车子往前开出一些，又重新倒了进去。原来，车主在为我尽量空出多一点空间。

我被这一幕深深地触动了。

虽然我自己平时也是这样做的，但当别人为你这么做时，还是被感动了。这是一种人人都应该学习的"停车方法""停车精神"。

● 职业责任动力学（4R4P）实操底层逻辑思维解读

这种行为，用责任动力学的原理来解释，就是驱动力行为。没有任何规定要求他必须为我挪车，车都已经熄火了，犯不着重新启动、挪车。但是，考虑到后来的同事可能没有停车位，他不嫌麻烦地做了。

看似简单的一件事，但并不是所有人都能做得到。经常能看到那种"左不沾、右不靠"的停车现象，导致停车位置被严重浪费。这些车主，只顾自我停车方便，完全不考虑后来人。

"停在车位内""车头朝外"，再加细节，为他人着想，驱动力"停车"思维彰显了一个人的"大我"。

一个小小的停车行为，都能体现人的责任底层逻辑思维。

12.5 "点赞"的力量

当你在微信朋友圈发了一条动态时，你会不会经常去看有多少人给了评论，有多少人点赞了？

当你看到点赞的人很多时，你是不是有一种莫名的好心情，虽然你不会回复每一条点赞！

而当你看到点赞数量不及预期时，你是不是会莫名的失落呢？

最近，由于疫情的原因，学生无法开学，作为小学生家长的我只能每天晚上拖着疲惫的身体在钉钉上帮小朋友提交作业。奇怪的是，作业提交后，老师的一朵小红花，竟然会让我兴奋一会儿。

可见，点赞的力量是很强大的。

职场中的"点赞"，表现形式就是你对下属和同事工作行为的正向反馈和肯定。

当你完成一个方案设计时，一句"这个海报做得很漂亮"；

当你做完一次培训时，一句"开场非常棒"；

当你参加公司的团队篮球赛时，一句"你刚刚有一个传球非常漂亮"；

当你在公司工作群里提了一条建议时，刷刷刷出现很多"大拇指"，是不是会让你更有干劲和动力？

● **职业责任动力学（4R4P）实操底层逻辑思维解读**

这种反馈我们称之为义务责任高阶行为，责任动力学公式符号为R3(+1)。

职场中的你，尤其是作为管理者的你，一定要有义务责任意识，正向地、及时地对下属、同事的工作进行反馈，也就是我们所谓的"点赞"。

最后，提醒一下，"点赞"一定是基于客观事实，有具体的内容。否则，你的"点赞"会被冠以"虚伪"而惨遭不屑一顾。

12.6 谨记"事不过三"

每月由人事专员统计的部门数据，第一次给你后，你发现少了一项数据，想着"自己加上去也就二十多分钟"，退回去修改可能会更耗时，就自己顺手改了。第二回，你拿到数据，发现还是和上次一样少了数据。你质问，她答复："上次也是这样的。"第三次，还是一样，你质问，她答复："我下次会加上。"但第四次、第五次还是会出现同样问题。

每月各部门文员提交部门员工转正申请资料，踩着最后的期限交上来，你发现不是少资料存在不规范问题，想着"再折腾就要错过转正时间了"，自己好心帮她们订正了，第二次还是一样，第三次依然如此，第四次、第五次怕是不可能改正过来了。

事实证明，当允许三次后，他们就觉得是理所当然了，就难以改过来。这就是"职场小三"的可怕之处。

我们常说："事不过三"。中国人对三似乎有一种情节，"事不过三"是用来警告人不要同样的错误—犯再犯。用现代的科学观点来看，三是一个稳定的数字，三角形是最稳定的图形。当同样的事情发生过三次之后，大多数人就会认为这是常态，这么做就没问题了。就会把你的好心帮忙认为是理所当然。

● **职业责任动力学（4R4P）实操底层逻辑思维解读**

这是职场中典型的把他人的义务责任R3(+1)"帮忙、提醒"当成了理所当然的角色责任R1(0)。

一个优秀的职场管理者要谨记下属犯错事不过三。有上进心的人不会在一个坑里跌倒三次以上，优秀的人甚至不允许自己再次跌倒。而作为管理者，在日常工作中更要铭记一点，你可以允许下属犯错，但不能允许下属屡次犯同样的错误。不管这个人的资历有多老，能力有多出众，一个不听劝告、不被你左右的下属要他何用？

12.7 管理者要学会制度管人

昨天，行政部"老大"又在办公室大发雷霆了。几位下属被骂得毫无尊严，低着头，不敢吱声。

这已经不知道是第几次了。隔着厚厚的玻璃墙，我都能感受到行政经理的无奈及几位下属的尴尬。

事后，了解到事情的原委：

一位入职一个多月的员工因受不了宿舍卫生的脏乱差，离职了，还带走了才入职几天的有同样感受的5位新员工。

这已经不是第一次员工因为宿舍问题离职。要知道，在新冠疫情后公司复工，人手特别紧缺，一次性流失6名员工，是多么严重的事情。

俗话说：人管人，累死人。

作为管理者，一定要懂得：制度管人。

● **职业责任动力学（4R4P）实操底层逻辑思维解读**

用责任动力学的思维来解释，就是要让员工明白自己必须做的角色责任R1。

首先来看被骂的几位行政后勤人员，因宿舍卫生离职事件不是第一次发生了，为什么没有按照汇报流程及时进行汇报并采取改善措施。

其次，来看宿舍成员。后勤管理人员解释说，有宿舍管理规定，也对长期脏乱差的宿舍进行过警告。可为什么还是没有妥善地解决问题呢？

最关键的还是在于没有严格按照制度标准办事，没有让员工树立严谨的角色责任的"必须做"规则意识，更没有让违反制度者感受到违反制度的后果。

每次卫生检查，该处罚的没有处罚；该重罚的选择了轻罚。才是导致制度意识淡薄，酿成更严重后果的根本原因。

管理者要敢于得罪人，对公不对私。下属犯错、上司有错要敢于指认与批评，管理者不但承上启下，但更重要的是维护制度，纪律的监督和执行者。敢得罪人的管理者能做到处理事情相对公平。在他面前只有对与错，没有熟悉与陌生。

12.8 初入职场，切勿紧盯小利

公司新招了几个储干生，出于想重点培养的目的，特意安排我全程关注他们。

入职一个多月后的工作适应访谈中，小夏引起了我的特别关注。因为所有人都积极地畅谈了自己的工作感受，只有小夏主动提出了"转正之后工资是多少"的问题。我给出了正面回答："和我们当时校招宣讲时说的一样，也就是现在的工资加上绩效。"小夏虽然没有多说什么，一句"好吧"结束了访谈，但我明显感觉到他有异样，内心藏着想法没有表达出来。事后，我找小夏的直接上司了解其工作表现，得到的评价是工作表现中规中矩，有点斤斤计较。

在试用期满转正面谈时，小夏再次主动提到了转正后工资的问题，我明确告知他4800元（加班另计），小夏听后满脸欲言又止的表情。

"能听听你有什么想法吗？"我打破尴尬。

"我同班同学在××公司（和我司行业类似）工资是5000元，我总不能比他少吧，当时我也通过了那家公司的面试，我没去。"小夏直言不讳。

我继续开导："4800和5000也就差200元，公司不同，其工作内容和发展前景也都不一样，况且我们公司在业界知名度也非常不错，对你将来的发展很有帮助。高层领导对你们储干生很重视，亲自找你们聚餐好几次，这是前所未有的。"

可是小夏似乎沉浸在自己对工资的计较中，完全听不进我的开导和分析。

● 职业责任动力学（4R4P）实操底层逻辑思维解读

从4R4P责任动力学理论来看，入职不久的小夏工作方面中规中矩，没有违反任何规定，做到了"必须做的角色责任"R1(0)。可是在"选择做的原因责任"R4方面，由于太过看重个人的小利，对200元工资差颇为在乎，属于R4(c)，是原因责任低阶行为。

小夏的职场责任行为可以用公式表示为：R1(0) + R4(c) = 0

针对小夏的这一责任行为分析，我对其部门给出了我的建议：可合理使用，不适合重用。

在此，借用小夏的案例，告诫其他初入职场的新人，不要过于盯着当下的小利，做好角色责任R1的同时，处理好义务责任R3，获得领导和同事的良好评价才是明智之举。

12.9 初入职场，切勿急于求成

入职不久的小王陪公司领导去接待客户。饭桌上，领导让小王陪客户多喝几杯。

一方面是出于从公司利益出发，招待好客户，获得客户好评；另一面是小王性格豪爽。不一会他就几杯下肚了，可就在要喝下一杯时；意外发生了，刚喝下的酒犹如花洒喷出的水，喷满整桌。领导和客户瞬间傻了眼，气氛尴尬到了极点。

● 职业责任动力学（4R4P）实操底层逻辑思维解读

结合责任动力学的4R4P原理来分析，小王为了让公司获得客户的好评，饭桌上极力招待好客户，为公司的利益考虑，是大我精神，属于"选择做的原因责任R4"中的R4(C)。

可是，尺度把握不到位，不但没有为公司赢得更好的评价，反而给公司带来了负面影响。

对于初入职场的你，不要求、也不建议你"有神"的大我境界。从踏踏实实地遵守公司的规章制度开始，在此基础上能够搞好和同事、领导的关系，做到"义务责任R3(+1)"，或者不要有"原因责任R4(c)"的小我行为，就已经可以称得上是"优秀"的菜鸟了。

上述小王的行为，虽然出发点是公司利益，但由于把握不到位，R4(C)在特定条件下转变为R2(L)。责任公式表示为：R4(C)≠ R2(N)

综上，给初入职场的你的建议是：稳扎稳打，切勿急于求成。

12.10　初入职场，切勿急于辩解

小李来公司上班未满半年。一次聊天，让我对小李有了更多的好评。

有一天，小李在休假，接到领导的电话，责备他为什么评优申请资料还未经他确认，怎么就提报给总部进行申报了。

小李很纳闷，尝试着解释："我没有进行申报，昨天只是咨询了一下资料填写事项。"

领导有点不高兴了："小李，你还不明白我想说什么，你的办事流程是不对的。"

小李本想着再解释，但转念一想："算了，也许领导有自己的想法。"就把自己想说的话憋了回去。并自我反省：也许，在咨询填写注意事项的时候确实自己也有做得不对的地方，不应该把半成品发给对方，让对方误以为是申报材料。

第二天，小李一上班，就被领导叫到了办公室，他做好了挨批的准备。可是领导却平静地说："小李，昨天的事，总部的对接人员跟我说清楚了，可能是他们在转述的时候出现了一些偏差。"

小李顺势接话："领导，可能是我在表达时不清楚，导致对方理解有误。"

领导："你的表达没有问题，对方也没有理解错误，是在其他环节出现误解。我就说嘛，小李怎么会犯这样的错误呢。"

"不过，小李，你这次也有一个做的不当的地方，咨询的时候没必要把原稿发给他，截个图也行啊。"领导继续说。

"是的，我下次会注意的。"小李态度诚恳地回答。

● **职业责任动力学（4R4P）实操底层逻辑思维解读**

从责任动力学的角度来看，小李在这件事情的处理上表现出高阶的R3(+1)，在"应该做的义务责任"方面做得很好。而本身，他在评优申请这项

工作上，也是严格按照流程来做的，做到了"必须做的角色责任"R1(0)。

整体责任公式表示为：

R3(+1) + R1(0) =+1。这也是责任动力学最优组合之一。

对于初入职场或者入职不久的人来说，小李的责任行为是非常典型的正面案例，值得学习。试想，如果小李陷于解释，最后会是什么结果。要知道，大多数领导都是听不进解释的，你的解释，在他的眼中就是辩解。

最后，给初入职场的你的建议是：请勿急于辩解，哪怕你确实没有做错。时间会还你清白。

12.11　勇敢展现自我

不知道HR同行们有没有这样的感受：这届员工不好带。

无论公司搞什么活动，踊跃报名者寥寥无几，到最后只能采取强制手段，要求各部门提报名单。

但是，各位职场人士，你们好好想想，每天把自己紧紧地包裹在角落里，怎么让公司领导看到你的闪光点。

前不久刚入职的新员工小董的案例，也许可以带给大家一点启发。

小董3月20日刚入职，在听到公司3月25日正在组织"我与公司的故事"主题演讲比赛后，勇敢地报了名，并且顺利地晋级下一轮。

由于还处在疫情期间，所以本次演讲比赛采取的形式是录制演讲视频，上传到学习平台。公司员工和领导可以通过平台看到选手们的表现。

在给小董录制视频时，就感觉到小董落落大方的气质。果不其然，在演讲比赛还在终审评比环节，公司副总就让人资经理拿了小董的档案。虽然我不确定公司领导是否会给他职位上的调整，但这已经说明，虽然尚未谋面，但小董的表现给领导们留下了好印象。

无独有偶，2019年公司年会上和我搭档主持的小庞的案例，再一次印证了：职场中的你，应该大胆地展现自己。

小庞2018年12月底才入职，在报名入选2019年迎新年会主持后，凭借在年会上的良好表现，年会的第二天，公司高层就到人资部要人事档案，钦点为总经办助理。

● **职业责任动力学（4R4P）实操底层逻辑思维解读**

在绝大部分人都不愿意展示自己的公司中，敢于展现自己的人才显得更加珍贵，出头的可能性才最大。

12.12　这样的下属，你会重用吗？

研发技术部的工程师小吴一直工作表现不错，研发经理对其非常器重，让他担任的岗位是公司具有保密工艺的关键岗位。小吴的"能力责任R2"为R2(N)。

尤其是前段时间发生的一件事，让公司高层领导都亲自表扬了他，并且给了红包奖励。前段时间，公司宿舍有一个房间不慎发生了火灾。小吴不顾个人安危，带领其他同事第一时间冲进去救火，避免了重大损失的产生。从责任动力学来分析，他的这一行为属于"原因责任R4(C)"，是典型的原因责任高阶，"大我"行为。

● **职业责任动力学（4R4P）实操底层逻辑思维解读**

可是最近，研发经理犯难了，因为小吴多次不遵守公司加班制度规定，要么是先加班后报备、要么是口头知会，甚至在当月考勤公布后认为考勤有问题而大闹人力资源部。这一行为是明显的"角色责任R1"低阶R1(–1)。

R2(N)+ R4(C)+ R1(–1)= ？

究竟该如何使用小吴呢，研发经理正在经历艰难的抉择。

研发经理怎么决定，我不得而知。但作为有责任动力学思维的我，建议如下：

1. R2(N)+ R1(–1) = –1有能力不代表你可以无视公司制度。
2. R4(C)+ R1(–1) = –1为公司做过贡献不代表你可以随意破坏公司制度。

不遵守公司规章制度，负面影响不仅仅在于你一个人，而是会影响到大批其他员工，影响是难以估量的。对于这样的员工，建议通过责任思维培训，将其"必须做的角色责任"由R1(-1)转变为R1(0)，则是公司的高潜人才。如若不能，只能冷藏甚至辞退，枪打出头鸟，杀一儆百了。

12.13　茶水间的责任动力现象

公司办公楼二楼最西侧有一个茶水间。每天早上上班前，尤其是入冬后，很多同事都习惯先去茶水间接杯热水。

某天早上，我去接热水时，正好碰到研发部的同事小周也进去接热水。看到小周手里的大水壶，我惊呆了。（有些部门办公室离茶水间比较远，会派某位同事接一大壶热水，整个部门一起享用）小周看了我一眼，并没有理会我手中的小水杯，一进来就直接奔向了热水开关。等到小周接完热水离开时，开水已经显示温度不够了，需要等待再次烧开。

在等待水烧开的两分钟内，我突然又想起前几天同样的情形。采购部的同事小晏同样拿着大水壶来打水，看到我后，客气地："您先来吧，我水壶大，接的水多。"

● 职业责任动力学（4R4P）实操底层逻辑思维解读

从责任动力学的角度来分析，二者的行为都是"应该做的义务责任"R3。小周是R3(0)、小晏是R3(+1)。虽然，并没有规定让杯小的人先接水，受让者并不会抱怨小周，但是会感激小晏。所以，在职场中多一点R3(+1)的行为，你就会更受同事的欢迎，正如我此刻对小晏的感觉。

12.14　职场中工作能力强，上司评价一定高吗？

我在日本工作时，处理过这样一起员工关系纠纷。

有一位湖北小伙子小赵，在国内从事的是数字机床工作，因某些原因去日本打工。入职一家民营小厂，从事注塑操作员的工作。

小赵在国内从事的工作属于有点技术含量的，也颇受领导重用。可是，到了日本，做的工作都是按部就班的简单工作，也不像以前那样受领导的关注，心里有些落差，工作状态一直不太积极。

一天，小赵所在公司的老板找到我，说小赵不按流程操作，弄坏了一台注塑模具，需要赔偿修理费50万日元。我急忙赶了过去，了解事情的原委：小赵入职以来，一直自视甚高，不屑做这么简单的工作。作业流程要求每做完一个产品，要用专用工具顶一下机器某个部件再开始做下一个。而小赵直接跳过了这个步骤，导致模具产生了一道划痕，做出来的产品也没有仔细检查。待发现时已经做了近千个带划痕的产品。

和老板深入交流后，了解到小赵还有其他不遵守规定、擅自做主的行为。有一次，小赵工作到下午三点，就完成了当天的订单。一看离下班还有两个小时，他就自作主张地多生产了某款产品2000个。当老板责问他时，他很委屈地回答说："这个产品反正隔一段时间会来一个订单，我好心帮你多干了活，你还这样埋怨我。"要知道，这是一个小公司，订单不是那么稳定，在没有接到订单的情况下就生产，且不说存在客户不下订单的风险性，仓储方面也是要增加成本的。

● **职业责任动力学（4R4P）实操底层逻辑思维解读**

从责任动力学的角度来分析，小赵的"努力做能力责任"R2是不存在问题的，甚至可以说是能力责任高阶R2(N)。4R4P的理论告诉我们，要完全达到责任能力矩阵四个角的平衡是不容易的，绝大多数时候会呈现此高彼低的形态。案例中的小赵就明显是这样的。虽然可以认为他的"努力做能力责任

R2"是高阶的R2(N)，但他的"必须做角色责任R1"是低阶的R1(-1)。

责任公式：R2(N)+ R1(-1)= -1 。

这是很多所谓的"能人"的通病，自恃有能力就无视一切规章制度，这样的人自然得不到领导的好评。

虽然通过和老板的调解，我让小赵免于赔偿，但如果小赵将来不在"必须做角色责任R1"方面进行修炼和提升，我想类似的事情必定会再次发生。

第十三章

资深HR的职场责商

本章由洛阳生涯发展教练陈婧撰写

为什么职场上,很多技能高超的人做了一辈子的工作,却始终得不到提升?难道他们真的是不在乎?非也!一个技能型人才要走向更高级职位的管理型人才,务必要重新认识自己的四种责任底层逻辑:角色责任、能力责任、义务责任与原因责任。一个人光靠能力责任,而完全忽视其他三种责任的重要性,到头来,终归会被能力责任耽误职业发展前程。下面这个职场真实案例具有典型的代表性。

13.1 让人爱恨交织的操作员

H先生是GB公司资历最老的生产操作员,为人性格内向,平时与其他员工不太交流,也不愿意参加公司组织的各项团体活动,就连主管吩咐他分享一下他的操作经验,帮助培训新晋升的操作员,H先生都是表面应付,从来也不认真分享他的技能经验。

然而,H先生又是公司内少有的几位高级生产操作员之一,被安排在生产流程中核心的操作岗位,凭他丰富的经验,总是能在生产数据指标刚刚出现异常苗头的时候,及时调整生产线气阀,控制温度、转速和火力,避免或最大程度上降低不合格品的产生,提高最终成品合格率。

面对H先生这样不合群、又没有互助意识的员工,生产主管又爱又恨,经深思熟虑后,对H先生采取辩证的应对方法,一方面不断感化和影响H先生,希望他能在团队意识与协作方面有所提升，另一方面还是要倚重H先生的操作技能，以稳定产品质量。

● 职业责任动力学（4R4P）实操底层逻辑思维解读

1. 此案例中，H先生是责任主体，生产主管是责任客体。

2. H先生不参与团队活动，缺乏分享互助意识，是义务责任低阶的表现，即R3(0)。

3. H先生在生产操作方面所具备的技能水平和所处的核心生产操作岗位，说明其不是能力低阶，即R2(>0)。

4. 生产主管面对H先生的两种责任状态所采取的理性区分对待的方式，说明生产主管作为责任客体认识到虽然H先生义务责任低阶，但并不能关联其能力责任也是低阶。构成责任现象学公式：$R3(0) \neq R2(>0)$。

企业中的员工素质不可能在方方面面都呈现完美，作为管理者要辩证看待，既要关注员工的劣势并采取行动予以改进，又要充分运用、发挥员工优势。

如果说资深的H先生让企业管理者头疼，爱恨交加，说明一个问题，H先生在职场乃是一个责任底层逻辑思维的"小白"，他完全不懂责任底层逻辑，一个人的职业责任除了必须做、努力做，还有更加重要的应该做和选择做。

资深的H先生之所以得不到提升，甚至让管理者担忧，主要是因为他缺乏团队合作"应该做"与以公司大局为重的"选择做"的职场责任情商。

H先生技能这块，可以说是"拿捏得死死的"，因为他知道，只要在岗位上把努力做的能力责任提高到极致，自己在公司的地位也就稳了，就是不可替代的人才，也正是因为这种"能力责任一枝独秀"的畸形的责任思维，所以他不愿意参加团队活动，不轻易帮助新员工，害怕他人掌握，担心他人偷学。

13.2 离不开的小笨鸟

Palmer在GB公司已经工作3年啦,在公司的名气特别大!为什么呢?要从她入职时候说起。

Palmer当初应聘的岗位是行政秘书,岗位要求是会基础的英文对话以便有国际电话拨入总机时能够应对,但是Palmer面试时的英文讲得磕磕巴巴;岗位要求会操作Office应用软件,但是Palmer除了会使用Word制作自己的简历以外,对Excel和PPT根本一无所知。

但是,Palmer在面试时,始终带着一张友善的笑脸,言行上表现得又让人不忍心完全放弃她:她面试时提前到达,看到HR助理在布置面试场地,Palmer积极帮忙;面试过程中,知道自己表现不理想,小鸡啄米似的使劲说对不起,并强调自己一定会努力提升。面试结束之后,其他应聘者都离开了,Palmer默默地将大家喝过的水杯放入垃圾桶才离开。种种表现让面试官决定给Palmer一次机会,最终让她获得了这个职位。

这几年过去啦,Palmer的工作能力虽然有所提高,但总是不尽人意,所以从事的始终都是最基础的工作,也没有升职。但Palmer也不是一无所获,她在公司的人缘特别好,竟然有时不同的项目小组会抢着要她参与项目,因为他们认为,Palmer的专业能力不足,并不代表她的团队合作不好,恰恰有时,专业能力很强的项目小组成员发生争议、互相僵持时,Palmer是最好的团队黏合剂。

因此,Palmer名声远扬,大家都称她为"离不开的小笨鸟"。

● **职业责任动力学(4R4P)实操底层逻辑思维解读**

1. 此案例中,Palmer是责任主体,面试者和其他员工是责任客体。

2. Palmer在面试中和后来工作中的专业表现而言,是能力责任低阶,即R2(>0/L)。

3. Palmer在面试中非专业能力考核部分的表现和后来同事们对她的人缘

认可而言，是义务责任高阶，R3(+1)。

4. 同事们明知Palmer专业能力欠佳却又争相需要她，对她有"离不开的小笨鸟"的评价，构成责任现象学公式：R2(L)≠ R3(+1)。

"人无完人"这句话适用于我们所有的人，但有的人虽然有明显的缺憾或不足，却仍然受到欢迎，是因为他能够充分发挥自己的优点来弥补其他方面的不足。在我们与他人相处时，无论是天真的孩子，还是职场中的精英们，看到他人不足的同时，更应该多多发掘其闪光点，这才有助于我们在建立和谐人际关系时费力最小。

13.3　妒才

GB公司的产品并非生活大宗消费类产品，因应用范围较窄、专业技术性强，在销售过程中，曾出现过普通销售专员解释不清技术指标和产品应用的关系，而导致客户流失的现象，为了弥补此类不足，公司局部调整岗位设置——几个月前，从另外一家同行业公司中挖到了一位专业人才L先生，安排其在市场销售部门任技术顾问，工作以技术咨询为主，但若在咨询过程中因得到客户的信任和认可而成功签订订单，也记为其业绩可提佣金。

L先生是专业出身，在原司也从事客户的市场管理工作，本身在行业内就积累了丰富的关系网和人脉。因此，他到GB公司后，这样的岗位设置让他如鱼得水，起初他负责为其他销售专员的客户作技术指导，之后他通过这些客户和自己原有的人脉关系，开拓了一批潜在客户资源后，很快形成订单。几个月后，L先生的订单量越来越多，公司和L先生本人都很高兴，没想到却遭到了其他几位销售员的非议："这么短时间就有订单了，而且大有赶超我们的趋势，佣金给他拿去是小，关键让人难以信服。他一定走了销售潜规则——给客户送大红包了吧。不信，让公司查查他的账。"

销售副总从起初就很重视L先生，在L先生做技术咨询并开拓客户期间，销售副总没少参与帮忙，因此，对于L先生如何取得这样的业绩，他很清楚，于是他对另外传小道消息销售人员说："谁说销售能力强、业绩好，就一定是因为贿赂了客户？别让妒才的心理蒙蔽了双眼，也阻止了自己前进的步伐。"

● **职业责任动力学（4R4P）实操底层逻辑思维解读**

1. 此案例中，L先生是责任主体，销售副总是责任客体（当然其他销售员也是责任客体，但此处主要关注销售副总对L先生的评价）。

2. L先生短短数月，不但做好了技术咨询的工作，并产生了逐量递增的订单，属于能力责任高阶，$R2(N)$。

3. L先生靠自己的努力获得订单，并非像其他人传言的行贿客户而获取订单，属于角色责任高阶，$R1(0)$。

4. 责任客体的评价，认为L先生在业绩上的出色表现并不意味着L先生不能遵守销售规则，即需要靠行贿客户才能实现，构成责任现象学公式：$R2(N) \neq R1(0)$。

职场中因工作能力强，而遭到他人妒忌，甚至诽谤的事例屡见不鲜，大多数情况下，非议他人的人是为了求得一份心理平衡，殊不知，这样的心理平衡只不过是给了自己安于现状的理由，况且，若性质严重，还有可能背负法律风险。所以，放下妒忌、摘掉有色眼镜，是自己取得成长的第一步。

13.4 高手犯规的结局

P先生是他所在公司内少有的几位高级生产操作员之一，被安排在生产流程中最核心的操作岗位，即负责指标监控，正是因为指标监控对生产过程十分重要，所以在工作流程中，要求相关岗位的操作员在各自的岗位上每30分钟登记一次指标数据，以便后来接班的员工掌握上一个班次的生产动态，同时，也为累积经验、改进工艺留存宝贵的数据资料。

最近，产品质量出现波动，不合格率明显提升，查看生产指标数据表，却又看似一切正常。生产经理、主管、生产工人在一起召开讨论会，却没总结出来原因。最后,生产经理请IT帮忙,从数据库里提出了每分钟的数据波动记录,密密麻麻的数据经过归类整合之后,发现P先生所在班组近期上夜班的这两个晚上每30分钟登记的指标数据与数据库里的数据不吻合。

生产经理问P先生是怎么回事,P先生说他也不知道为什么。最后生产经理将P先生交到了人力资源部,P先生终于承认,这两个夜班他都在睡觉,生产指标登记表上的内容是根据他的经验编写的,他根本就没有去实际监控数据,更没有在指标发生异常时及时调控生产线气阀操作。所以才出现了"看似一切都正常,但产品就是不合格的结果"。

最后,P先生因为"上班睡觉,违反岗位规定"和"数据造假,违反员工守则"被解除劳动关系。

也有多年的同事为P先生的结局感到惋惜,毕竟他是公司极少数的高级操作员。可是,技术水平高并不代表他就可以违反公司规则,更不能成为他不受处罚的借口。

● 职业责任动力学(4R4P)实操底层逻辑思维解读

1. 案例中,P先生是责任主体,以生产经理、HR为代表的公司方是责任客体。

2. P先生是公司极少数的高级生产操作员,是公司对他技术能力的认可,属于能力责任高阶,R2(N)。

3. P先生工作时间睡觉、生产数据造假,违反了公司的管理规定,属于角色责任低阶,R1(–1)。

4. 责任主体的高技能水平并不代表他不会违反公司规则,构成责任现象学公式:R2(N) ≠ R1(–1)。

本案例中,发现生产异常、不合格品明显提升时,生产部门内各层级人员坐在一起,长时间的讨论问题所在,就是因为P先生的技能水平高,让他们从来没有怀疑过P先生。而最后事实证明,P先生的技能水平虽高,但这并不是他不会违反公司规则的砝码或保障。职场中,我们作为责任客体时,不要用一个方面蒙蔽了自己判断事物的另一个方面;作为责任主体,也不要轻易辜负别人对我们的信任，因为一旦失去，也就不再那么容易复得了。

13.5 特事特办嘛

Daisy是公司的综合部主任，受公司总经理的直接领导。比起之前已经离职的综合部主任，Daisy做事风格干练、直率，讲话犀利，不怕得罪人，必要的时候也会反驳总经理的意见。用她的话讲，这是"职业性"的体现，目的就是按照意愿将任务圆满执行。

如此的工作风格，虽然遭到一些同事的不满，但她的工作成效不可否认，比如她上任之前，一些核心业务部门认为综合部属于后勤部门，因此排挤综合部，但自Daisy上任后，那些排挤综合部的人明显收敛。另外部门内的一些"老油条"式的员工，也被她的雷厉风行、说一不二的工作方式管理得服服帖帖……这些工作成绩，总经理都看在眼里，对她关爱有加。尽管偶然Daisy也会驳了总经理的面子，但在总经理看来，这正是Daisy不同于那些唯首称是的员工们的特点。

按惯例，公司每年年初的时候都会根据相应的政策核定出每位员工全年的带薪休假天数。带薪休假、事假、病假都需要提前申请，并经过上级领导签批后，报人力资源备案，方可休息。春节前，Daisy说要避开春运高峰回老家过年，一下子请了十几天的带薪休假，总经理签批后交给人力资源部Renee，当时Renee还和Daisy开玩笑说：这下你可把今年全年的带薪休假给用完了哦。

事隔两个月后，Daisy突然有几天没上班，刚开始大家都以为她临时出差了，但出勤通告却依然显示"在岗"状态，并未有"出差"或"休假"之类的更新。人力资源部Renee也没有接到任何签批的请假单，便问总经理Daisy的去向。

总经理答："啊，她有点私事，去处理一下。不用担心。"

Renee说："既然是私事，是不是应该请假报批呢？Daisy今年的带薪休假在春节时已经全部用完，按照公司政策，后续因私休息可以根据相应情况请病假或者事假，当月薪酬做相应调整。"

总经理答："哎呀，特事特办嘛！她有些私事办就给人行个方便。现在网络、电话的通信那么发达，就算不在办公室也不影响工作结果。"

Renee说："即便对工作没有影响，对公司其他员工是有影响的，大家都看在眼里，这样做会破坏公司制度的约束力……"

总经理答："其他员工？其他员工有几个能有Daisy这样出色的工作表现。要是他们工作也一样出彩，我也特批！我不给Daisy一些空间，万一因她压力太大而导致人才流失了，你能保证再招一个更能干的来？"

● 职业责任动力学（4R4P）实操底层逻辑思维解读

1. 此案例中，Daisy休假一事，Daisy是责任主体，总经理是第一责任客体。

2. Daisy在带薪年假用完的情况下，没有任何签批手续，多日未到公司上班，是角色责任低阶的表现，即R1(-1)。

3. Daisy在工作中的出色表现，得到总经理的青睐，是能力责任高阶的表现，即R2(N)。

4. 总经理认为Daisy**虽不按公司规定上班，却依然可以出色地完成工作，因此忽略公司制度给予特事特办**，是责任边界不清的表现，构成责任现象学公式：R1(-1)= R2(N)。

成功的公司离不开精英员工，同样也离不开规章制度，因为它们是构成组织有效运转的关键要素。公司的制度中已经考虑到了特殊情况，而列出了病假、事假的操作方法，但高管却要求更大空间的"特事特办"，这种做法只会造成其他员工效仿、无视公司规定，而造成有朝一日的管理混乱。

13.6 只有特长生才具备天赋优势吗？

每年的六七月份，高考都会成为社会和网络的焦点话题。

这不，前两天散步时，我就听到两位家长聊天，说体育生、艺考生的选择也挺不错的，但不是人人都能走那条路，因为没有天赋，没有特长优势。

听到"天赋"二字，我的职业细胞立即被激活。

其实，人人都有自己独特的天赋才干，只不过大部分人不曾发觉而已。天赋包括显性天赋和隐性天赋。未经特意启迪，人们大概率看到的是显性天赋；而隐性天赋，一些悟性高的人们可能隐隐约约有所觉察，但不一定能够说得清楚，更别提正确调用天赋、打磨优势了。

上述两位家长所提到的即显性天赋，如嗓音好走歌手路线，爆发力强的考虑发展为职业运动选手等等。类似的这些显性天赋，是大多数考生在艺术、体育等选拔通道中胜出的必要条件。

● **职业责任动力学（4R4P）实操底层逻辑思维解读**

隐性天赋即**"盖洛普优势"中特指的才干，它是人们与生俱来的，或在长期环境影响下形成的自然而然的思考模式、感受模式和行为模式**。因此，无论你是不是特长生，每个人都有自己的隐性天赋、拥有独特的才干组合DNA。

例如有的人天生自来熟，做新客户开发如鱼得水；又如有的人享受成就感，自动自发地去迎接一个又一个挑战，一旦闲下来浑身不自在……这些都是底层才干驱使"主人"产生的行为。

没有相应才干做支撑的人，可能会羡慕，又或者不理解这些行为。其实大可不必！

事实上，**人们在评价他人时，往往是带着自己的才干"滤镜"的**。此时的你，好奇自己的天赋才干是什么吗？你想要了解自己潜在的独特优势是什么吗？如果有，那么祝贺你，已经有了向内探索，追寻择优生涯路的意识升级。**向内探索，之所以重要，是因为每个人用好了自己的才干或才干组合，就会爆发出独特优势，用不好可能就会"搬起石头砸自己的脚"**。

有人又笑了：谁那么傻？还真砸自己啊？！

对的，这类人还不少，但不是因为傻，而是因为**不懂"责商"，不懂得**

职业责任动力学实操
责任符号语言体系破译职场情商密码

潜意识下的才干发挥过度，在相应关系中对他人产生的影响，又会得到他人怎样的责任评价。人们生活在各种各样的社会关系中，自然会受到这些关系中所涉及交往对象的评价，但如果一味满足自身的才干渴望而不顾其他，相信我，你真的是在给自己挖坑。

比如，学习才干突出的小伙伴，就爱学习，见到感兴趣的内容就主动地想要去投入时间、精力，深入了解。羡慕不？谁家孩子要是这类型，家长可省心多啦！关于未来发展，也许研究员、学者、特定领域的专家是未来比较适合的职业选择。

然而，学习才干如果使用不当，也会有盲点，有人就会造成"只有输入、没有输出"的局面，大概表现为只想投入学习，看淡结果。我们做一下情景代入，如果这是你，此时支持你进行"学习"活动的社会关系成员，例如费尽心思教你的老师、为你支付学费的父母、帮你打理家庭琐事的配偶（成人学习者）等，他们对你会有怎样的评价呢？他们的评价会不会影响到你后续的想法和行动呢？

再比如，体谅才干突出的小伙伴，在从事社会工作者、心理咨询师、人力资源工作者、名人传记代笔作家等职业时，可能就比较自如。因为他们很擅长与人共情、代入情景、体会他人感受，从而容易与他人进行意识交流、产生共鸣。

然而，职场中也有不少体谅才干突出的员工，因为特别理解他人的难处，积极主动帮忙，却收获了"出力不讨好"的结局。仔细想想，帮忙多了，别人就真的会感谢你吗？想想公司里是不是经常出现"便利贴女孩"呢？想想"一升米恩人，一斗米仇人"的现象，它的底层逻辑从何而来呢？为什么乐于助人的人却时常受委屈呢？

用盖洛普优势语言描述，上述情况就是体谅才干使用过度；用责任动力学解释，就是在特定的社会关系和责任角色下，混淆了"应该做"和"必须做"，责任术语表达为R3(+1)=R1(0)。

那为什么会出现天赋才干使用不当或使用过度的情况？

如何判断自己的天赋才干是否使用过度或使用不当呢？

向内探索天赋优势，向外发展责商意识，二者结合，是一个有效地提升自我修行，开启择优生涯路的方法。因为，人们的行为，包括优势的发挥，往往与当事人在特定社会关系下的角色以及该角色下的责任类别密切相关。

总之，高考之后，人生依然时不时会面临选择。向内探索、向外发展，早日开启追寻适合自己的择优生涯路是正解。

13.7 十年复读路的背后是什么？

每年的高考成绩一经公布，总是几家欢喜几家愁。

我为拿到理想分数的同学们欢呼，同时也不希望成绩略显逊色的同学过分介意，因为很快，有不少年轻人将面临人生一个关键的生涯选择：是否应该选择复读？

关于复读，我们先看最近网上两个比较热门的故事：

第一个故事是关于广西考霸唐尚珺的，网友将他的过往梳理得如此清晰，以至于一张图片浓缩了他的人生十年。

如今，2021年的高考成绩已经出分，唐尚珺考取621分。接下来，他的人生之路会作何选择？我们不得而知，但希望他能够尽早开启属于自己的择优生涯路。

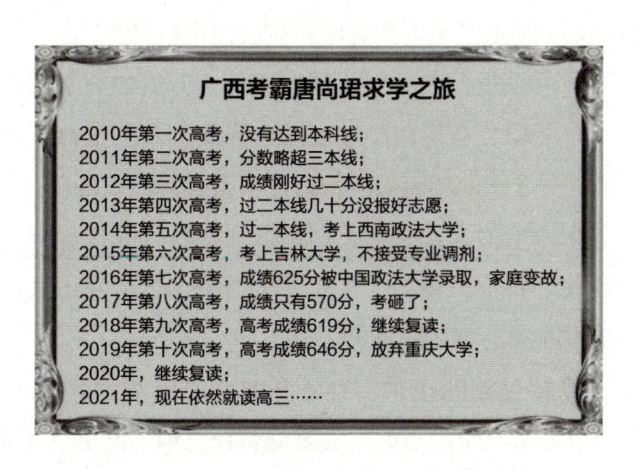

> **广西考霸唐尚珺求学之旅**
>
> 2010年第一次高考，没有达到本科线；
> 2011年第二次高考，分数略超三本线；
> 2012年第三次高考，成绩刚好过二本线；
> 2013年第四次高考，过二本线几十分没报好志愿；
> 2014年第五次高考，过一本线，考上西南政法大学；
> 2015年第六次高考，考上吉林大学，不接受专业调剂；
> 2016年第七次高考，成绩625分被中国政法大学录取，家庭变故；
> 2017年第八次高考，成绩只有570分，考砸了；
> 2018年第九次高考，高考成绩619分，继续复读；
> 2019年第十次高考，高考成绩646分，放弃重庆大学；
> 2020年，继续复读；
> 2021年，现在依然就读高三……

第二个故事是关于被人称为"高考疯子"的广西学霸吴善柳。

他从2007年开始，用八年时间复读，只为圆梦清华，终于考上了理想殿堂并于2018年毕业，但求职之路并不顺利。很多企业虽然青睐其学历背景，但又介意他的年龄；后来他应聘到一所中学担任数学老师。

2000年	应届高考
2001年	北京交通大学
2007年	北京师范大学
2008年	北京师范大学
2009年	中山大学
2010年	北京林业大学
2011年	北京大学医学部
2012年	南京大学
2013年	同济大学
2014年	清华大学

● **职业责任动力学（4R4P）实操底层逻辑思维解读**

每个人都有自己的人生理想和期待，我作为吃瓜群众无意对他们的选择做任何评价，只想聊聊在他们身上看到的特质。

任何人都有自己的天赋优势，分布在"盖洛普优势"的34项才干中，其中有一项被命名为"完美"。

"完美"才干突出的人，通常会对自己甚至他人有较高的要求，因为他们心中渴望的不是平均，而是优秀。

无论是学习成绩或是工作业绩，平均或高于平均在他们看来都"不合格"——他们着迷于把本已不俗的成绩转变成出类拔萃。

"完美"是一项令很多人心生羡慕的才干，但正如前文我们所提到的那样，**才干犹如一个硬币，有可以经过刻意打磨成为自己独特优势的一面，也有人们放任满足自身才干渴望而最终把自己"带到沟里"的阴影面。**

拥有【完美】才干的人如果将它调用恰到好处、发挥优势，他们不仅能促使自己持续成长、精益求精，在工作、生活中还会对身边人产生积极的影响力，推动团队不断冲击更高的目标。

但【完美】发挥过度的阴影面在于，忽略了环境因素的变化而脱离现实，以至于为了求得某个阶段更好的成果而将自己困于此处、止步不前。

如同上述两位学霸在一次次复读中不断地追求着更好的成果，但如果能够花一些时间去审视是否应当随着自身年龄及外延情境的变化，适当调整选择和行动，他们是否会有不一样的人生？

既然已经了解了才干调用不当或发挥过度而产生的负面影响，那如何才能有效管控自己的才干呢？

在学习营中我们会经常遇到一个词叫"自我觉察"。

自我觉察的目的在于通过复盘、反思，意识到自己相应的行为引发了怎样的结果，造成了怎样的影响。

"责任动力学"认为，当人的行为对他人产生影响，受到来自他人的评价时，责任随之产生。

当这种评价被赋予类似数学的特质时，如相对高的评价称之为高阶、相对低的评价称之为低阶，统称就是"责商"。

有效管理自身才干的阴影面，避免一味满足才干的原始渴望而驱动的过度行为，就根本上而言就是提升"责商"意识。

"责商"意识促使人们在惯性行为发生之前，理性思考：这样的行为会对他人产生怎样的影响、受到他人怎样的评价？

例如，唐尚珺备考十年间，其父母的年龄日益增长，是否需要他承担起相应的家庭责任？

又如，吴善柳为了圆梦清华，毕业时点比当年应届考生整整推迟十多年。在雇主眼中，清华背景的他会比年轻十几岁的后辈所具备的学习优势、精力优势有竞争力么？

诚然，有一句经典叫：走自己的路，让别人说去呗！

事实上，人是社会性动物，试问有谁能真的割断与他人所有直接或间接的关系，活成一座孤岛？

如果问问文中两位考霸：是否后悔十年青春献高考？也很难说他们是否会在一次次的人生路口再做出同样的选择。

其实，人生就如同一场单行道的迷宫，不仅没有回头路，且最后的结果源于之前每个岔路口的一次次选择的叠加：

有人走得出迷宫；

有人始终在迷宫中打转；

有人很快走出了迷宫踏上康庄大道；

有人刚走出了一个迷宫接着又步入了下一个迷宫。

在这看似可以规划又意外不断的人生路上，我们能做的就是不断升级自己的认知。

向内探索天赋优势、向外发展责商意识，在每一个岔路口理性分析、理智判断，做出当下最适合的选择，最终实现自己的择优生涯路。

13.8 对自己"恨铁不成钢"的打工人，看你是否身上有这样的特质？

最近，接待了一位情绪低落、焦虑迷茫的咨询者小T。她向我倾诉，作为一个"职场老鸟"，非常有挫败感。每天的工作忙忙碌碌、勤勤恳恳，却感觉自己貌似从来没有得到过上司的赏识——升职跟她无关、奖金跟她无缘，就连一年一次的调薪，都好像是接受上司施舍似的只能拿个最低档位。眼看着一个个后起之秀在职场上发光散热，自己就像是个空气人般可有可无，尤其是眼前的疫情，让她时时刻刻都担心被"优化"掉。如果用一句话做个自我评价，她说：步入职场多年的我，对自己，恨铁不成钢！！！

在随后的细节描述中，她说自己是个十足的"工作狂"，除了本职工作之外，她还花了大量的时间协助同事。如果有人请她帮忙，她总是一口答应，以至于有时候下班了，发现自己的工作还没有做完，无奈只能额外加班。她成了团队里那个"最勤奋的人"，但因本职工作经常匆忙了事，有时甚至超过了截止期限，导致绩效考核总是拿低分，自然也不可能升职、加薪。

● **职业责任动力学（4R4P）实操底层逻辑思维解读**

在听小T描述的时候，我不自觉地将她映射到"便利贴女孩"的角色上。便利贴经常出现在我们的文具清单中，**总是被人随手拿来就用，很方便，却**

很少受到重视。就好像小T一样，任何人需要协助，总会想到她，因为知道她不会拒绝别人的求助，即使是她分外的工作。我问她，你明知道自己的时间不够用，为什么还要应承他人的请求？她说，平时不受上司重视已经很没有存在感，而其他同事向她寻求帮助，让她找到了价值；而且，她的性格也乐于助人，拒绝别人让她于心不忍，也很为难。

我非常理解小T内心的纠结，但依然觉得有必要点醒她：你的痛苦在于你立足于自己的职场角色，却**分不清"必须做"和"应该做"的区别**。如果你意识不到一点，并改进行为，无论工作多努力，你将永远对自己"恨铁不成钢"！

4R4P责任动力学中，所有人行为的产生，来源于驱动力和约束力的双重作用。而驱动力（X轴）又分为外驱动力和内驱动力，约束力（Y轴）又分为显性约束力和隐形约束力。在X轴和Y轴的划分下，所有的行为被分成了四类，即必须做、努力做、应该做、选择做。

小T的行为，无论本职工作，还是协助他人，都是在外驱动力作用下产生的。做好本职工作是为了满足公司的要求，协助同事是为了满足他人的需要，不同之处就在于，这两种行为所对应的约束力不同。

显性约束力体现为明确的规章、制度、政策等，就如小T所承担的工作由明确的岗位职责或工作标准所约束。当满足了这些条款、标准时，说明小T履行了工作职责，属常态真值（0），对应的结果就是既没有奖励也没有惩罚；若不满足这些条款、标准，说明小T不尽职，属非值（-1），需要承担相应的后果，如警告、降职、裁员等。小T在实际工作中由于时间、精力不够用而草草完成本职工作、甚至延误交付期限，没收到"黄牌"警告就已经是烧高香了，还怎么可能指望晋升？

隐性约束力体现为社会、组织、团体中所推崇的价值观、道德标准、文化理念等，例如大公无私、相互帮助、舍小家为大家等等，虽倡导鼓励，但又非刚性。如果做到了，会受到他人的表扬、感谢、赞许等，呈现为增值（+1）；做不到了，也无可非议，呈现为常态真值（0）。结合小T的情况，她帮助了同事，会收获别人的感谢、夸赞；如果不做，无非是得不到这些赞许。

总结来看，外驱动力（X1）和显性约束力（Y1）共同作用下的本职工作,是小T的"必须做";外驱动力(X1)和隐形约束力(Y2)共同作用下的助人为乐,是小T的"应该做",即可做可不做。孰轻孰重,一目了然!

小T之所以对自己恨铁不成钢,是因为她觉得自己辛辛苦苦工作多年没有得到升职、加薪的回报。简单的提一句,**职场中"必须做"的象限是帮你保住饭碗,"努力做"的象限才能助你升职、加薪。**

一番理性分析之后,小T说她明白问题的根源所在了,但她还有更深层次的纠结,就是她乐于助人,且不会拒绝,这也令她"恨自己"。听闻此处,内心的我真想去抱抱小T们:真的,你没有必要恨自己,乐于助人是你的特质。没有了这个特质,你就不是你了!所以,没有必要恨自己,更没有必要去摆脱这个特质,唯一需要做的就是把握好度:找到责任边界,并打磨自身才干,爆发职场优势。

13.9 视顾客为"上帝"的服务人员,如何让"上帝"听话?

据2018年统计数据,第三产业(即服务行业)占GDP比重为56.5%,第三产业增加值为112427.8亿元,比上年同期增长7.5%。服务行业的重要性和规模,大家有目共睹。

众所周知,在服务行业里,顾客的需求和满意度永远排第一位。处于该行业的任何企业或组织,一旦失去顾客的认可,都将面临市场被侵蚀的结局,因此,如何博取客户的认可与好感,成了众多企业软实力的重中之重——上至企业文化,下至员工培训与考评。

具体到员工的行为,众多企业常常会要求员工对顾客的态度,热情、和蔼,尽量迎合顾客的各种需求,例如,有的保险业务员为了能让顾客续保,替顾客看病排号、帮顾客找关系争取学区名额等,五花八门的策略,没有做不到,只有想不到。不可否认,义务责任高阶R3(+1)在服务行业中的确重要,但仅仅如此就够了吗?

所以,除了单一的R3(+1),还需要一些技巧。

一起来看一个体检中心的年轻导医是如何服务客户的。

XX体检中心是一家连锁的民营企业。在全民越来越重视健康管理的时代，独立于公立医疗系统的体检中心，有着巨大的市场，同时也面临激烈的同行竞争。若想生存并持续发展，可靠的体检技术、先进的体检设备和全面的体检项目是必要条件，另外一个决定性因素，便是顾客体验。

XX体检中心深谙其道，自顾客踏入大门，便一路有年轻和蔼的导医近乎手把手地讲解：根据您的体检套餐，第一步、第二步……下一步应该如何做。有的顾客体检项目较多，导医还会贴心帮忙"统筹规划"，帮助体检者避开排队较长的项目，以便节省顾客的宝贵时间。

只是有一项特别不好安排，就是女宾区的超声检查。人多、项目多，加上女性更细致一些，做检查的时间更长，导致了女宾等候区坐满了人。一位20多岁的年轻姑娘，身着导医服装一直面带微笑地耐心讲解排号方式、注意事项等。只是顾客们心不在焉，或聊天、或刷手机，并且始终有人不按秩序来，致使自己排号被系统冲掉，又去找导医抱怨。

这时候，年轻导医说：

"请大家一边喝水休息，一边再听我讲解。您的名字和体检号已经被排入电脑系统了，由于体检人员较多，我们需要较长时间的等待，但我相信大家都能理解，因为每个人都希望让医生仔细检查，而不仅仅是花钱走过场。我再次强调，在整个体检中心，一个人的号码只能在一个科室排队，不能够同时到其他科室去排号或扫号，一旦其他科室扫号了，就会把您在B超室的号给冲掉，您还得过来重新排。

我非常理解大家焦急等待的心情，因此如果您想先做其他的项目，没问题，只是需要辛苦您跟其他项目的医生讲一下，先手工记录你的体检号，不要电脑刷号，否则您在B超这边的排号就作废了。

您看，这个事项我都说了好多好多遍了，可还是有顾客没听进去，结果把自己排队那么久的号给刷掉了……"

各位读者可以自己先行考虑一下，面对顾客的抱怨，您会如何继续讲后面的话？

"那您没遵守秩序，只能从最后一位开始重新排队了。"，还是"这个我也是没有办法的，电脑系统程序是固定的，我改不了的。"

这样的回答，不是不可以，被冲掉号的顾客肯定得重新排号，只是谁敢担保这些重新排队的人们不会因为心生不爽，而临走时给工作人员一个投诉或网上发个吸睛的帖子"某某体检中心管理混乱、服务太差！"

再看这位导医小姑娘，年龄不大，却很懂得"同理心"的使用，她说：

"您们被重新排号，**这让我感到自己特别特别的失职，**为什么我这么细致的讲解还是会导致一些顾客的排号被冲掉呢？……请大家一定一定把我的说明听进去好吗！那些已经被冲掉需要重新排号的顾客，我们确实不能再把您重新加回原来的位置，这样只会影响更多的人，导致效率更低。但是您放心，无论我们排队到几点，我都会一直陪着您等，您不会孤零零的。我陪大家聊天，这样时间会过得快点，因为我们的心情和目的都是一样的。"

● 职业责任动力学（4R4P）实操底层逻辑思维解读

当她说到"这让我感到自己特别特别的失职"的时候，原本嘈杂的等候室突然安静了，众多体检者原先的满不在乎和漠不关心瞬间消失，注意力全集中到了这位年轻导医身上，开始用心听她讲话。

这位导医此番话的主旨，是想作为责任客体（导医）来评价责任主体（体检者）不认真听讲解的行为，而导致重新排号的结果，但是作为服务行业，她不能直接批评顾客。所以，她**用了责任客体的责任主体思维，来引起他人的关注，进而让责任主体（体检者）对责任客体（导医）产生共情，并反思自己的行为。**

此外，当责任主体（体检者）意识到是自己不听导医的注意事项讲解而引发的重新排号的结果时，为了避开责任主体（体检者）的消极情绪，她**再次利用责任客体的责任主体思维，表达责任客体（导医）对责任主体（体检者）的感同身受和充分理解，体现自己对顾客的共情，并尽全力降低体检者的负面体验，避免了体检者可能会产生的不合理纠缠。**

这样一攻一守的两次"共情"，使得她和顾客们紧紧地贴合成了一个共同体。她帮助那些不得不重新排队的顾客们既保留了"上帝"的姿态，又意识到了自己的问题。顾客们自然而然接受了她的建议，更没有人会忍心投诉她。

对于服务行业的工作人员而言，大多数时间，**服务者是责任主体，客户是责任客体，客户对服务者评价的好坏决定了服务者的饭碗是否端得牢靠**。但是，我们也要意识到，**任何社会关系中的责任主体和责任客体，二者都是在具体的情境下可相互转化的**。

13.10 老板，你家顾客打架啦！

"顾客就是上帝"，有多少商家在给员工的企业文化培训中反复标榜这类口号？一切以上帝的需求为宗旨，上帝永远都是对的，目的在于做好自己的服务后，赚到预期的目标金额，当然，如果能够以自身高品质的产品和服务，增加客户黏性，多多收拢回头客，那就更好不过了。从这个思路来看，顾客至上无可厚非。问题在于，当顾客与顾客之间产生了冲突，商家应如何做，方能不失上帝满意度？

近期，偶遇一件小事。

在一个面摊，小老板刚下了一锅面，陆陆续续来了几个客户，扫码买面。因为需要顾客自己取餐，所以，付了款的客户无一人离开，都在等着这一锅面。小老板在给第一碗面调味的时候，一女孩说："我少要点葱"，于是，这一碗就成了那个女孩的了；小老板给第二碗面调味时，一大妈说："我多要点葱"，自然，第二碗就给了那大妈；小老板抬头正好对视眼前的小伙子，便问："你要辣椒不？""要，多来点！"小伙子话音刚落，站在旁边的姑娘不愿意了，说："我来的时候，你摊位跟前一个人都没有，怎么我后面付款的全都比我先拿到面？"

小老板一愣，说："那行，那这份给你。"

"不用，你是按他的口味调的，给我干吗？"姑娘一脸不乐意。

"哎呀，这不是一锅面你们都有了嘛，谁先谁后不都一样？"小老板说。

"话不能这样讲，凡事总有个先来后到，有些顾客不自觉、随意插队，你做店家的难道不应该主动引导么？如果顾客之间因此发生直接冲突，你能撇清关系吗？"

小老板没接话，直接说："你拿个托盘吧，烫。"

姑娘接过面碗，回话："谢谢！用不着！"

从这姑娘最后的语气中，我猜，八成她是不会再光顾这店了。

无独有偶，这个事情让我想起了在一个规模还不错的饭店发生的另一件事情。

记得那天是个周末，当天又正好是个节日，每个饭店都宾客满盈。我和亲友坐在大厅，伴随着各桌的就餐声和谈笑声，准备点菜，突然听到周围的声音高了好几个分贝，似乎还伴随有骂人的声音，再扭头一看，果然是在吵架。

观察了片刻，明白了缘由：2号餐台是一家老小来聚餐，有年幼至几个月的娃娃，有年长到白发苍苍的爷爷奶奶；他们的邻桌1号餐台，是大概四五十岁的两口子，男士在等餐之余点了根烟吸了起来。

2号餐台的老太太顾及家里小娃娃，就对1号餐台的中年男人说："你不要吸烟了，这里是公共场合，还有小孩子。"1号餐台的中年男士怼回老太太："我愿意，用不着你管！"这句话，一下就惹急了老太太，能量大爆发，说中年男人"没有素质、不讲公德、自私自利、不尊重老人"，中年男人被老人家的言语刺激得做出要打人的样子，老人家的儿女愤怒了，指着中年男人吵吵起来，中年男人的老婆也加入了混战，再加上2号台家小宝宝被吓到，大声哭起来……短短三五分钟的时间，眼看着骂战蹭蹭升级。

此时，我想叫服务员去干预一下，发现他仍捧着菜单站在我身边等着我点菜，却又目不转睛地盯着那边的客户冲突。我对他说："我自己看菜单，你去，或者找你们经理，协调一下那边的矛盾吧。"这位服务员走了五六步，站在离我不远的地方继续观看，脸上略显愁容又不知所措。很快，经理模样的人闻声出场，问收银员怎么回事，然后，继续观战。

我走到收银台前，对经理说："你们应该出面啊，这是在你们店里发生的冲突！"

经理说："我们不好管，这是他们的私事。"

我说："他们吵架起因，是为了一根烟。你就算劝不了架，至少明确一下你们店是否禁烟吧。无论你们禁烟与否，总有一方站不住立场，兴许他们的争吵就缓解了呢？"

经理笑而不答……后来纷争是如何发展的，我记不清了，只记得老太太的儿女一边吵架一边匆匆带走了一家老小。

而我也在这不愉快的氛围中，带着一行亲友离开了这家饭店，起身时，负责我们餐台的服务员跑过来说："他们已经走了呀。"我笑笑，反问："你觉得这氛围，还适合用餐吗？"面对如此漠然甚至失职的餐厅管理者，我是不会再光顾了。

● 职业责任动力学（4R4P）实操底层逻辑思维解读

无论是第一个故事中的小小争执，还是第二个故事中的破口大骂，甚至要招来警察，都有一个共性，就是由于商家的"职能缺失"，而让顾客流失了。可能有人会不以为然，特别是一些开店的朋友会说：这种没素养的客户，我少几个也无所谓，省得影响我做生意。这种观点的合理性，我们不置可否，但从"影响做生意"这一点，效果却是立竿见影的——商家失去的不仅仅是自己"看不上"的滋事客户，还有旁观的顾客，这些顾客有的当即离开，有的即便暂时留下，他的黏性也会被大打折扣，因为谁都不愿意让这样的氛围影响心情，更不愿意被卷入其中。

有人替商家感到委屈，其实一点也不。当他张口评价"这种没素养的客户"的时候，他把客人当作责任主体、把自己当作责任客体的思路本身就出了问题——互不相识的客人为何会在你店里相遇？因为，他们都是来用餐的，是来享受服务的。

服务包括哪些内容？除了菜品、饮品的卫生、口味之外，还有就餐环境、服务态度等。

餐饮和服务是由谁提供的？是商家。

谁来评价餐品和服务的好坏？是顾客。

商家用自己的产品把顾客吸引在此，并通过为客户服务来赚取利润，因此，商家是责任主体、客户是责任客体。明确了这个定位，面对顾客在本店的冲突，面对这样的冲突给其他就餐顾客造成的负面影响，商家还会质疑自己究竟应该是干预还是不应该干预么？这根本就是商家必须做的事情！把自己必须做的事情，当成可做可不做的事情，难怪你会委屈，难怪你会流失客户。

还有商家会问，客户间的冲突是不可预期的，当事件发生时，可能即便出面调解了矛盾，还是会因为当时的氛围流失掉其他旁观的客户啊？这依然是角色定位的问题，角色模糊不清，工作就不到位。既然就餐环境是商家作为责任主体向客户提供的产品的一部分，那你究竟要提供怎样的环境和服务？是可以肆意插队，还是要排队取餐？是明确餐厅禁烟，还是划分指定吸烟区域？商家所呈现出来的具化的环境和服务，都是要建立一条条规则之上的，否则就是虚无缥缈的空谈，否则就是在有不同需求的客户之间酝酿矛盾的温床。

商家的服务行为对客户产生影响并受到客户评价，换言之，商家对到店里消费的顾客是负有责任的。责任分很多种，而案例当中所表现的就是典型的角色责任R1的缺失。当角色责任做到位时，即角色责任高阶R1(0)，就是客户所预期的状态——满意就餐；当角色责任缺失时，即角色责任低阶R1(−1)，就意味商家要为发生的问题承担相应的惩罚，比如没有预先明确就餐规则，引发客户间的矛盾，从而损失客源；比如忽略食物卫生标准，顾客吃出脏东西甚至引发疾病，要求商家赔偿等。

随着经济发展，服务行业占的比重越来越凸显，涉猎范围是餐饮，例如酒店住宿、旅游、租车、购物、咨询、物流、金融保险、培训教育等；即便是在制造行业，要把自己的产品销售并打造长期品牌，也离不开对客户的服务。本文的案例，只是众多商业行为中的小小缩影，不同的行业有不同的规则，涉猎的角色责任R1也有各自不同的具体内容。但无论哪种行业，都跨不过角色定位和规则制定，因此别因为自己的失职，引发客户间的交战，更不能面对交战置之不理。毕竟，你把上帝都轰走了，还有谁来罩着你啊？

第十四章

营销与沟通的责商智慧

本章由上海云学堂信息科技有限公司代延兵撰写

14.1 夸赞胜于批判的艺术，营销中主客体思维的应用解析

两个业务员在同一家的招标会上围标。

A业务员：我们家的产品采用XX技术，在市场上这项技术专利只有我家有，而其他厂家的产品都是我们几年前换代的产品，根本没有办法和我们相比。尤其XX家的产品（指B业务员家产品）更是受到了很多用户的投诉，所以选择我们肯定是正确的……

B业务员：感谢各位领导给予的竞标机会，能参与此次竞标说明贵司是比较了众多产品后得出最能适合您需求的厂家来到现场。您的认可足以给到我们和各大厂家产品公平竞争的动力。正如一些友商（指A业务员厂家）说的一样，我们产品经过前期多次客户指正，甚至以投诉的方式友好告知，使得我们产品变得"经得起市场考验"。我也很承认一些厂家（A业务员厂家）截至目前还是有一定的诸如专利等优势，这点不能否认。但是，能否及时根据客户的需求做定制，或是及时满足客户的需求，这才是我们公司产品的核心价值。

甲方：为什么你一直在说其他公司（A业务员厂家）的好？

B业务员：如果对方是一个垃圾产品，那此时的竞争毫无意义。之所以对方是好产品，而我们又是竞争关系，这才是我们产品的优势之处。

甲方：我愿意和更好的产品一起合作，恭喜你！

● **职业责任动力学（4R4P）实操底层逻辑思维解读**

由于竞争产品越来越多，所以在营销过程中难免会有相互批判甚至是相互诋毁的事情。通常A家的业务员会说B家的产品怎么怎么的不好，然后又夸大其词地说到自己家的产品如何好，殊不知，这样的内容很多时候更会适得其反。如果一味地贬低对手，而你和他又是竞争关系，那你又能好到哪里去呢？

案例中的A业务员，在表述过程中一直在以"主体"思维在告知招标单位自己有多好，有多厉害。这样描述的背后是希望招标单位给予一个好的"评价"。其次在A业务员的表述中也在有意地贬低竞争对手的产品，侧面上"主体"思维认为招标单位没有做好供应商管理。

案例中的B业务员，一开始就是感谢开场，并称赞招商单位已经做了前期的工作调研、筛选，是从"客体"上对招商单位的肯定。其次在讲述产品的时候，也以"客体"的放射式提及A业务员产品的一些优势，不贬低对手也是对自己的尊重。再次，B业务员表示该公司的产品是可以"根据客户的需求定制"等，体现了"客体"思维的做到。这也是招商单位最后选择他们的主要原因之一。

14.2 销售主客体思维应用，让购买方动起来才是营销的关键

有句话说得好，叫"老王卖瓜自卖自夸"这是营销中常用的事情。所以购买方往往熟悉套路后就会对任何"自卖自夸"的事情显得习以为常的见怪不怪了。

如何让购买方快速动起来，才是营销的关键。在这点上，公司的庄总可谓是用到了淋漓尽致。在庄总的商务洽谈中，他总是能将购买方的问题转化成要购买方要主动回答的问题。

例如，通常销售的时候我们都是先和购买方说一大堆产品的好，生怕遗漏了什么关键信息让购买方没有抓住产品重点。而在和庄总的交谈中，他总是用这样的口吻和购买方攀谈：

XX总，您看我们的产品哪些方面比较适合您呢？

XX总，您看我还要做什么事情可以满足您的需求呢？

XX总，您看这是我给您罗列的您的需求明细，可能还缺少点，您看您方便时补充下，我按照您的要求给您匹配……

其实别小看上面的话术，这些都是让购买方快速行动起来的原动力。

● 职业责任动力学（4R4P）实操底层逻辑思维解读

在一件事情中，我们有做事情的，有对事情做评价的，责任动力学称之"责任主客体思维"即在一个事件中，一个为责任主体，一个为责任客体。责任主体负责做事情，责任客体对责任主体做到事情做评价。

显然，在营销活动中，很多销售伙伴都把自己当成了"大主体"总是在不知道购买方感受的情况下一味地去跟购买方说自己的产品，最后往往得到购买方一句"我考虑下吧"来做结束。其实销售中，能让购买者动起来才是最关键的。

14.3 一个分酒器引发的成交，细节决定成败的小事件大启发

时铭是一家培训销售公司的高级销售员，在日常工作中总是有很多经典成交案例值得其他销售伙伴学习。公司很多新进员工都是把他当成了"销售战神"。在他的销售案例中，我们会发现打动客户的真的是一些小的细节。

职业责任动力学实操
责任符号语言体系破译职场情商密码

一次时铭在和几家竞品公司同赴一场甲方客户回请宴中，他的分酒器摆放的位置就为公司赢得了一个大单。

通常甲方的回请宴上，就是各大供应商争抢商机的一个好机会。酒过三巡后其他供应商都会借机会向甲方表述合作衷心，抑或是借机夸耀自己的产品。而此时的时铭一般会不停地把分酒器一直摆弄着顺着甲方关键人员的位置，让甲方的关键人很方便拿到分酒器。就是这么一个看起来不经意的小动作，却被甲方的关键人看重。问道，为什么每次都要旋转"分酒器手柄"的位置对准我，难道有什么讲究吗？时铭说到，"方便领导您顺手拿酒……"后又继续说道，"其实对于老总您来说，每家的产品差异并不会太大，但是您真正关心的应该是我们这些乙方能否在今后的合作中让您更省心，这些细节才是您选择我们的关键！"

甲方领导听后连连称赞，后面的签约肯定也是不出意外地与时铭达成了合作。

● **职业责任动力学（4R4P）实操底层逻辑思维解读**

竞争日益加剧的现状下，产品的差异性会越来越小，而真的能感动客户的往往是营销中的小细节。在责任动力学中这种可做可不做的事情就是R3(+1)即做了以后可以给你加分的项目。所以细节决定成败，注重每个小细节才是成功的关键。

14.4　营销冠军的秘诀，销售就是驱动力思维的结晶

程阳是我们公司连续多年的销售冠军。一次公司的沙龙上，很多销售小伙伴就围着他请教销售秘诀，而他就简单的五个字"驱动力思维"。他问了下在场的伙伴：

大家是否觉得如果哪天您心里感觉很不顺，接着您一天的事情都会很不顺？

大家是否觉得，不只是您不顺了，就连您身边的朋友也不顺，不是今天

谁失业了，就是明天又丢单了？

大家思考过为什么您的身边总是会有那么多不如意的事、不如意的人呢？

其实这些都可以用"驱动力"与"约束力"来区分。当然这里的驱动力并不是我们所谓的打鸡血。

程阳继续说到，当年他也是一个很悲观的销售伙伴，不管如何努力也不能做好销售工作。同样，一个宿舍的伙伴也是一个个因为工作压力而离开了营销岗位。他想这也不是办法，于是就请教了行业的销售佼佼者。他发现那些所谓的销售佼佼者虽然每天也会因为几个不成交的客户而烦恼，但是他们总是能嬉笑地说"看来又要让自己多涨点知识"，以此来安慰自己。

渐渐的，程阳和他们走到了一起，这样一来二去的"成长自己"，把自己练成了"销售冠军"。

当然，如何做到一直都是销售冠军，最主要的还是五个字"远离消极者"。

● **职业责任动力学（4R4P）实操底层逻辑思维解读**

作为营销人员，销售不如意十有八九，如何在不断的销售失败中找到真谛也是一种变相的成长。销售驱动力思维区别于销售"鸡血"他不是盲目的自信，或是空洞的口号文化，而是把一些平时遇见的消极思维能够转化为"积极的驱动"，用一种积极的思维方式来指导我们的工作。

责任动力学驱动力思维，就是应用责任驱动力，驱动销售人员积极阳光地面对销售中的小困难，促进销售人员快速成长。

14.5 这个沙发不贵，营销中主客体思维应用解析

购物男：你这沙发什么材料制作的，怎么要6万多？

店员：先生您看，这个沙发具有舒适的软装内绒，外面是真皮包裹，同时这个沙发下面隐藏的床体拉出来可以让沙发迅速变成一张1.8×2.0米的床……

购物男：我买的床已经够好了，为什么还要你这个沙发？

店员：先生，我们有一项统计表示，婚后男人约49.5%以上的时间都会睡在沙发上……

购物男：买了！

● **职业责任动力学（4R4P）实操底层逻辑思维解读**

营销就是要找到购买者的痛点。有时候我们说了很多产品的好，但是客户都不会为之心动。但是，如果我们的产品真的是触及消费者痛处的时候，他就肯为之买单。这个在责任动力学中就是销售的"主客体思维"，主体表示在一件事情中为行动者，客体表示在一件事情中为评价者。显然，案例中，购物男认为店员是在为他未来睡得更舒适而考虑。

第十五章
责任动力学理论与实践深度理解运用

本章由徐钢集团陈川湘撰写

15.1 学习 4R4P 有什么用？

4R4P是4种责任4种动力的英文简称，作为普通人要搞清楚4R4P的作用，我们只看他最为平常的一面就可以了。

1. 看清行为的本质，帮助我们调整自身行为

我们小区有一个同事，他每天上班都经过我们这栋楼。我一般开车上班，有时正巧遇见他，我会打招呼让他上车，这个同事的身体比较弱，他怕冷，一到冬天就不能骑电动车上班了。天气不好时，我把车发动着的那一刻就会很焦虑，到底要不要等他一块走呢？

学习了4R4P后，精神上我轻松了许多。我现在的处理方法是遇到了就招呼他。用4R4P来解释，如果我们每天一起走，在他的印象中逐步会形成我为他开车是R1(0)，如果哪天我有其他事情不再接送他，他就会不高兴，他会把我的R3(+1)认为R1(−1)了，反而影响邻里关系和同事友谊。

2. 帮助我们均衡工作责任

有一位在管理上非常有经验的领导曾对我说：管理操作的关键是分配责任。这句话我记在心里，我知道责任、权力、利益是对等的关系，在管理上把握好了责任，其他两个方面就有了重心和管理的出发点。以前我的认为是：分配责任就是分解上级任务目标——KPI关键绩效指标的分解。

学习4R4P后，让我知道了KPI分解只是R2——努力完成的目标，其它还应包括：R1——职责履行、遵守制度；R3——工作配合、企业文化；R4——企业愿景、战略落地等内容。这种思维模式让我对管理责任有了更加清楚的认识，同时操作上考虑得更全面、更深远。

作为员工，要把工作干好，这四个方面也是缺一不可。就像4R4P四做口诀：角色责任——必须做；能力责任——努力做；义务责任——应该做；原因责任——选择做。

做到了以上四个方面才算是均衡了工作责任。

3. 理解如何做人

学习4R4P后，我知道了个体行为、社会行为、责任客体、责任主体这几个关键词。粗浅的看法是理顺了我关于如何做人的思维方式以及修正行为的方法。比方说，在车上吸烟是个体行为，在马路上开车吸烟是社会行为。有了社会行为就有了责任客体和责任主体的社会关系，于是评价与被评价就发生了。在马路上开车吸烟的人是责任主体，社会是责任客体，在马路上开车吸烟是违法行为，因此，责任客体（社会）评价责任主体（吸烟者）是R1(–1)。

因此，我建立了做人的思维方式：

A.做事之前要思考一下自己是什么行为，是个体行为还是社会行为；

B.要站在责任客体的角度去思考会对你产生什么样的评价。

做人的行为修正方法是：

A.注意改变环境或条件修正个体行为或社会行为，比如开车时烟瘾犯了实在想抽，就把车停在安全的地方过一下瘾就好了；

B.要做有为的人就要多做责任主体，适量做责任客体。比如开车时烟瘾犯了，从责任主体（被评价者）的角度出发，考虑到责任客体的要求（社会对安全的要求），行为上主动停车解决，这个解决过程就是把社会行为转变为个体行为，到了个体行为这个层面没有了关系和评价，也就没有了责任。

15.2 如何应用评价，谁人背后无人说，谁人背后不说人

关于责任的概念：责任本质上是人的一切社会行动在社会关系中的评价总和。这句话里有一个关键词——评价，为了更好地理解责任，从评价的作用来认识。

1. 评价就是对人行为的定性

定性就是确定4R4P责任的种类，他们包括：角色责任R1，能力责任R2，义务责任R3，原因责任R4。比如我们听到员工履行岗位职责这个行为信息时，就应该把它归属R1，听到员工努力完成任务目标这个行为信息时就应该把归属R2。另外，认识4R定性责任还有若干思维模式，4R4P体系里大约有19个，这些思维模式也是帮助我们定性行为用的，比如责任情商物理动力，稳定性R1，强度R2，灵活性R3，速度R4。我们实际运用时，如果观察到一个员工很善于帮助其他同事，对于这种行为的定性就应归属于R3（灵活性），至于他灵活到了什么程度则要看行为的定量。

2. 评价就是对人行为的量化

定量是指多少，在行为定性的基础上，进一步确定行为（4R8C）的数量或强度，其中包括带公式且复杂的社会行为。 比如我们听到员工履职不到位被上级领导批评的行为信息时，把该行为量化为R1(-1)；听到员工努力完成任务并超过了既定目标的行为信息时，该行为量化为R2(N)。又比如，一个员工总是在别人需要的关键时候出手帮助，该行为量化为R3(+1)，反之，表现得人情冷漠，行为量化为R3(0)，一个人灵活性的程度范围R3(0, +1)。

3. 评价从定性到量化的作用和意义

首先谈下作用：大家都有过健康体检的经历。关于健康标准世界卫生组织明确过十条标准，我列举几条以供说明。A精力充沛，能从容不迫地担负日常生活和工作的压力而不感到过度的疲劳和紧张；B处世乐观，态度积极，勇于承担责任；C体重适当，身材匀称；D牙齿清洁，无空洞，无痛感，齿龈颜色正常，不出血，无龋齿。这些标准其实就是从定性的角度评价什么是人的

健康，它具有结论性和概括性。比如，身体舒服和身体不舒服，我们评价自己不舒服，就是像医生传递了我们健康有问题的信息，包括身体舒服或感觉良好，这种结论性的评价也是向医生反馈治疗效果的重要信息。到底怎么不舒服则是定量要深究的事情，所以，**定性的作用是给出方向、得出结论。**

还以健康体检为例，我们实际体检时医生对我们除了"望、闻、听、切"这些感性的检查手段以外，更多的是定量检测。如，血压的正常范围为，收缩压140~90mmHg，舒张压90~60mmHg；空腹血糖：3.9~6.2mmoL/L等等，这些项目都是带数字的，如果血糖检测结果是15mmoL/L或血压收缩压200mmHg，一般情况下，我们看到结果严重超标，自己就已经知道身体出现了问题，需不需要找医生治病就是我们要做的决策，所以，**定量的作用就是展示结果、提供决策。**

同理，4R4P的意义则是把我们常见而复杂的人类行为进行定性、定量的分析（评价），使我们每一个人都像全科大夫一样做到自我诊断、自我提高，同时也可帮助他人，从而实现在理性的组织环境中个人收获最大、组织费力最小的理想状态。

15.3　职场上受了委屈该怎么办呢？

委屈——4R4P责任现象学解释为：委屈是因一个人的行为在特定的关系条件下所获得的不公正评价，这种评价包括指责或不公正待遇后的一种心理状态的集合。

下面有18种委屈类型，你经历过哪一种呢？

1. R1(0)=R1(−1)委屈类型　兢兢业业干工作，领导却不屑一顾，认为耽误事、浪费时间，不值得。

案例：某部门文员小A按行政管理部要求进行年度的档案整理工作，工作量较大，花的时间较长，最终保质保量完成。但是小A本部门领导却认为这种工作不是部门业务，无意义，耽误时间。

2. R1(0)=R3(0)委屈类型 工作认真本分，被人看作不灵活，因此断定这个人很难有发展前途。

案例：小王负责印章管理工作，他严格按照制度办事，必须经过上级领导审批方可盖章。小张是另一个部门的领导，有一次小张着急办理手续，因事发突然，未走审批流程，直接找小王要盖章。小王以印章使用有公司规定为由，要求小张找领导签批后再盖章。结果小张气急败坏地走了，还扬言：就你这样的人根本就混不起来。

案例：某生产车间员工小明在上夜班时打瞌睡，被一位安全员老A看到并扣除绩效分，小明认为自己行为并不威胁安全，辩解无果，小明背后评价老A是一个没有人情味的人。

3. R1(0)=R2(>0)委屈类型 踏实工作却被看作能力一般般。

案例：小吴是办公室的秘书，她主要的工作就是服务领导（端茶倒水包括给领导打饭）、收发文件、打扫领导办公室卫生。在平凡的岗位上，小吴一干就是三年，工作兢兢业业。有一天公司开拓了新项目，想派一些踏实能干的老员工去打头阵。人力资源部把小吴列为候选人员，在征求小吴分管领导老A意见时，老A却说出了不同看法，他认为小吴在秘书岗位上没什么明显业绩，主要原因还是本职工作没干扎实。实际上老A的真实想法是小吴服务的领导从未表扬过她，所以，老A认为她工作能力一般。小吴听了人力资源部门对她评价的反馈后感到委屈极了。

4. R1(0)=R4(c)委屈类型 在某些情况下，规则对一些人是不利的。此时，若责任主体坚守规则，责任客体会认为责任主体故意捣乱。

案例：某公司发展遭遇瓶颈，业务量较以前大大减少。从事后勤工作的小明在一次例行检查中没有发现问题，于是如实向上级K经理做了汇报。K经理考虑到公司现在发展情况欠佳，而且小明以前检查总是能发现问题，这次检查却一个问题也没发现，于是断定小明肯定是找好了下家准备要跳槽。

5. R1(-1)=R2(>0)委屈类型 工作一出错，就认为能力不行。

案例：小花从事档案管理工作10年，资料存档方面一直是别人交给她什么她收什么。在档案提供利用过程中，有多次因档案缺失影响了公司的利益，于是她通过请示上级以及请教专家不断完善档案管理方法，因此，她找回了很多零散或失散的档案。有一次，因为某部门需要的档案，小花没及时给他们找到，上级知道后很生气，认为她工作没努力，于是狠狠地批评了她。

案例：部门负责人老A，参加了对小甲的招聘。小甲入职后，在试用期内工作上出现一两次小错误，老A就认为此人能力不行，甚至扬言要直接退还给人力资源部。

6. R1(-1)=R4(c)委屈类型 工作一出错，就上纲上线，认为都是思想观念问题。

案例：小高是个接待员，每次客人来访、参观、座谈都需要按照级别进行筹备。有一次，她接到通知，有一批重要客人20分钟后就到。她匆忙记下时间，然后开始通知保洁打扫卫生，随后她开始布置会场，正好赶在客人进来之前准备完毕，小高这才放心地松了一口气。隔了一会儿，小高被领导叫到办公室，说是椅子靠背没有检查，客人在倚靠背时发生了突然后仰，让客人受到惊吓，因此让小高写检查，深刻反省思想问题。

案例：小明有一次因为和领导L经理意见不统一发生了争论，虽然事后小明向L经理道过歉，但从此以后，L经理看小明总觉得不顺眼。有一次，L经理安排小明外出送资料，小明出门时还只是阴天，但快到目的地时却下起了大雨。小明本想等雨停了再送，但又怕耽误事，考虑再三，还是一手抱着资料一手护着头向某单位办公室跑去，因为雨太大了，资料被弄湿了，而且弄湿较严重的地方字迹模糊，结果对方没有接收资料，而且要求其重新提供。回到公司，L经理认为小明是故意这样做，给予其记过处分。

7. R2(N)=R1(0)委屈类型　工作结果再好，被上级（企业）当成了本分的事情，没有任何的激励。

案例：小L责任心强，而且是个完美主义者，接到任何任务都会想尽办法办得妥妥当当，不让上级过多操心，但是这些良好的业绩表现却被领导认为是他本职工作应该干的，因此从来没有绩效加分。因为没有绩效分，他年底就没有资格参加先进的评选，为此，小L感到非常伤心失落。

8. R2(N)=R1(-1)委屈类型　拼命干工作，但上级却认为你投机取巧。

案例：小杨接到上级通知，全面统计公司办公电脑信息，并建立台账。小杨接到任务后，为了节省时间，先根据任务要求详细设计了台账表格，列明全部需要掌握的信息，然后发给各部门联系人自行按照表格统计信息，并限定反馈时间，对迟报错报都明确了考核方式，3日后，小杨将汇总的办公电脑信息台账交给上级，上级在了解了他统计的做法后，责怪他投机取巧，没有逐一检查登记。

9. R2(N)=R4(c)委屈类型　努力提高技术能力水平，却被同事看作为跳槽做准备。

案例：L工是电气部的技师。因生产需要工厂增加许多强电设备。L工认为必须尽快提高这方面的技能水平才能更好地开展工作。于是L工报了电业部门的培训班，他通过自学最终获得了中级技师的职业资格，弥补了工作能力上的不足。可是，周围的同事却在背后议论老L，他利用公司平台提高自己，为以后跳槽拿高薪做准备。

10. R2(N)=R1(0)委屈类型　责任客体对责任主体要求很高，在一般人看来已经很优秀的成绩，他也会觉得这是理所应当、必须做到的。

案例：小明是中文系毕业的，尤其喜欢历史。毕业后，被领导安排负责日常行政管理和培训工作。为了做好每次培训，他花费了很多时间搜集历史资料，制作培训课件，日常行政管理工作虽然时间投入较少，却也没耽误事。然而，小明的领导认为他只做自己喜欢的工作，而且培训也没必要那么浪费时间，没有把小明的卖力当一回事。

11. R2(>0)=R3(0)委屈类型 被某人看不顺眼时，一旦能力（或事情没努力做好）达不到要求，就会认为对某人的不配合。

案例：安全员小L在一次巡检时发现小明没戴安全帽，随后向小明的上级作了报告，小明解释因为头上冒汗刚摘下来晾一下，不是故意的，但上级不听解释还是给小明扣了绩效分。后来，安全部门连续两次组织的培训考试，小L的考试成绩又都不理想，于是安全员小L联想到了上次绩效扣分的事，他把这一情况又报告给小明的上级，并强调小明不配合安全工作。

12. R2(>0)=R4(c)委屈类型 某人不就事论事，他看到别人不努力工作就断定这人有小心思、小九九。

案例：甲乙曾经同为一个职位的候选人，甲竞聘成功成为部门管理者，乙仍是工段长，乙近段时间工作有点懈怠，业绩出现下滑，甲觉得他肯定是和自己过不去，对自己还是有意见。

13. R3(+1)=R1(0)委屈类型 做做就变成了自己的本职，一旦不做就挨批。

案例：车间供员工饮用的桶装水都需要每个操作室亲自去食堂打水，某操作室员工小明出于锻炼身体的目的，一直以来都主动打水。某天小明调休没上班，操作室桶装水喝完后，大伙儿心里嘀咕着小明没把水准备好，这伙人情愿去其他操作室蹭水，也不肯去食堂打水，都说等小明上班后让他去打。

14．R3(+1)=R1(−1)委屈类型　某人主动做工作或帮助其他部门，却被领导狠批不务正业。

案例：小明在化工厂上班，是一个普通的职员。但是他热情积极，他认为只要是对公司不利的事情就应该制止。有一次，他看见有外部单位人员在办公楼抽烟，于是上前制止，结果对方不但不停止抽烟，反而很生气，直接向公司领导投诉。小明的领导把小明叫到办公室，狠狠地批评了他一顿，说他不应该多管闲事，给领导惹麻烦。小明低着头回到自己的座位上，他怎么也想不明白自己错在哪里，自己觉得很委屈。

案例：年底了，行政部要组织年终晚会，于是便安排各部门出节目，甲部门员工全部出动排练，结果其他部门的员工来甲部门办事，却找不到人，甲部门领导把大家狠狠地批评一顿，说大家不务正业。

15．R3(0)=R2(>0)委屈类型　一个人不会处理人际关系，领导就认为他工作能力不足。

案例：小明是一个基层干部，办事能力较强，但是经常会与下属产生矛盾，轻则下属不接受他安排的任务，重则发生口角不欢而散。小明的领导也接到几次员工对小明的投诉，因此对他很反感，认为他管理能力不行。

案例：化验员小花，性格较内向，她很少主动与人沟通和交流，虽然能准确及时完成样品检测结果，但其领导对她依旧不看重，认为她工作能力不行。

16．R3(0)=R3(0)委屈类型　因为就做了一次不近人情的事情，然后他就被认定为是一个很冷（没有人情味）的人。

案例：小明负责接待人员的管理工作。有一次他发现前厅接待员小张总是低着头，来往客人不管不问。于是小明每次经过前厅都对此特别留意，发现小张一直在玩手机，小明多次提醒，要求小张改正，把想到的办法都试过了，有时批评，有时考核，有时谈话，却不见效果。最后决定开除小张。小明开除小张的消息传出后，不明情况的其他同事都认为小明是个冷酷的人，以后，不少人就开始故意疏远他。

17. R4(C)=R4(c)委屈类型　某人本着为企业做事，却被人当作满足自己利益、有私心。

案例：为了企业的人力资源优化，某企业人事部T经理大胆改革，核定各部门的工作量，并作出调整，将某部门的3个人员分别调岗到ST部门。被调岗人员的上级领导老A对此颇不满意，认为T经理肯定是收了ST部门的好处。

案例：销售员小明为了增加本季度产品销售额，希望与大客户尽快达成合作意向，所以他经常上门拜访大客户，却被同事议论无利不起早，肯定有私利。

18. R4(C)=R3(0)委屈类型　有的人在工作上搞改革，可能会触动某些人的利益，因此这些人就会被当作冷漠或不近人情的人。

案例：项目建设时期档案管理工作主要在于资料齐全、完好，特别是工艺和工程图纸等资料，这些资料对于企业后期营运十分重要。因此，L经理安排档案员向各部门收集资料，但效果不理想，个别部门以需要频繁使用资料为由拒绝移交。于是L经理安排档案员进行专项检查，对执行不好的部门或个人上报公司，并以公司的名义下发通知要求整改。虽然各部门迫于压力按期上交了资料，但是认为L经理很不近人情。

● 职业责任动力学（4R4P）实操底层逻辑思维解读
1. 有哪些事情是我们不能忍受的呢？
关键词：忍受
忍受的责任现象学词典解释：责任客体对责任主体在人际交往中理解他人感受、避免冲突的高阶表现的评价。

身在职场，企业有哪些作为我们是不能忍受的呢？

R1——安排你干违法的事情。

遇到此种情况要分两方面来应对。一是企业真的不懂法或者干脆就不知道。比如企业工伤保险是强制社会险，有的企业老板确实不知道，他们认为已经给员工办了商业保险就可以了，没必要重复办。遇到这种情况，身在职场的我们应该以专业人员的身份向上级（包括老板）要耐心细致地沟通，展示法条、阐述利弊，争取做到角色责任高阶R1(0)；另一种情况是知法犯法。这种情况最重要的是先推脱、打哈哈，看看情况的变化，为自己跳槽赢得时间，万不可取的是直言奉告，这种情况符合责任现象学公式：R3(0)> R1(0)。

R2——努力做了也实现不了目标。

遇到此种情况要分三个方面来应对。一是领导考验你；二是领导给你小鞋穿；三是领导糊涂蛋。第一种情况，首先要做到感恩R3(+1)，如何得知是考验？人都有气场，其实靠感觉就会有所发现，正能量总是充满了阳刚；第二种情况，首先要做到沉住气，该干什么就干什么R1(0)，反思己过，领导不是神经病，事出总有缘由，想清楚后再去沟通，可能你没有沟通技巧，那就献出你的真诚！R3(+1)；第三种情况，顺其自然吧，你R2(L)他不知更不会怪你，如果你还想继续干下去（继续混），这个时候心里揣着R4(C)，行为R1(0)>R2(N)，等待机会的出现。

R3——企业一盘散沙。

这是一个没有希望的企业，你如果清醒请尽快离开R4(c)；你如果迫于生计或家庭需要，R1(0)应该是不错的选择，老老实实地干好本职工作。当然为了生活也不能太委屈自己，人生苦短，有好去处还是要考虑。

R4——企业说一套做一套。

近年来国家各级政府对环保的要求越来越高，有的企业不从根子上解决环保问题，而是为了赚点快钱疲于应付。还有的企业承诺给员工的提成奖一旦超过心理预期马上变脸不给了，说一套做一套，最终对员工的影响可想而知。你不幸身在这样的企业，我劝你赶快离开R4(c)。

2. 职场到底该不该较真？

关键词：较真

较真的责任现象学词典解释：责任客体对责任主体在寻求事物细节、真相等态度上的高阶表现评价；责任客体对责任主体在人际交往中不顾他人感受只考虑个人得失的低阶表现评价。

较真在显性约束力条件下一般呈现高阶表现评价；在隐性约束力条件下呈现低阶表现评价。比如，生活经验告诉我们：对完成本职、遵守纪律、法律、科学研究、完成目标等我们提倡认真因而对较真有一定需求，而对人际交往自古就有"君子之交淡如水"的警示。根据这一评价规律，落实到职场中我们又该如何把握呢？

如何在角色责任高阶时把握较真R1(O)？

工作上我们要做一个可以较真的人应具备一定的条件。比如，岗位工作职责分解到任务和动作上时其数量之多足以耗尽我们所有的精力，这时我们要善于把重要的、关键的事情或者说最原则的事情聚焦，可用"二八法则"分析，集中精力做，反之即使出现差错也是小错。

如何在能力责任高阶时把握较真R2(N)？

职场中，完成任务目标的确需要我们全力以赴，但努力的目标一定要考虑客观资源条件和自身能力水平，这两个方面既不能高估也不能缺少其一。

如何在原因责任低阶时把握较真R4(c)？

笔者刚参加工作当劳资员那会儿遇到过一件事。小L和小X，他们一男一女，同班同学，毕业后一块分配到我所在的单位。突然有一天，小L来找我，说工资算的不对，我问他哪里有问题，他说每个月都比他同学小X少五毛钱，并且还说这事让他忍了很久，并强调说不是为了争这点钱而是讨个说法。我查了工资表，并给他解释说，小X是女生，单位对妇女有照顾每月多发五毛钱洗理费当作福利。虽然我按政策规定做了解释但他还是不太高兴，悻悻地离开了。其实这种关系自身利益的事情到人事部门来咨询是很正常的，但我又从同事那里听说小L喜欢把单位的东西往家里拿，总是抱怨工地劳保发放太少等等，如此这般不得不让人怀疑他的人品问题了。

其实身在职场中把报酬当作第一需求无可厚非，关键是要看利益获取的合理性。白给的钱不能要,所谓"无功不受禄",没有天上掉馅饼的事儿,里面必有猫腻;钱少给了也不行,虽然好汉不吃眼前亏,但也绝不能让揣着明白装糊涂的人得逞。

3. 为什么普通人只会指责,而高人却会体谅?

关键词:体谅

体谅的责任现象学词典解释:责任客体对责任主体换位思考责任客体低阶表现时所给予的宽容、理解的高阶表现评价。

当责任主体R1(-1)时,责任客体给予改正的机会。

职场启示:新入职的员工免不了出现职责履行不充分、制度遵守有违规的情况,这个时候我们对职场菜鸟要宽容,给予其改正提高的机会。

当责任主体R2(L)时,责任客体给予支持和帮助。

职场启示:当员工完不成任务目标时,在其主观上应给予努力的认可,客观上提供资源支持。

我们这样做是基于员工能够主动工作为出发点的,但现实并不完全如此。懒惰是人性的构成要素之一,员工在完全没有压力的情况下工作,其工作业绩很难保证。

当责任主体R3(0)时,责任客体给予谅解和包容。

职场启示:人际交往中,每个人的气质类型不同、性格特点也不同,因此,沉默寡言不代表冷漠;礼貌待人不代表热心。职场中我们应理性对待不同气质不同性格的员工,建立团队文化、价值观念的基础正确引导,理性包容。

当责任主体R4(c)时,责任客体酌情奉献和给予。

职场启示:员工合理的报酬要求,我们不能一概而论地定性为自私自利。对于管理者而言,平衡利益的分配是建立激励体系的核心内容。

4. 拥有偏执人格特征的人更需要理解和包容

关键词:偏执

偏执的责任现象学词典解释:责任客体对责任主体极端固执、刚愎自用的人格缺陷表现的评价。

较真与偏执有着共同的责任评价属性,它们的不同主要表现在心理和精神上的程度性差异，通俗地说偏执行为更极端、更强烈。

行为偏执的人在职场让人感觉认真R1(0)、严肃R2（目标意识强）、冷漠R3(0)，这种看似低阶的责任属性，在管理中如果工作安排得当，劣势将变优势。

追求真理是偏执的高阶表现（C），他们内驱力强再加上人格极端固执，在追求信念方面表现出极高的领导力和感染力。偏执比较真容易使人寂寞，我们在讨论体谅也特别提到在人际交往中体谅对象要因人而异，所以，拥有偏执人格特征的人更需要理解和包容。

15.4　4R4P 在绩效管理中的应用

1. 建立组织行为共识（社会行为）

《积分制管理》一书中提道：员工过节给父母买东西，只要员工申报就可以加分，至于你买还是没买，没人深究，有人就疑惑了，这种没有事实依据的行为企业要不要鼓励？

员工在企业里要尽可能地减少个体行为，增加组织行为。

回到开头的问题，企业要求员工过节给父母买东西，是希望员工尽一份孝心，倡导孝文化。员工的孝心行为在没有给企业申报前，只是个体行为，当员工向企业申报后，个体行为就变成了组织行为，这跟是否做假没有关系，跟你"口头申报"关系密切，申报就是做了组织要求的行为，所以，企业（组织）对员工就有了高阶的评价（加分）。

2. 构建社会关系

你有没有这种感觉，看别人说话的时候，他人身处的"场合"很容易看到和感知，而自己身处其中就不一定了。

一次，演员陈建斌和他的妻子蒋勤勤做客鲁豫节目时，陈建斌说，要回答好鲁豫的问题，必须把"蒋老师"排除在外，这下可得罪了"领导"，蒋勤勤神情严肃地回敬道，"回家再收拾你！"场内观众"非常配合"地哈哈大笑。显然大家都非常理解蒋老师不能真的"发飙",因为那是在演播大厅里做节目。可现实中还真有不少"钻牛角尖"的人,根本就不管什么"场合"。我有个亲戚,早年在部队当领导,只要他回家,家里气氛立马严肃,孩子们围桌吃饭,一句话都不能说。"一切行动听指挥"!和《激情燃烧的岁月》里石光荣有一拼。天长日久,孩子们自然跟老爹感情疏远,老远见了他,就像老鼠见了猫。老爷子气得直骂"浑蛋"。其实谁都能看出来,你在外面当领导,回到家还搞领导那一套,娃娃们是不接受的,惹不起,还躲不起吗?我就是跟你嘻嘻哈哈藏猫猫!谁都心里明白,一家人谁也开除不了谁。

演播大厅是一种"场合",家也是一种"场合"。搞不清"场合",所以就弄得人"灰头土脸"。而这个"场合"则是一种社会关系,它包括显性约束力关系和隐性约束力关系。怎么理解?在演播大厅里,蒋老师知道,开个玩笑是可以的,如果当真,栏目组不会允许,因为有规定、有制度,这就是显性约束力关系。而开玩笑也是有底线的,蒋老师跟陈建斌可以,跟鲁豫开类似玩笑显然不恰当,因为有个人感情、人际道德这层隐性约束力关系。同理,当领导的老爹,在单位可以命令下属必须做某事,那是因为有军规、有制度,上下级之间存在显性约束力关系。而在家里,谁听过老爹命令儿子必须做什么吗?没有!所以,我们认为(评价),当领导的老爹管教孩子的行为有问题,就算他不认错,孩子也不会买他的账。因此,社会约束力关系是判断组织行为/社会行为责任的依据和基础,判断人们做得对不对、好不好,就像一杆秤、一把尺子。

3. 建立责任主客体思维

很明显,量化行为是对人而言的,为了便于管理,把人的社会行为用数字符号进行标记,甚至进行加减乘除计算,得出令人信服的结果。比如,司机闯红灯我们认为是违规的,量化为:R1(-1)如果司机闯红灯是为了救人,又可以量化为:R4(C)问题来了,究竟哪一个量化结果才是正确的呢?《增广贤文》里有句话叫:"谁人背后不说人,谁人背后无人说。"意思是谁都会议论别人的是是非非,而每一个人也都会被别人在背后议论。议论就是评价的意思，我背后评价你，你也可能背后评价我。这里强调的不是人的两面性，而是人的双重思维。因为大多数人都非常在意：谁对我的评价（负责任的一方），以及我对谁评价（对事情进行评价的一方）。对事情负责任的一方称作责任主体，对事情进行评价的一方称作责任客体。而责任主客体又同时存在。在公司里，下级是责任主体，对自己的本职工作负责任，上级是责任客体，对下属的工作进行评价；在家庭中，孩子是责任主体，对自己的生活和学习负责任，家长是责任客体，对孩子的生活和学习表现进行评价；在餐厅里，服务员是责任主体，对顾客的餐饮需求和服务负责任，顾客是责任客体，对服务员的服务行为进行评价。但是，每个人不是绝对的责任主体或责任客体，学生也会对老师的教学表现进行评价，下级也会对上级的为人处世、工作能力进行评价，孩子也会对家长的脾气性格进行评价，餐厅服务员也会对顾客的素质进行评价。

你观察一下表15-1中的权重比例。

表15-1 个人绩效考核指标权重（讨论稿）

员工类别	绩效考评指标			
副总	工作业绩权重85%			工作态度权重15%
	经济指标	关键任务指标	基本职能指标	
	70%	20%	10%	
部门负责人	工作业绩权重80%			工作态度权重20%
	经济指标	关键任务指标	基本职能指标	
	70%	20%	10%	
部门副职	工作业绩权重80%			工作态度权重20%
	经济指标	关键任务指标	基本职能指标	
	60%	30%	10%	
业务管理者（主管）	工作业绩权重75%			工作态度权重25%
	经济指标	关键任务指标	基本职能指标	
	50%	40%	10%	

续表

员工类别		绩效考评指标			
普通员工	行政服务	工作业绩权重75%			工作态度权重25%
		经济指标 30%	关键任务指标 30%	基本职能指标 40%	
	技术支持	工作业绩权重75%			工作态度权重25%
		经济指标 30%	关键任务指标 30%	基本职能指标 40%	
	岗亭收费	工作业绩权重70%			工作态度权重30%
		经济指标 30%	关键任务指标 30%	基本职能指标 40%	
	市场管理	工作业绩权重70%			工作态度权重30%
		经济指标 30%	关键任务指标 30%	基本职能指标 40%	
	安保队员	工作业绩权重70%			工作态度权重30%
		经济指标 30%	关键任务指标 30%	基本职能指标 40%	

这是一个比较常见的考核权重划分表，规律是：高层业绩考核权重大，个人行为权重小。一线员工正好相反。为什么大多数企业就像是商量好了一样有共识呢？答案是企业老板是责任客体，所有员工都要向他/她负责。设想一下，如果责任客体不是老板又会怎么样呢？

总结一下：

有了以上三个前提，考核行为的量化便自然产生。行为有了量化，考核自然随心所欲，令人信服。

15.5 夫妻骑驴背后的 4R8C

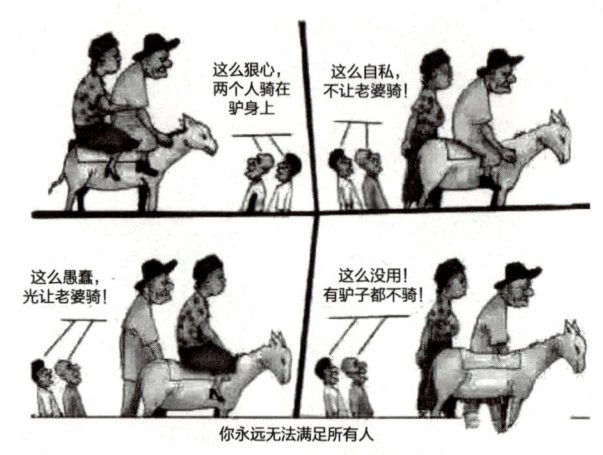

图15-1 骑驴的4R8C

1. 责任主体：夫妻，责任客体：路人

社会行动1——夫妻都不骑驴

R1(0) 不骑驴也没什么奇怪的。

R1(-1) 有驴不骑耽误事！

R2(N)老两口有驴不骑腿脚（身体）很棒啊！

R2(L) 两个智障者，有资源不懂得用。

R3(+1) 老两口对动物蛮有爱心的。

R3(0)老两口人情冷漠，各走各道。

R4(C) 老两口真是无私啊，什么事都想着别人。

R4(c)老两口就是小气，驴子用得省。

2. 责任主体：夫妻，责任客体：路人

社会行动2——夫妻一起骑驴

R1(0) 夫妻骑驴很正常啊！

R1(-1)两人都快把驴子压趴下了！

R2(N)这小驴子行啊，驮俩人还能走。

R2(L) 两人都压在驴身上，我看走不远！

R3(+1) 人驴相伴，好温馨啊。

R3(0) 两人低头不语，正生气呢。

R4(C)出门骑驴低碳、环保。

R4(c) 这两口子真残忍，虐待动物。

3. 责任主体：老头，责任客体：路人

社会行动3——老头独自骑驴

R1(0) 老头干活累了，正好骑驴歇歇脚。

R1(-1)男人骑驴女人走路这就不对！

R2(N)老伴身体好——走路，你身体差——骑驴，这样走路效率高。

R2(L) 老伴家庭妇女不挣钱，只有走路的份啊。

R3(+1)你独自骑驴，是老伴心疼你呀。

R3(0) 你独自骑驴，也不心疼你老伴。

R4(C)你老伴太无私了，什么事都想着别人。

R4(c) 你太自私了，也不管你老婆。

4. 责任主体：老头，责任客体：路人

社会行动4——你让老婆骑驴

R1(0) 你让老婆骑驴，这就对了！

R1(-1) 你让老婆骑驴，你们家一点规矩都没有。

R2(N)你可真有钱啊，买驴让老婆骑。

R2(L) 你真是愚蠢啊、没本事，妻管严，怕老婆

R3(+1)你让老婆骑驴，你可真会疼人啊。

R3(0)让老婆骑驴有什么稀奇的。

R4(C)你太无私了，什么事都想着别人。

R4(c)你老伴太自私了，什么事都想着自己。

由此，可以得出这样一个结论：同一社会行动，如果责任主客体不同，评价结果则大为不同。

所以，量化行为之前要明确责任主客体。

15.6 如何应用"责任动力学"发奖金?

发奖金是一门大学问,作为管理者如果奖金分不好,既影响部属士气又影响领导(老板)对你的看法。那么如何把奖金分配好呢?笔者用4R4P的思想草拟了一份部门奖金分配办法(月度)。概要如下:

R1——岗位履职程度,制度执行(考勤纪律、作业程序、管理制度),工作反馈的及时性

KPI——出勤考核系数

R2——工作目标与能力提升

KPI——部门工作计划完成率

能力提升考核系数

等级系数=管理层级(权重50%)+月考成绩(权重30%)+工作心得(权重20%)

表15.2 得分对应等级系数表

60~70	70~80	80~90	90~100	100~110	110~120	120~130	130~140	140~150	150~160
0.4	0.5	0.6	0.7	0.8	0.9	1.0	1.1	1.2	1.3
160~170	170~180	180~190	190~200	200~210	210~				
1.4	1.5	1.6	1.7	1.8	1.9				

注:分值包含起始数。

R3——工作沟通、工作配合

R4——廉洁自律

奖金计算公式:个人奖金=奖金平均数(上级核发数)×出勤系数(R1)×等级系数(R2)×部门工作计划完成率(R2)±R3±R4

R3,以员工事实行为加减分;R4,以员工事实行为分析动机后加减分。

● 职业责任动力学（4R4P）实操底层逻辑思维解读

1. R1——岗位履职程度、制度执行：责任主体是部属，责任客体是公司；工作反馈的及时性：责任主体是部属，责任客体是上级。

2. P1——部属与公司的冲突；部属与上级指令的冲突。

3. R2——工作目标：责任主体是部门，责任客体是公司；能力提升（月度）：责任主体是部属，责任客体是上级。

4. P2——部门努力完成公司下达的目标指令而产生的压力；部属因努力完成上级下达的学习目标而产生的压力。

5. R3——工作沟通、工作配合：责任主体是部属，责任客体是公司。

6. P3——部属通过注重他人感受的沟通，产生打动他人心理的影响力；部门通过工作的主动配合，产生树立企业团队文化的影响力。

7. R4——廉洁自律：责任主体是部门，责任客体是公司。

8. P4——本部门是一个职能管理部门，通过以身作则，为部门实施公正、公平管理打下基础，在今后的管理中充分发挥领导力作用。

● 责任动力学方法运用

1. 以部属为责任主体的特点是：趋利避害，R1—避害；R2—趋利。趋利避害=R2(N)+R1(0)。

2. 以部门为责任主体的特点是：职能战略，R3—利他；R4—公与私。

3. 根据上述特点选取符合实际需要的4R管理内容，在理清驱动力的内在要求下，把握好"力"的程度。

15.7 社会行为，企业文化建设的新思路

企业组织是社会中的一部分，因此，熟知"组织行为和个体行为"这两个概念更有助于把握和理清员工行为。

某著名公司办公大楼前有一个大型停车场。每天开车来得早的员工，他

们会选择离办公楼较远的位置停车，停车次序由远至近，一切像是商量好的。据说有人专门做过调查，问到员工为什么这样停车时，大家异口同声地回答说：这样做是为了方便晚到的员工。该公司员工自发帮助他人的行为像一道亮丽的风景线，构成了企业文化的一部分，受到世人称赞。其实公司并没有制度规定，无非是该公司的企业文化影响了员工的日常行为！

● **职业责任动力学（4R4P）实操底层逻辑思维解读**

个人把车停在某个车位，这是个体行为；考虑到他人，个人把车停在某个车位，这是组织（社会）行为。

个体行为只反映个人的行动，其自私和隐蔽性较强，该行为对他人或组织不构成影响；组织行为反映个人行动对他人或组织构成影响，行为过程较公开。比如，上述故事中，个人在停车场依次停车或乱停车，都是组织行为；又如，在家里独自一人吸烟，这是个体行为，而在生产车间里吸烟，这是组织行为。

所以，认识并理解这种概念后，各级主管运用绩效考核方法，重点强化考核企业需要的各种组织行为，管理上不仅事半功倍，而且还能建立起支撑战略的绩优文化。

15.8 什么是优秀的物业维修工？——物业维修工的 4R

老王再一次被评为优秀员工，同事老张不服气，背后说：有什么了不起的，不就是给领导送了礼嘛。没过多久，老张就被打了脸。

因工作需要，老王借调到了其他部门。没过几个月，老王原部门的领导又着急地把他调回去了。

原来，自从老王调走以后，部门的维修费用直线上升，部门被扣分了。

别看老王是一个大老粗，他心细，而且善于动手。每次外出作业，他都会把废料捡回来以备他用，没事儿的时候就在加工棚里捣鼓，为这事儿老张还嘲笑他是个捡破烂的。

老王归队后，部门领导在一次会上说：大家工作做得都不错，但在是否用心工作方面，大家都要向老王学习。

● **职业责任动力学（4R4P）实操底层逻辑思维解读**

职场中，认真工作相对容易，用心工作却很难。什么是用心工作？

R1——守制：做到不迟到、不早退；服从管理，听从上级工作安排。

R2——能干：努力工作，在工作中不断学习和提高。

R3——热情：待人热情、服务周到。

R4——为公：能用的用，能修的修，想办法做到物尽其用，为公司省下每一分钱。

做到了以上四点才算是优秀的物业维修工！

15.9 "抱歉通知您，车已晚点，请您谅解"，为什么乘客一听就火大？

一次出差乘坐高铁，广播里突然传来"抱歉通知您，车已晚点，请您谅解。"当时，我和旁边的几位乘客，一听这话立马火大！

大家都很忙，赶时间，甚至有些事情是不能耽搁的。可是，火车已经晚点，乘客不得不接受这个事实。脾气大的，爆粗口了事。

可有一次，火车同样出现晚点，一位乘务小姐这样说：火车晚点了，请大家照顾好老人和小孩，我们准备了茶点、小食品和玩具。行李物品较多的旅客，请您慢慢收拾，下一站马上就要到了，感谢您的合作。这话听完后有种不一样的感觉，至少不会让人有发怒的冲动。

为什么会有好感呢？

● **职业责任动力学（4R4P）实操底层逻辑思维解读**

其实按照以下三个步骤练习，谁都可以说起话来让人感觉有动力。

1. 定义责任主客体

作为高铁乘务组，我们的目的是希望乘客有一个好的评价。

那么如何实现呢？

定义责任主客体的逻辑是：首先，乘务组先做责任评价的一方——责任客体；乘客是被评价的一方——责任主体；通过责任主客体价值交换以后，乘客作为责任评价的一方——责任客体，对高铁乘务组——责任主体，作出好的评价。

2. 分析责任主体（顾客）的心理——（责任主客体交换的价值）

火车已经晚点，就算乘务组请求说"火车晚点了，请大家不要着急，耐心等待"，这样说只符合你的利益价值，与乘客无关，无疑是火上浇油。乘客会这么质问："火车晚点了，都是你们的错！还要让我等？！" "耽误了我的事情，真是气愤！"这时候，乘务组该怎样广播（措辞）才有可能减少一些怨恨呢？我们知道，广义责任的价值交换是责任主体与责任客体交换各自欲望的四种价值对象的满足。通俗说：高铁提供服务的价值与乘客提供金钱与评价的价值进行交换。价值对象包括：物理对象、数理对象、心理对象与精神对象。

A以"物理对象"为切入点进行分析，乘客可能"希望安全顺利到达""乘车环境舒适"。

B以"数理对象"为切入点进行分析，乘客可能"厌恶损失"。

C以"心理对象"为切入点进行分析，乘客可能"希望被尊重"。

D以"精神对象"为切入点进行分析，乘客可能"希望及时到达目的地"。

3. 选择切入点

以C为切入点，"车已晚点，感谢您的耐心等待和配合。" "感谢"二字是责任客体评价责任主体的常用语言。尽管火车已经晚点，这样措辞能使乘客（责任主体）感受到起码的尊重，内心点赞（社会行动）。

为了丰富措辞，使价值交换更充分，我们再来看看其他切入点的分析。

以A为切入点：

"希望安全顺利到达""乘车环境舒适"。上面那个乘务小姐说得非常贴切："请大家照顾好老人和小孩，我们准备了茶点、小食品和玩具。"这句话满足了乘客安全顺利和环境舒适的心理需求。安全方面的提示还有：倒开水时，请您不要倒满，小心烫伤等等。一般情况下，带孩子出门的家长，听到提示，最起码会注意一下孩子当前的行为（社会行动），特别是孩子在车厢里独自走动，这样不安全的行为会得到关注，防止意外发生。至于茶点、小食品和玩具，虽然需要花钱，也比急需时没有强。

以B为切入点：

"厌恶损失"。任谁都不希望出门丢东西。那么措辞可以这么说："请您看管好随时携带的物品""行李物品较多的旅客，请您慢慢收拾"。乘客接收到这样的信息，按常理，一般会下意识地摸一下重要物品（社会行动）。

以D为切入点：

"希望及时到达目的地"，"不希望浪费时间"措辞可以这么说："下一站马上就要到了"或者说"火车已赶回××分钟"。虽然车已经晚点了，但火车并没有停止，而且还不慢，因为下一站马上就要到了。这么说完全迎合了乘客希望快点到达的心理，心情愉快，表示感谢、认同（社会行动）。

总结一下，上面措辞的基本目的是让乘客有一个好的评价，也就是说责任主体采取社会行动的同时，也作为责任客体给出一个高阶评价。乘客有了这样的社会行动，高铁提供服务的价值获得了交换（成功）。需要说明的是，责任主客体思维引发的措辞，不是教人拍马屁、说漂亮话，而是要懂得责任主客体之间的价值交换。就像上面以D为切入点的说辞"火车已赶回××分钟"，把时间赶回来，需要高铁各部门的努力才能做到，那是玩真格的，不是耍嘴皮子，玩心眼儿。

所以，责任动力的由来绝不是虚情假意，而是社会行动的真心实意。

15.10 "责任动力学"教你如何识人

入秋以来天气比较寒冷，不少人感冒了。

如果你的同事也感冒了，如果有人问，同事感冒了你怎么看？

有责商思维的人会理性思考并回答这个问题，医学上叫免疫力强，反之,八成暴露你的性格。

> 用责任思维至少可以看到八种性格的人:
> 1. 一个小感冒,很正常。(木讷、本分型)
> 2. 他/她可真会挑时间感冒,大家正忙的时候他/她就病了。(批评、指责型)
> 3. 他/她身体太差了,人也懒、不爱运动。(能力低阶型)
> 4. 他/她可真能耐,感冒次数都比别人多。(能力高阶型)
> 5. 感冒严重吗?要不要上医院去看看,吃药了没有?(温暖型)
> 6. 哦,感冒了。(冷漠型)
> 7. 感冒了还来上班,这个精神值得大家学习!(大我型——无私奉献)
> 8. 他/她感冒是装的,就是为了少干活。(小我型——自私自利)

其实在职场中,这八个方面包罗了我们所有的沟通语言,同时也反映了我们八个方面的性格特征。需要强调的是性格特征反映的是人的性格趋向,不是准确性格。

● 职业责任动力学(4R4P)实操底层逻辑思维解读

责任思维逻辑称为:4R8C。虽然只是趋向,却足以把握职场行为了。

例如,上面第八个回答,小我型的人。这种人为人比较刻薄,心胸狭隘,遇事以自身利益为重(摆在第一位),在他的思维逻辑中,别人的行为多数都是为了某种个人私利。

假如这种人看见同事早上迟到了,他同样会认为这个同事是因为私事造成迟到的,而不会想其他方面。

你有没有发现,上面第五个回答,温暖型的人非常容易相处。这种人能够换位思考,关注他人感受,团队协作意识强,是理想的合作伙伴。

掌握了语言的责任逻辑,对人事管理、人际交友、商业谈判都非常实用。

比如你判断自己是第一种木讷本分型的人,这种人适合从事规律性和重复性工作，如果正处于客服岗位，要尽快调整，因为客服人员需要关注他人感受，能够换位思考，属于第五种类型。

这不是强迫症，有句话叫"江山易改，本性难移"，所以，什么性格趋向，匹配做什么事，效率才是最高的。

15.11　朋友圈该怎样点赞？XY思维解析

发朋友圈点赞，这是X思维下的社会行动，怎么点赞要运用客体思维。比如，你发的作品很好，我感觉第三幅图最好，这时作为责任主体的朋友就有了想问原因的动力或好奇心，能够引起责任主体回复动力的客体思维行动，才是费力最小，也是X思维运用的精彩之处。

为了更好地练习，在我们的生活中，XY思维的人有哪种肢体运作和语言特征呢？

Y思维的人，肢体通常表现为往后躲、摆手，语言表达上，经常是唉声叹气，或者是提出各种疑问，像能行吗？我看好像不行吧？！

X思维的人，肢体明显开放，充满是迎合，语言给人感觉有希望、有行动的愿望。

● **职业责任动力学（4R4P）实操底层逻辑思维解读**

有人跟我讲，我想有驱动力，但就是驱动不起来。其实这就是责任动力学必须普及的原因。很多人不知道自己身在何处。电影明星黄渤，在接受记者采访时说，自己没出名以前，什么欺负都经历过。

人在低位和弱势的时候，遇到的尽是Y思维的人，反之，人在高位或强大的时候，遇到的尽是X思维的人。

驱动力不足，是我们还没有看到自身的弱小，这个时候我们必须努力、必须行动。

XY思维让我们更理性，XY思维让我身处何处都有清醒的认识，拥有正确的行动力（费力最小）。

15.12　明明别人没有帮助你，为什么还要说谢谢？

有一个人际交往的心理：

一旦对方向你说出"感谢"之后，你就有一种不好意思的感觉（包括不好意思拒绝），特别是并没有帮人家做过什么事。这是为什么？

举个例子。

你有一张比较难处理的发票要报销，你如果这么说：

"请帮我报销这张发票。"

财务人员听到这句话的第一感觉就是查看一下是否符合规定。

他的思维里先想到的是"事"，而不是"你"，至于你的着急、焦虑、担忧都不在他的思考范围内。如果你加上了"感谢"，"上次的那件事感谢您的关照。可以麻烦您报销这张发票吗？"

财务人员的第一感可能依然是"制度规定"，但他对你这人会增加一些好感，至少他/她会认为你这人识趣、知恩图报或他内心对你有了点较好的评价。

无论如何，反感减少，办成事的可能性会增加。

这就是办事之前先说感谢的好处。

附件

"4R4P责任动力学"专属名词表

"4R4P责任动力学"专属名词表

序号	一级名词	释义	二级名词	释义
1	广义责任	人的一切社会行动在社会关系中的评价总和		
2	责任对象系统	在责任评价系统中,人作为"评价"或"被评价"的关系,"人"的初始概念可以导出（衍生）出评价者与被评价者的概念,两者构成对立统一的责任评价对象系统	责任主体	社会行动的被评价者
			责任客体	社会行动的评价者
3	责任评价	鉴于责任评价存在的对立结构特征,责任的"评价"的初始概念设计为两个导出概念,"责任低阶（L）"和"责任高阶（H）"概念,并进行定量和定性分析。责任评价={ 低阶（L）, 高阶（H）}, 进一步简化为R（L, H）	责任评价高阶	责任高阶（H）表示达到了评价要求
			责任评价低阶	责任低阶（L）表示没有达到评价要求
4	社会静力系统	用于约束"被评价"与"评价"的社会关系形态转换为物理的力的概念,又称为约束力（Y）	显性约束力（Y1）	表示正式、官方的,具有强制性的负激励与正激励
			隐性约束力（Y2）	表示非正式、非官方的,非强制的负激励与正激励
5	社会动力系统	用于推动"被评价"与"评价"的社会关系形态转换为物理的力的概念,又称为驱动力（X）	外驱动力（X1）	表示为依靠外界推动促成社会行动的力量
			内驱动力（X2）	表示为依靠内在推动促成社会行动的力量

续表

序号	一级名词	释义	二级名词	释义
6	责任矩阵	基于责任静力、动力的结构系统，建立责任矩阵元理论，并在矩阵模型中对应了四种责任	角色责任（R1）	显性约束力 & 外驱动力
			能力责任（R2）	显性约束力 & 内驱动力
			义务责任（R3）	隐性约束力 & 外驱动力
			原因责任（R4）	隐性约束力 & 内驱动力
7	责任总公式的符号表达方式	$R_{(L)}^{(H)} = R1_{(-1)}^{(0)} + R2_{(L)}^{(N)} + R3_{(0)}^{(+1)} + R4_{(c)}^{(C)}$		$R4_{(c)}^{(C)}$ 是由 $R4_{(0)}^{(+1}$ $^{(n)})$ 转换而来
8	责任逻辑运算符号	责任动力学体系下的数学符号含义	Ra + Rb	不同类型的责任组合
			Ra = Rb	不同类型的责任混淆
			Ra ≠ Rb	不同类型的责任辨别
			Ra > Rb	不同类型的责任优先次序
			Ra B Rb	B=Behind，责任现象背后看本质
			Ra F Rb	F=Forecast，责任现象背后看趋势